Über dieses Buch Sir Galahad alias Bertha Eckstein-Diener war schon zu Lebzeiten eine legendäre Frauengestalt. Heute dürfte sie nur noch als Verfasserin des Buches ›Mütter und Amazonen‹ bekannt sein, das als einziges ihrer Werke nach dem Krieg neu aufgelegt wurde. Ihr Leben wird hier zum ersten Mal dargestellt.
1874 als Tochter eines in der Gründerzeit reich gewordenen Fabrikanten geboren, heiratet sie mit 24 Jahren Friedrich Eckstein, um der bürgerlichen Enge ihres Elternhauses zu entkommen. Durch Eckstein, Mäzen und Nachlaßverwalter von Bruckner und Hugo Wolf, macht Bertha die Bekanntschaft von Karl Kraus, Adolf Loos, Gustav Meyrink, Peter Altenberg. Erste schriftstellerische Arbeiten lassen sie schnell berühmt werden. In ihrem Roman ›Die Kegelschnitte Gottes‹, den Tucholsky als »schärfste Kulturkritik, die wir derzeit haben«, lobte, verarbeitet Sir Galahad die für sie katastrophal endende Beziehung zu einem Mann, die zum Bruch ihrer Ehe führt und ihr ganzes Leben einschneidend verändern sollte. Sie verläßt Wien, verkehrt zeitweilig im Wolfskehl-Kreis in München und geht um 1920 in die Schweiz, wo sie 1948 in Genf stirbt.

Die Autorin Sibylle Mulot-Déri hat Germanistik und Romanistik studiert, promovierte über Robert Musil und arbeitet als freie Mitarbeiterin für Verlage und Rundfunk.

Sibylle Mulot-Déri

Sir Galahad
Porträt einer Verschollenen

Mit zahlreichen Abbildungen

Fischer Taschenbuch Verlag

Lektorat: Heide Kobert

Originalausgabe
Veröffentlicht im Fischer Taschenbuch Verlag GmbH,
Frankfurt am Main, August 1987

© 1987 Fischer Taschenbuch Verlag GmbH, Frankfurt am Main
Umschlaggestaltung: Jan Buchholz/Reni Hinsch
Umschlagabbildung: Roger Diener
Satz: Fotosatz Otto Gutfreund, Darmstadt
Druck und Bindung: Clausen & Bosse, Leck
Printed in Germany
1680-ISBN-3-596-25663-1

Inhalt

Vorwort 9

I Kindheit und Jugend 13

   A Der Gründer und das Kind 15
       Zinkornamente 15
       Introversion 19
       Kegelschnitte 25

   B Zwischen Marxergasse und Indien – Texte 35
       Traumjugend 35
       Vorstadt 38
       Küche 43
       Bibliothek 44
       Das Eigentliche 46
       Der Wohnleib 47
       Zimmer 49
       Tanzstunde 50
       Tänze 52
       Sprachunterricht 53
       Sprachen 56
       Das andere Geschlecht 57
       Goldfische 59
       Pferdegraf 60
       Ideal 62

II Ehe 63

   A Der cherubinische Hochzeitsflug 65
       Vollkommenheit 65
       Brüder 69
       Theosophie 73
       Das Geistrefugium 76

	B	In Ecksteins Reich – Texte	83
		Erste Begegnung	83
		Friedrich Eckstein über sich selbst	86
		Friedrich Eckstein und Rudolf Steiner	90
		Gustav Meyrink über Friedrich Eckstein	95
		Die cherubinische Ehe	99
		Der geheime Kreis	102
		Es nimmt dich auf	104
		Horus bei den Spiritisten	106
		Friedrich Eckstein über Spiritismus	115

III   Verführung zur Freiheit 121

	A	Liebe und Grausamkeit	123
		Theodor Beer	123
		Chiffren	135
		Auflösung	137
		Das Treffen	141
		Ende	150
		Anfang	155
	B	Ahasvera – Texte	159
		Eheirrung bei Amsels	159
		Ägypten	160
		Griechische Miniaturen	167
		Zur Dämonologie des Haushaltes	176
		Ein Wegweiser für »Heikle«	178
		Im Palast des Minos	184

IV   Die Schriftstellerin 187

	A	Stationen – Ein Überblick	189
		»Emigration«	193
		München – Freundeskreis	199
		Montreux – ›Der Idiotenführer‹	205
		›Mütter und Amazonen‹	211
		›Byzanz‹ und Wagner	216
		Krieg in der Schweiz	222
		Auswege	224

	B Königliche Frauen – Texte	229
	»Denen man gehorchen muß«	229
	Theodora	234
	Konkurrenz der Lieblichkeit	239
	Ausklang	250

Roger Diener – Erinnerungen an meine Mutter 259
Briefe 263

Anhang 271

Zeittafel 273
Bibliographie 275
Quellen- und Literaturverzeichnis 277

Vorwort

Sir Galahad war keine Frauenrechtlerin, keine Muse, keine Bohemienne. In unser Typenmuseum der Jahrhundertwende paßt sie nicht, es sei denn, wir würden ihr einen neuen Raum aufschließen. Im schillernden Spektrum der Zeit besetzte sie jenen Rand, den man mit ›elitärkonservativ‹ bezeichnen könnte; sie trug niemals Reformkleider, verachtete dicke Menschen, liebte *haute couture* und den Begriff »Kaste«. In unserem Typenmuseum muß sie einen der Gräfin Reventlow ganz entgegengesetzten Platz bekommen. Wenn sie wenigstens Tagebuch geführt hätte! Dann wären wir über ihr Leben besser informiert. Aber nein, sie hielt nichts von Vertraulichkeiten und Zeitzerstückelung, lobte die »freien Araberstämme der Wüste« – bei ihnen war der Pubertätseintritt das letzte datierte Ereignis im Leben; »von da an galoppiert jeder bis zum Tod durch eine ungeteilte Zeit wie durch den grenzenlosen Raum.« Amazonenhaft schweifend sah sie sich selbst. Keine Forschungsreisende wie Alexandrine Tinné oder Alexandra David-Neel, aber eine Reisende. Sie durchquerte Europa und die Weltgeschichte rückwärts bis in vorgeschichtliche Reiche, die sie sich wie ihre Zeitgenossen mutterrechtlich vorstellte. Sie dachte niemals an ein tagespolitisches Engagement für die Besserstellung der Frau, aber sie wünschte sie schreibend herbei. Verweilte lange immer wieder bei der fabelhaften Vormachtsstellung der Ägypterinnen über ihre Männer, bei der Machtfülle byzantinischer Kaiserinnen, bei den günstigen Vermögensverhältnissen früher Hirtinnen und prangerte die unmögliche Situation der Frauen zu Ausgang der Gründerzeit in einem vollständig vergessenen großen Roman an, den ›Kegelschnitten Gottes‹. Sir Galahad ist auch die bekannteste Unbekannte in der deutschen Literaturgeschichte.
Daß eine Frau, noch dazu eine mit Pseudonym und Doppelnamen, in den Lexika ein verwirrendes Druckfehlerdasein führt, ist traurig, aber bekannt. Schwerer wiegt die Tatsache, daß sie von der Literaturgeschichtsschreibung völlig ignoriert wird – im Sinn von ›nicht gekannt‹. Dabei hatte sie zu Lebzeiten Erfolg und gute Kritiken. Tucholsky, Wolfskehl, Musil lobten sie oder setzten sich mit ihr auseinander. Vergeblich. Vielleicht lag es daran, daß sie in ihrem langen Leben nur mit einem Roman an die literarische Öffentlichkeit getreten war. Später, als sie sich mit Schreiben ihr Brot verdiente, spezialisierte sie sich auf kulturgeschichtliche Sachbücher und historische Romane,

die nicht mehr den Nerv einer ganz aus den Fugen gegangenen Zeit treffen konnten.
Aber schon dieser eine Roman hätte mehr Aufmerksamkeit verdient. *So* viele expressionistische Romane gibt es schließlich auch wieder nicht. Indien-Romane zumal, mit einem schillernden utopischen Gegenreich zum dekadent-barbarischen Westen. »Die Idee der Regeneration des Abendlandes mit Hilfe indisch-asiatischer Geistigkeit faszinierte nun so unterschiedliche Autoren wie Hugo von Hofmannsthal, Rudolf Kassner, Hermann Hesse, Alfred Döblin, Franz Werfel und Klabund ...« heißt es in der Einleitung zu einer neueren Indien-Anthologie deutscher Erzähler. Sir Galahad wird dort nicht einmal erwähnt. Offenbar existierte sie bisher, wenn überhaupt, nur als Autorin der ›Mütter und Amazonen‹.
Ihr Leben war noch tiefer vergraben als ihr Werk. Ein Teil ihrer Zeit ist es ohnehin noch. Wir haben die in unserem Sinn ›Modernen‹ der Epoche längst so intensiv vereinnahmt, daß wir für andere Schattierungen wenig Raum gelassen haben. So gleicht der Versuch, ihre Lebensgeschichte nachzuzeichnen, einer Reise durch die Provinzen abseits der Hauptstraße. Theosophie, Naturphilosophie, Neugeist, Okkultismus, Kulturpessimismus, Rassenphilosophie rücken plötzlich vom Rand des Interesses in den Brennpunkt – unbekanntes Zeitleben, *wichtig* gewesen für viele. – Im privaten Leben kaum jene schöne souveräne Emanzipation, die wir schon gewohnheitsmäßig bei jeder halbwegs prominenten Frau erwarten. Sir Galahads Lebenslauf war ein Gang über schwieriges Terrain. Sie war eher elitär als emanzipiert, eher einsam als unabhängig, wollte lieber aufsteigen als aussteigen. Aber sie strebte mit aller Kraft nach äußerer und innerer Autonomie, und dieser Kampf, den sie gewann, ist bewundernswert.
In der vorliegenden Arbeit wird versucht, Sir Galahads Leben nachzuzeichnen und ihre kaum mehr zugänglichen Texte zu präsentieren. Das sind zwei Abenteuer auf einen Streich. Folgenden Personen und Institutionen möchte ich für ihre Hilfe danken: Herrn Dr. Roger Diener aus Bad Harzburg, der mir den Briefwechsel mit seiner Mutter zugänglich machte. Frau Lotte Schönherr in Baden bei Wien, die mir die Unterlagen ihres verstorbenen Mannes Dr. Max Schönherr zur Verfügung stellte. Herrn Werner Eichinger in Wien, der mir Einblick in den Nachlaß der Familie Diener gestattete. Frau Vera Behalova in Wien für wertvolles (Foto-)Material zur Villa Karma. Für einzelne Hinweise Milan Dubrovic, Murray G. Hall, Oskar Jan Tauschinsky, Dorothea Zeemann in Wien, Heribert Illig in Puchheim. Dem Wiener Stadt- und Landesarchiv. Dem Bildarchiv und der Handschriftensammlung der

Österreichischen Nationalbibliothek. Dem Arthur-Schnitzler-Archiv in Wien, besonders Herrn Braunwart. Der Dokumentationsstelle für Österreichische Literatur in Wien und dem Brenner-Archiv der Universität Innsbruck.

Sibylle Mulot-Déri

I Kindheit und Jugend

Bertha mit vier Jahren

Bertha Helene Diener mit ihrem Vater

A Der Gründer und das Kind

Zinkornamente

Bertha Helene Diener wurde am 18. März 1874 in Wien geboren, ein blondes zarthäutiges Kind, dessen Eltern in pompösen Gründerzeitroben steckten wie in Kostümen, die nicht richtig passen. Beide, Vater und Mutter, hatten gewisse Schwierigkeiten, sich in der Rolle des erfolgreichen Fabrikantenehepaares wiederzufinden, in die der Bauboom der Wiener Ringstraßenzeit sie katapultiert hatte. Carl Diener war nämlich – »einer alten nordischen Stadt entstammend«, wie Bertha in dichterischer Überhöhung der Region Stuttgart schreibt, »als Erster aus einer Geschlechterkette von Gelehrten, Staatsbeamten, Ärzten erobernd herausgetreten« (auch dies eine pietätvolle Auslegung der Familiengeschichte, Dieners Vater war »Profoß« gewesen, Aufseher über arretierte Soldaten, später »Kanzlist« im königlich württembergischen Kriegsministerium) – um etwas ganz Neues zu versuchen: »um in der Fremde die langgezüchteten Fähigkeiten lukrativ als Erfinder und Unternehmer zu verwerten«. Dies gelang ihm – durch die Gunst der Stunde und ein weiterentwickeltes Metallgußverfahren mit Zink.

Fünfundzwanzigjährig hatte Carl Diener Stuttgart verlassen, angelockt von der kaiserlichen Proklamation zur Schleifung der Ringwälle (1857). Baukonjunktur stand Wien bevor; die Prachtbauten der Ringstraße sollten entstehen und neue riesige Zinspaläste. Den Wiener Architekten und Bauunternehmern empfahl sich der noch nicht dreißigjährige Carl Diener als »Zink-Ornamenten- und Blechwarenfabrikant«; in einer ersten Annonce 1861 gab er als Spezialität an: »Ausführung von Zinkdächern« sowie »architektonische Ornamente aus gestanztem, gepreßtem, getriebenem Zinkblech«. (Diese Ornamente wurden auf die Fassaden genagelt und wirkten, von einer Putzschicht überzogen, wie Stukkatur.) Zinkblech wurde rasch zum wichtigsten Metallbaustoff. Es ließ sich einfach alles daraus machen, und Carl Diener ließ kaum etwas aus: Seine Fabrik lieferte »Attikas, Gallerien, Ballustraden, Balkone, gezogene Gesimse, Fenstersprossen, plastische Decorationen, Gas- und Kerzenleuchter, Kandelaber« – dies meldete die nächste Anzeige aus dem Jahr 1862/63, außerdem »gepreßte Dachsäume und Krönungen für Renaissancebauten«. (Diese wunderbar filigranen Gitter verwandelten Wiens Dächer in luftige zoologische Gärten.) Ein rascher Aufstieg, zweifellos. Wenn man bedenkt, daß auch alle Regenrinnen, Wasserreservoirs und Badewannen aus Zinkblech herstellbar waren, bekommt man einen Eindruck von der Auftragslage. Eine Anerkennungsmedaille war auch schon da, 1862, Londini, Honoris Causa. Dieners im Erdgeschoß eines Wiener Vorstadtschlößchens eingemietete Fabrik versprach, außerordentlich lukrativ zu werden. Die Gründerzeit war angebrochen.

Sah Carl Diener auf frühen Fotos wie ein kühner schwäbischer Pfarrvikar aus, so Marie Wechtl, Berthas Mutter, wie ein Mädchen, das gern die Schule schwänzt. Sie kam aus der Wiener Josefstadt wie aus einer anderen Zeit. Im Biedermeierkleid steht sie neben ihrer Mutter, einer Hebamme. Der Vater Josef Wechtl war Heizer in der Österreichischen Nationalbank. Die Aura biedermeierlichen Kleinbürgertums und nervöser Wäschermädel-Geschäftigkeit wurde Berthas Mutter zum Kummer der Tochter ihr Leben lang nicht los.

»Warum wedelte Mama«, fragte sie vorwurfsvoll, »zerzaust und verzerrt, mit einem widerlichen Lappen in der Hand, den halben Tag zwischen den Möbeln herum, wo doch das Stubenmädchen und der Diener dazu da waren? Eine böse und schweißige Märtyrerin des schönen Hauses, statt lieber durch die weiten hellen Räume oder den Garten zu galoppieren und Reif zu schlagen... Warum hieß es ›Ernst des Lebens‹, wenn Papa am Kontorofen lehnte, die Zeitung las und rauchte, während genau dasselbe vor dem Speisezimmerofen getan ›Erholung‹ hieß?«

Typische Fragen der zweiten Generation. Bertha war derselbe Jahrgang wie Hugo von Hofmannsthal, Karl Kraus und Richard von Schaukal. Sie träumte von der musischen, künstlerischen Atmosphäre, die in anderen Wiener Häusern tatsächlich herrschte, von Geselligkeit, Kunstsinn, Mäzenatentum. Aber leider blieb ihr Vater, der Selfmade-Fabrikant aus Schwaben, der zwar »materiell Parvenu« geworden war, ideell seiner »protestantischen Kargheit« zugewandt, »ihm anhaftend aus enger Jugend«.

Wo hatten sich Berthas Eltern wohl kennengelernt? Vielleicht bei einem Faschingsball in den berühmten Sofiensälen, schräg gegenüber von Dieners Fabrik in der Marxergasse. Immerhin ein unkonventioneller Anfang: Die ledige 19jährige Marie Wechtl gebar im Dezember 1862 einen Sohn, den sie Carl nannte. Die Hochzeit mit Carl Diener fand erst ein halbes Jahr später statt. Die Kinder wurden evangelisch getauft und erzogen; ein zweiter Sohn, Paul Hugo, kam 1865 zur Welt, 1869 ein Mädchen namens Clara, das als Kleinkind starb, schließlich 1874 Bertha Helene, die jüngste und letzte, genannt »das Kind«.

Carl Diener um 1860

Seine Mutter, Friederike Diener

Marie Wechtl als Braut

Carl Diener als Bräutigam

Marie Wechtl sen., Hebamme, um 1860

Marie Wechtl, ihre Tochter

Bertha Diener als Kleinkind

Josef Wechtl, Heizer, um 1860

Das Kind schlug die Augen auf in der Wiener Vorstadt Landstraße, in einem klassizistischen Schlößchen, das sich der Gastwirt Michael Diery (oder Düry) 1820 vor den Toren der Stadt hatte aufführen lassen. Es wurde immer wieder umgebaut und schon mit »Werckstätten« im Erdgeschoß versehen, lange bevor Carl Diener in Wien ankam und seine Fabrik dort unterbrachte. Erst Manufaktur, dann Fabrik, dann Pferdestall, dann Garage (»Rumpler-Garage«), wurde es 1964 abgerissen; die Bauakte hat sich im Wiener Stadt- und Landesarchiv in seltener Vollständigkeit erhalten. »Die von Schlingpflanzen bewachsene Hofseite bot mit ihrem kleinen Türmchen einen malerischen Anblick aus der Biedermeierzeit«, schrieb Paul Sekora, der es in seiner Jugend aquarelliert hatte. Es besaß »herrliche Gemächer, einen Musiksalon und im Hofe Pferdestallungen«. Die gewölbte Toreinfahrt führte in einen gepflasterten Innenhof mit einem Brunnen. Links befand sich ein großes Nebengebäude mit Remise, Heukammer, Kutscherwohnung – hier hatte Carl Diener einen Abguß-Saal für seine Modelle einrichten lassen –, rechts lag die Gärtnerwohnung, dahinter begann der parkartige Garten. Das Hauptgebäude selbst war zweistöckig, hatte rechts und links von der Einfahrt je sechs große Bogenfenster und wurde in Keller und Erdgeschoß gewerblich genützt – mit »Comptoir«, Lagerräumen und Werkstätten. Als Bertha ein Jahr alt war, konnte ihr Vater das ganze Anwesen, das er bisher nur gemietet hatte, von den Diery-Erben kaufen. Das Nachbargrundstück besaß er schon seit 1872. Im Jahr nach Berthas Geburt ließ er dort ein vierstöckiges Miethaus errichten – als Kapitalanlage. Jeder baute. Die ländliche Vorstadt (»Landstraße«) mit ihren Sommersitzen, Obstgärten, kleinen Manufakturen und winzigen Häuschen verwandelte sich in ein hektisch geplantes Neubauviertel mit breiten Straßen, hohen Zinskasernen, expandierenden Metallgießereien und anderen Fabriken.

Introversion

Berthas Jugend hinter den Mauern wurde ausstaffiert. Sie bekam ein zahmes Reh, eine Katze. Sie hatte Miß Hilda, eine Gouvernante, mit der sie in den Zoo ging. Vor den Raubtierkäfigen repetierte Miß Hilda »die Zahnformeln«, während Bertha an ganz anderes dachte. Sie erlebte sich selbst als einsames Kind, ihre Jugend als Mangel im Überfluß. Gefährten – außer den Tieren – hatte sie keine. Ihre Brüder waren um neun

Das Diery-Schlössl, Berthas Geburtshaus, Hofseite, Aquarell von Paul Sekora

und elf Jahre älter und wurden für anderes erzogen. Bruder Carl bestand schon »im Alter von 16½ Jahren die Matura am Landstraßer Gymnasium mit Auszeichnung« und bekam zur Belohnung eine Bergreise geschenkt. Seine spätere Doppelkarriere als Bergsteiger und glänzender Geologe zeichnet sich hier schon ab, während Bertha noch traurig unter dem Zinkdach des Gartenpavillons an der Hand der Mutter festsaß. Der zweite Bruder wurde Unternehmer. Er gründete unter starker finanzieller Beteiligung des Vaters in Budapest die »Erste ungarische Transport-Aktiengesellschaft«, deren Direktor er wurde, und übernahm später die väterliche Fabrik. – Aber auch für Bertha war eine Rolle vorgesehen und abgemessen: Sie hatte ein sittsames junges Mädchen zu werden, das durch Heirat vorteilhafte Querverbindungen erzielte. Selbst gute Partie, hatte sie eine noch bessere Partie an Land zu ziehen. Die Idealvorstellungen der Eltern sahen ungefähr so aus:

»Papa vermeinte, eines Tages müsse ein Goethe, der zugleich Vanderbilt, englischer Herzog und französischer Botschafter (war), in einem Auto aus den Wolken fallen als sein Schwiegersohn. Die Tochter mochte bis dahin auf Eis liegen oder sonstwie Neutrum sein, wie es gerade für ihn am bequemsten schien.«

Bertha mit Miß Hilda, um 1880   *Berthas Bruder Carl, 1874*

Das Volljährigkeitsalter lag damals in Österreich bei 24 Jahren. Bis dahin waren Mädchen auf Gedeih und Verderb von den Eltern abhängig, ohne Anspruch auf Ausbildung, gegängelt, zum Warten verurteilt, womöglich künstlich dumm gehalten in einem »verlogenen Käfig«. Offiziell, schreibt Stefan Zweig, durften junge Mädchen »keinerlei Vorstellung haben, wie der männliche Körper geformt sei, nicht wissen, wie Kinder auf die Welt kommen... sie wurden zur Schule, zur Tanzschule, zur Musikstunde gebracht und ebenso abgeholt, jedes Buch, das sie lasen, wurde kontrolliert...« – und sie wurden mit Nervosität betrachtet, wenn sie schwierige Kinder waren, schwer an den Mann zu bringen.

Bertha spann sich als Kind in ihre Gartenwelt ein. Der parkähnliche Ort mit »Neptunbassin«, hohen Bäumen, einer »Fichtengruppe« in märchenhafter Abgeschlossenheit enthob sie der peinlichen Außenseitersituation in der Gesellschaft. Sie trieb ihren Katzenkult – »bald hatte der Kater den Schwanz um sich getan, saß mitten in ihm wie ein Turm mit Ringmauer, sah oben aus zwei grünen Scheinwerfern um sich, bald strich er, schmäler wie sein Schnurrbart, durch Türspalten, schwanzhoch, lässig und einsam...« –, erfand sich dergestalt Sinnbilder von

Bertha mit ihrer Mutter unter einem Modell-Zinkdach im Garten, Marxergasse 24

seelischer und physischer Autonomie, an denen sie sich orientieren konnte, und ging nicht gern zur Schule, mit der untrüglichen Ahnung der Unterprivilegierten, dies sei Ausbildung für die Sackgasse, sei Schmalspur.

»Andern Tags ergab es sich dann richtig, daß man den deutschen Aufsatz total vergessen hatte mit seinen zwei Themen zur Wahl: ›Hausmütterchen, der Sonnenstrahl im Elternhaus‹ oder ›Kleopatra‹ (Richtlinie: schade, daß in einem so schönen Körper nicht eine ebenso schöne Seele wohnte)...«

Das Gymnasium, jede akademische Ausbildung überhaupt, blieb den Frauen als »nicht wesensgemäß« bis zur Jahrhundertwende verschlossen. Die Männer waren unter sich, den Frauen blieben die eher trüben Quellen der Bürgerschule und des Höhere-Töchter-Pensionats. Rosa Mayreder beschreibt, wie sie als junges Mädchen absolut nicht herausfinden konnte, zu welcher Gattung der Walfisch gehörte; sie hatte ihn stolz zu den Fischen gerechnet und Gelächter, aber keine Aufklärung geerntet. Erst Jahre später begriff sie die Geheimniskrämerei: Der Walfisch war ein »Säugetier«, und dies zu wissen war für ein junges Mädchen nicht statthaft. Jedes vermittelte Wissen brach am steilen Rand der »Schicklichkeit« ab. Manche Mädchen lernten heimlich mit den gleichaltrigen oder jüngeren Brüdern. In toleranten Häusern wurden Hauslehrer engagiert und der Gymnasialstoff durchgenommen. Mädchen durften wohl »extern« die Reifeprüfung ablegen, aber sie nützte ihnen nichts. Bestanden sie sie – und sie wurde im allgemeinen strenger gehandhabt als die interne Prüfung an den Gymnasien –, bekamen sie ihr Zeugnis, aber ohne die Reifeklausel, die bei einem Knaben selbstverständlich war. Also auch die Reifeklausel war den Frauen einfach »nicht wesensgemäß«, weil sie zum Hochschulstudium berechtigt hätte. Gerade das mußte verhindert werden, das System war lückenlos. Frauenbildung sank somit zum bloßen Zeitvertreib herab, mehr oder weniger kostspielig; man mußte die jungen Mädchen irgendwie beschäftigen, bis der Bräutigam kam. Auch Bertha bekam »privat« Latein- und Griechischstunden, die man ihr immer dann verbieten konnte, wenn sie nicht »guttat«. Bildung war für Mädchen nicht Ausbildung, nicht der kontinuierlich begangene Weg zur Selbständigkeit, sondern ein Disziplinierungsmittel, eine in den elterlichen Augen gefährliche Investition in das Wertobjekt Tochter, wobei nicht einmal feststand, ob sie mehr schadete als nützte.

Rebellinnen gingen zum Studium in die Schweiz. Andere, wie Rosa Mayreder, engagierten sich zu Hause für die Schulreform, für die Gleichberechtigung. Berthas Protest war die Introversion. »Ausbre-

chen? Zu riskant«, läßt sie ein junges Mädchen in den ›Kegelschnitten Gottes‹ sagen. Sätze wie »Sie zog sich völlig in sich selbst zurück« oder »man war ein so alleines Ich« zeigen den Grad an Vereinsamung, der ihre Jugend prägt. Praktische politische Arbeit, Engagement in der Gruppe lagen ihr zeit ihres Lebens völlig fern. »Gottseidank, Sie sind kein Frauenverein«, schrieb sie 1932 an Fritz von Herzmanovsky-Orlando, »kein ›politischer‹, kein ›sozialer‹, kein ›fortschrittlicher‹, kein ›mazdaznanischer‹ – und Sie verlangen nicht von mir, daß ich ›voranschreite‹ oder mich ›an die Spitze stelle‹ oder ›einen Vortrag halte‹... bravo!«
Ihre privaten Überzeugungen, Erkenntnisse, Sympathien übersprangen niemals die Grenzen der Vereinzelung. Es dürfte in Berthas Leben nur wenige Menschen gegeben haben, denen sie sich anvertraut, mit denen sie sich ausgetauscht hat. Offen wird sie sich später nur in ihren Büchern äußern – unter Pseudonym.
Ihr Verhältnis zum Vater, jenem Wesen, »das man fieberhaft gern küßte, obwohl er jähzornig schrie und einen viereckigen Daumen hatte«, war ambivalent. Einerseits wertete sie ihn auf (»nordische Stadt«, »mächtiger nordischer Same«), fühlte sich *ihm* gewachsen und der Mutter überlegen (die klassische Ausgangssituation im Patriarchat), andrerseits versuchte sie, die lähmende Verhinderung, die allen Frauen von den Vätern auferlegt wurde, durch einzelnen persönlichen Einsatz und Übereinsatz zu durchbrechen.
Ein Perfektionswahn war die Folge, der sich ihrer Veranlagung gemäß nach innen schlug. »›In mir muß es besser werden‹ ward zur Mission...« Sie kompensierte physisch und psychisch. Das Schönheits-Ideal war eine Wespentaille! Sie wird die schmalste Taille der Welt bekommen, so schmal, daß alle erschrecken. (Man wird noch sehen, mit welchen absonderlichen Methoden sie dies erreichte.) Man verbot ihr etwas! Das Spielen mit den Tieren im Garten etwa, weil es sich »für ein so großes Mädchen nicht mehr schickt?« – Sie fand einen stummen, einen inneren Ausgleich: »Niemand aber konnte sie hindern, dafür täglich beim Durchfahren des Hofes die Schultern des bronzenen ›Eidechsentöters‹, den Papa in der Fabrik hatte nachgießen lassen, inbrünstig in sich hereinzulieben. Das Jünglingsfreie dieser Schultern glänzte ihr jedesmal ins Herz, bis sie es auf geheimnisvolle Weise mitversponnen in ihr Blutnetz...«

Kegelschnitte

Sie entwickelte so ihr eigenes Binnensystem der Opposition. Mit der Zeit erfand sie sich ein gewisses Arsenal an Denkbildern, utopischen Mustern, phantasierten Idealwelten, persönlichen Gegenentwürfen. Sie fanden alle, zusammen mit der minuziösen Erinnerung an persönliche Kränkungen, Eingang in den üppigen, szenisch wuchernden Roman ›Die Kegelschnitte Gottes‹.

Die ›Kegelschnitte‹ erschienen 1920 im Albert Langen Verlag München und sind ihr persönlichstes Buch überhaupt, nicht nur der erste eigene Roman nach verschiedenen Übersetzungen. Formal ungewöhnlich interessant, stilistisch manchmal hart an der Grenze zum Hyper-Expressionistischen und zum Kitsch, werfen sie die Frage auf, inwiefern sie als autobiographische Quelle verwendbar sind. *Daß* sie aus autobiographischem Stoff gewoben sind, heißt noch nicht, daß man auch die Webart kennt.
Der Roman entspricht mit seinen vier Teilen den vier möglichen Kegelschnitten: Ellipse, Kreis, Parabel und Hyperbel. Gustav Theodor Fechner, ein deutscher Physiker und Psychologe, war der erste, der den vier Figuren symbolische Bedeutung beilegte. So symbolisierte die Ellipse mit ihren zwei Brennpunkten das Ideal der Liebesfreundschaft, der Kreis den Egoismus, die Parabel mit ihrem Brennpunkt im Unendlichen die Sehnsucht nach dem Höheren und die Hyperbel schließlich mit den beiden auseinandergerissenen Kurven, die sich den Rücken kehren, den unversöhnlichen Haß.
Im ersten Teil des Romans wächst der Knabe Horus Elcho, Sohn von Lady Diana Elcho, unter wahrhaft idealen Bedingungen in einem matriarchalischen Reich (Ceylon) auf, in permanenter Liebesfreundschaft mit Menschen, Tieren, Dingen. Er hat eine Gefährtin, Gargi, und einen Erzieher, Erasmus van Roy, der ihn östliche Philosophie, europäische Technik und Musik lehrt. Da Horus' Mutter und auch Erasmus Europäer sind, wird in dem Knaben die Sehnsucht nach Europa immer stärker. Er hält Europa für einen edlen, unendlich überlegenen Kontinent.
Im zweiten Teil bereist er ihn, das herrliche Haus Elcho verlassend, zusammen mit Gargi, seiner Frau. Bedauerlicherweise gerät er gleich in jenen internationalen Jetset-Kreis aus käuflichem Adel, plebejischen Parvenus und schamlosen Mitgiftjägern, die egoistisch und parasitenhaft von Paris nach Sankt Moritz, von Baden-Baden nach Kairo

Die
Zink-Ornamenten- und Blechwaren-FABRIK
von
C. DIENER
IN WIEN,

Landstrasse, Marxergasse Nr. 24, nächst dem Sofienbade,

erzeugt architektonische Ornamente jeglicher Art aus gepresstem, getriebenem und gezogenem **Zinkblech**, so wie aus Zinkguss und empfiehlt sich insbesondere zur Anfertigung von

Attika's, Gallerien, Ballustraden, Balkonen,

gezogenen Gesimsen, Fenster- und Oberlicht-Sprossen,

plastischen Decorationen

aus Zinkblech gepresst;

für innere **Ausstattung** von **Kirchen, Schlössern, Theatern, Ball- und Concert-Sälen;**

Gas- und Kerzen-Lustern, Kandelabern,

gleichfalls aus gepresstem und getriebenem **Zinkblech**, bronzirt oder echt vergoldet,

zu besonders billigen Preisen.

Ausserdem werden

Zinkdächer, gepresste Dachsäume und Krönungen

für Renaissance-Bauten aufs billigste und prompteste zur Ausführung übernommen und sind Modelle von Zinkdächern nach den bewährtesten Leisten-Systemen, so wie eine grosse Auswahl der neuesten und geschmackvollsten Muster von Ornamenten im Fabrikslocale zur Ansicht ausgestellt.

Zinkblech-Dépôt der schlesischen Actien-Gesellschaft für Bergbau und Zinkhüttenbetrieb
IN BRESLAU.

Geschäftsanzeige der Firma Carl Diener in ›Lehmanns Adreßbuch‹, 1862/3

schwimmen, »als winzige Blase mit geschlossener Oberfläche«, kulturlos, zynisch, falsch.
Im dritten Teil bereist er Deutschland und Wien auf der Suche nach jenen genialen Wissenschaftlern, deren Denkgebäude ihn in Indien so entzückt hatten, und findet wirklich zu seiner Freude einen Freund des Erasmus van Roy, einen gewissen Samossy, außerordentlicher Professor für Mathematik, der das Gesetz der Primzahlen entdeckte (Samossy hat den Mathematiker Oskar Simony zum Vorbild, Erasmus van Roy den gelehrten Friedrich Eckstein, einen Freund Simonys und Berthas ersten Mann).
Leider muß Horus erkennen, daß sich der große Mathematiker trotz seiner Sehnsucht nach dem Höheren im Dickicht der Hochschulpolitik, des Materialismus, der kleinlichen Familienrücksichten verfangen hat. Horus und Gargi treffen auch noch andere »Hochschullehrer«, die rülpsend, rassetümelnd und hackenschlagend Intrigen spinnen, und wenden sich entsetzt ab. Im ganzen »verpöbelten«, kultur- und seelenlos gewordenen Europa haben sie bisher nur einen einzigen Menschen getroffen, der wie sie selbst das Bedürfnis nach Reinheit, Schönheit, Erlesenheit, Tierliebe und Liebesfreundschaft, nach Natürlichkeit und Kultur empfindet: eine junge Frau, die sich in seltsamen Verstrickungen befindet...
Im vierten Teil wird daher *ihre* Herkunft, *ihre* Erziehung, *ihr* ganzes bisheriges Leben rekonstruiert. Geboren wurde sie als Fabrikantentochter in einer Wiener Vorstadt, die starke Ähnlichkeit mit der »Landstraße« aufweist... Folgt nun also Berthas eigene Geschichte?
Bertha wurde immer wieder gefragt, ob sie identisch sei mit dem Mädchen Sibyl aus den ›Kegelschnitten‹ – und ärgerte sich darüber. Natürlich wollten die Leser den vierten Teil einfach als Schlüsselroman lesen – skandalöse Einblicke ins Wiener Gesellschaftsleben, Klatsch, Tratsch –, wollten für bare Münze nehmen, was einer bestimmten künstlerischen Intention folgte.
Überprüft man die Angaben des außerordentlich subjektiv geschriebenen vierten Teils, so findet man eine geradezu erstaunliche Übereinstimmung mit den Tatsachen. Oft machte sich Bertha nicht einmal die Mühe, die Eigennamen zu verändern. »Madame Crombée-Wokurka« war Augustine Crombé (1819–1890) – und sie hatte wirklich eine Tanzschule, in der schon Arthur Schnitzler tanzen gelernt hatte (er bezeichnete sie in seiner Autobiographie als »Tanzschule der gebildeten Mittelstände«). Sibyls Französischlehrerin, eine »Madame Paola Swoboda, Witwe nach einem österreichischen Leutnant«, läßt sich im Adreßbuch verifizieren als »Paola Swoboda, k.k. Ob.Lieut.-Wwe., Löwengasse

Die Marxergasse im Jahr 1963. Vorne links das ehemalige Diery-Schlössl (»Autofahrschule Rumpler«), ein Jahr vor dem Abbruch. Rechts hinten die Sofiensäle

28« – wenige Schritte von Berthas Elternhaus entfernt. »Papas dubiose Bergwerksunternehmungen« erscheinen tatsächlich im Verlassenschaftsakt von Berthas Vater: Spekulationen mit galizischen Gruben, die ihm Verluste einbrachten – der einzige Passivposten übrigens des sonst so soliden Fabrikanten. Auch der »Pferdegraf« ist keine Erfindung; ein Simon Graf Wimpffen kaufte tatsächlich Berthas Eltern das Diery-Schlössel ab, als Bertha gerade 18 Jahre alt geworden war, und ließ es gleich darauf zu einem Pferdestall umbauen – und so fort. Die Authenzität des vierten Teils steht außer Frage. Hier erzählt sie tatsächlich ihre eigene Geschichte; nur – über die Deutung ist damit noch nichts gesagt. Zu einer stimmigen Interpretation kann man erst kommen, wenn man die Gesamtanlage des Romans betrachtet, den künstlerischen Bauplan, dem die einzelnen Teile dienen.
Der erste Teil ist der Ellipse gewidmet, der »Liebesfreundschaft« zu Menschen, Tieren und Dingen (Horus in Indien), der zweite dem egoistischen Kreis (europäische Geldwelt), der dritte der arg bedrohten Parabel (Wissenschaft) und der vierte der Hyperbel, dem »unversöhnlichen Haß«. Die Autorin will hier über ihre persönliche Geschichte hinaus die Schäden der westlichen Zivilisation aufzeigen, besonders die

Die Bäckerstraße im Ersten Bezirk, Aufnahme von 1901. Rechts hinten die Nr. 22, Tanzschule Augustine Crombé (vgl. Berthas Text »Die Tanzstunde«). Arthur Schnitzler, der dieses Institut zehn Jahre vor Bertha besuchte, schrieb in seiner Autobiographie ›Jugend in Wien‹: »... Bei der Crombé, in der Tanzschule der gebildeten Mittelstände, war Fännchen freilich unumschränkte Herrscherin gewesen; in die vorstädtischen Tanzschulen aber, die ich nicht gerade zu Lernzwecken aufsuchte, konnte sie mir als Mädchen aus gutem Hause nicht folgen...«

»verhinderte Liebesfreundschaft«; die Europäer haben sie ihren Götzen »Moral« und »Konvention« aufgeopfert. Stumpfsinnige Grundsätze, Gedankenlosigkeit, das Fehlen einer echten sozialen Kultur, eine immer brutalere Justiz (gegen die zur selben Zeit Karl Kraus ankämpfte), die im Gesetz und im Bewußtsein der Gesellschaft fest verankerte Benachteiligung der Frauen und Kinder, die Härten der Erziehung – all dies findet Eingang in den vierten Teil, der absichtlich ein negatives Gegenbild zum ersten bildet. Nach Fechner ist die Hyperbel nichts anderes als eine gewaltsam auseinandergerissene und verdrehte Ellipse; Teil eins und Teil vier stehen also nicht für sich, sondern gehören komplementär zusammen. Es wird nun auch klar, nach welchem Prinzip Bertha ihre persönlichen Erfahrungen in den Roman einarbeitet. Alles, was sie je an Kränkungen erfahren hat, an Unverständnis, ungerechter Behandlung, erscheint in Teil vier, der so zum Märchen einer traurigen Jugend wird, geeignet, den Lesern die Enge und Beraubtheit einer weiblichen Existenz an der Wende des 19. Jahrhunderts vorzuführen. Es wäre aber falsch, seine Aussagen für absolut zu nehmen; er ist nur eine Facette.
Alle positiven Erfahrungen, Begegnungen, Wunschbilder und Projektionen – und sie sind ja nicht weniger autobiographisch – finden sich im ersten Teil bei Horus wieder. Wichtige Elemente kommen sogar doppelt vor, negativ im vierten, positiv im ersten Teil. Das Haus von Berthas Geliebten Theodor Beer zum Beispiel – Villa Karma –, das im vierten Teil als größenwahnsinniger Plan geschildert wird, dient im ersten Teil als herrliche Kulisse für Horus' Jugend. Berthas Mann Friedrich Eckstein erscheint im vierten Teil als Schwärmer und Phantast, im ersten als ein wahrhaft Weiser, grundgebildet und gut. Einmal »Gabriel Gruner«, einmal »Erasmus van Roy« – Friedrich Eckstein war beides. Auch Bertha erscheint in zwei Figuren: einmal als »Sibyl – jammervoll herumgeworfen zwischen Schwachmut und Hochmut« –, die sich, als man sie an der Flucht aus Europa hindern will, erschießt, und als »Lady Diana Elcho«, abgeklärt, unabhängig, gereift. *Ihr* ist die Flucht aus Europa gelungen, sie hat sich eine bessere Welt aufgebaut. Typisch die Namensspielerei: Bertha ist Diana – beide Namen haben die Bedeutung »Lichtbringerin, die Glänzende«. In »Elcho« – aus dem Geschlecht der Elche – verbirgt sich »Helen« (ältere Schreibweise für Elch: Elen) –, Berthas zweiter Vorname. Merkwürdig, daß Bertha später, als sie nach einem neuen Pseudonym suchte, zu »Helen Diner« griff: Helen Diana – und natürlich auch Helene Diener.
Eine eigene Bewandtnis hat es mit Diana Elchos Sohn, den sie im Roman »Horus« nennt, den »von der Sonne geliebten«; im alten Ägypten

wurde Horus als neugeborenes Kind am 21. Dezember, dem Tag der Wintersonnwende, aus dem Tempel nach draußen gebracht; Bertha hat hier ihren eigenen zweiten Sohn im Auge, den an einem 20. Dezember Geborenen, den sie einmal brieflich »Sohn der Sonnwende« nennt. Die ›Kegelschnitte‹ sind also für ihn geschrieben, sind eine Art Vermächtnis an das Kind, das – bei Erscheinen des Romans – für Bertha unerreichbar in Berlin von Pflegeeltern aufgezogen wird.
So werden in den ›Kegelschnitten‹ nicht nur zwei Herrschaftsformen (Patriarchat – Matriarchat) und zwei Kulturkreise (Westen – Osten) gegeneinander ausgespielt, sondern auch zwei Zeiten. Im vierten Teil befinden wir uns auf dem Höhepunkt der Gründerzeit. Bertha spricht einmal vom »Weltpovel dieser ganz von Gott verlassenen siebziger und achtziger Jahre«, worin Sibyl groß wird. Zwar wächst Horus in Indien »zur selben Zeit« auf – für die Romanhandlung mußte er mit Sibyl gleichaltrig sein –, faktisch aber hat sich der indische Teil in die Zukunft verschoben, in eine utopische Moderne hinein. Am Ende des vierten Teils angekommen erkennt man, daß man den ersten Teil wie seine Fortsetzung lesen kann: Mit einer glücklich beendeten Villa Karma (Haus Elcho), einem weise gewordenen Erasmus, einer unabhängig gewordenen Sibyl-Diana Elcho, die ihre Ruhe gefunden hat im angenehmen Ambiente der Neuen Sachlichkeit und die ihrem Sohn Horus eine bessere Jugend bereiten kann, als sie selbst erlebt hat.
Der Roman fand bei Erscheinen sofort großen Anklang. Man fand darin das literarische Muster »Ein Wilder bereist Europa«, das seit Montesquieu nichts an Attraktivität eingebüßt hatte, wobei sich der Wilde als der eigentlich Zivilisierte herausstellte – und die Zivilisierten allesamt als Wilde. »Das Schärfste, was gegen diesen Kontinent in der heutigen Zeit zu finden ist«, schrieb Tucholsky anerkennend. Die eigentliche Komplexität der Struktur wurde nicht gesehen.
Und vor allem Indien schlug ein, denn Indien war Mode. Jens Malte Fischer spricht sogar von »einer echten Indienwelle unter den deutschen Autoren« nach der Jahrhundertwende. Begonnen hatte sie mit Schopenhauers Interesse am Buddhismus; Richard Wagner dachte kurz vor seinem Tod an ein buddhistisches Drama mit dem Titel »Der Sieger«. In den 80er und 90er Jahren beschäftigten sich deutsche Indologen und Indienreisende mit den großen Texten des Buddhismus und Hinduismus und machten sie allgemein zugänglich. Karl Eugen Neumann übersetzte die Reden Buddhas, Paul Deussen die Veden und Upanishaden (Bertha folgt in den ›Kegelschnitten‹ seiner Übertragung). Ein guter Freund von Berthas Mann Eckstein, der Theosoph Franz Hartmann, übersetzte den Bhagavad-Gita einmal in Prosa und

Carl Diener mit seiner Mutter um 1890

einmal in Versen. Die amerikanische Theosophische Gesellschaft hatte 1882 ihren Sitz nach Indien verlegt – nach Adyar, einem Vorort von Madras – und lockte viele Indienreisende. Franz Hartmann verbrachte zwei Jahre in enger Gemeinschaft mit der legendären Gründerin, Helena Blavatsky; Hermann Keyserling besuchte später ihre Nachfolgerin Annie Besant. Sein ›Reisetagebuch eines Philosophen‹ enthält detaillierte Beschreibungen von Ceylon und Südindien und erschien etwas früher als die ›Kegelschnitte‹.

Bertha selbst nennt als Reiseziele ihrer »Wanderjahre« Ägypten, Kreta und Kalifornien; Indien nicht. Aber seit Ernst Haeckels ›Indischen Reisebriefen‹ (1882) hatten die Reisebeschreibungen Konjunktur und lieferten Anschauungsmaterial. Als Bertha kurz vor dem Ersten Weltkrieg ihre ›Kegelschnitte‹ zu konzipieren begann, waren gerade drei wichtige Indienbücher erschienen: die Essaybände des Weltreisenden Rudolf Kassner (›Der indische Gedanke‹, 1913), Hans Heinz Ewers' Reisebuch ›Indien und ich‹ (1911) – und Hermann Hesses ›Aus Indien‹ (1913). Bertha, Liebhaberin von Reisebüchern, mußte wissen, daß sie mit einem wie aus direkter Anschauung geschilderten Indien gut im Trend liegen würde.

Für die Wahl Indiens als Gegenreich waren aber auch persönliche Motive ausschlaggebend. In Berthas eigener Umgebung war Indien eminent wichtig, so bei Eckstein zum Beispiel, ihrem Mann. »Was ihn mir wertvoll machte, war vor allem seine Beschlagenheit in indischer Philosophie«, erwähnt Stefan Großmann in seiner Lebensgeschichte. »Man erzählte, daß Eckstein als junger Fabrikant, wenn er eine ruhige Stunde haben wollte, auf den immens hohen Schornstein seiner Fabrik hinaufkletterte, oben angelangt, ein Buch aus der Tasche zog und dort, von keinem Angestellten gestört, durch kein Telephon erreichbar, sich in die Reden Gautamas vertiefte...«

Auch Berthas späterer Geliebter, Theodor Beer, bezeichnete sich als Buddhist (daß er gleichzeitig als Physiologe Experimente mit lebenden Tieren machte, schien ihn nicht zu stören); Adolf Loos mußte ihm ein altes Schweizer Landhaus im indischen Stil als »Villa Karma« umbauen, was die Bewohner von Clarens zu entsetzten Protesten veranlaßte. – Viele Freunde bekannten sich offiziell zum Buddhismus – Franz Hartmann schon 1883, Alfred Kubin im Ersten Weltkrieg, Gustav Meyrink 1923. Bertha läßt in den ›Kegelschnitten‹ ihre Sympathie mit dem Buddhismus deutlich werden, legt sich aber nicht fest. In einem Panorama farbenprächtiger Szenen führt sie den ganzen Reichtum indischer Mythen und Riten vor – und entspricht mit diesem Synkretismus der sonst von ihr durchaus nicht geschätzten Theosophischen Adyar-Gesellschaft, die nacheinander die verschiedensten »Leitreligionen« proklamierte: von 1882 bis 1894 den Buddhismus, danach Hinduismus, dann Brahmanismus...

Berthas Indien war ein gemischtes Indien, entstanden aus der Sehnsuchtsperspektive der Marxergasse. Als junges Mädchen mußte sie zusehen, wie ihr Bruder Carl zu immer neuen, interessanten Studienreisen in die Welt aufbrach – nach Syrien, in den Himalaja, in den Kaukasus –, während sie aus dem Dritten Bezirk nicht herauskam. Später wurde ihr ganz Wien verleidet. Ihre Lust an der Exotik verband sich daher mit einem Stück privater Utopie: Vermischung von Indien und Europa in den besten Elementen – ergäbe das nicht eine bessere Lebensform? Mindestens für die (und hier denkt sie ganz weltlich), die es sich leisten können. Für eine »Elite«, für die *happy few*...

Interessant in diesem Zusammenhang, hier aber nur am Rande vermerkt: Bertha schilderte in leuchtenden Farben nicht nur die Wonnen märchenhaften indischen Reichtums, sondern auch die Vorteile der Kinderehe. »Weise menschliche Bräuche des Tropenlandes hatten Horus und Gargi an den Grenzen der Kindheit zueinandergelegt. So blühten sie mit dem allmählichen Zentrieren der Sinne in die Ehe hinein, ohne Eheeinbruch, roh und frech...« Ihre Argumente für die Kinderehe glichen den Theorien des zeitgenössischen Wiener Psychologen Rudolf von Urbantschitsch, der viele Sexual-Probleme auf das eklatante Berührungs- und Zärtlichkeitsdefizit in der Jugend zurückführte. »Lange«, heißt es in den ›Kegelschnitten‹, »vermag ein wohlgeborenes junges Wesen ohne Sexualität zu sein, wenn es die Liebkosung hat. Nur in nächtlich einsam eingesperrter Pubertät schwillt der primäre Trieb zu manisch-hündisch-hämischer Besessenheit: armselig, eintönig und roh. Ein Elend den Frauen, an denen er sich später vielleicht ehelich – jedenfalls weihelos entlädt. Horus, frühzeitig einem holden Bettgespiel gesellt, stillte seine warme junge Sehnsucht von je in feinerer Mannigfaltigkeit.« Die Europäer, die sich vor Kinderehe entsetzten, verwechselten »Eheschluß mit Ehevollzug.« – Auch in dieser Hinsicht also ging es dem jungen Mann, der im Matriarchat aufwuchs, besser als dem jungen Mädchen, das im Patriarchat groß werden mußte.

Das Diener'sche Familienwappen

B Zwischen Marxergasse und Indien

Texte

Traumjugend
(Alle Texte aus: ›Die Kegelschnitte Gottes‹)

Zum Ausgehen bereit, schritt Horus die Terrasse des südlichen Parks hinab. Es war noch früh. Mit schleppenden Schleiern kam zarter Tag herauf, doch in den Palmen hingen noch streitlustige Sterne: Falmahaud, Sirra, Antares: der Gegenmars.
Es war die Frühe vor den Morgennebeln und alles blasser Kristall. Da kamen durch die reine Weite her drei Wesen herangeflogen: Wettläufer. Strahlengrade Glieder, sprunggestreckt, schienen den Raum nach rückwärts zu treiben; Wehen war um sie, Gefunkel von Spiel und Frühe. Hellfarbig die Sarongs, bloß ihr Haar, das um der Mittleren Haupt als silbriger Schleierhelm stand.
»Agai – Sigiria«. – Doch sie flogen winkend weiter. Nur die Läuferin mit dem silbrigen Helm bog ab, Horus entgegen, der sie an der Treppe auffing. Es war seine Mutter ...
Stets war es ein kleines Fest, Lady Elcho am Morgen zu treffen, oft blieb sie bis Mittag unsichtbar: nach späten Stunden in Laboratorium und Bibliothek, klaren Nächten auf der Sternwarte oder vor der großen Orgel allein. Erschien sie aber, gehörten alle Stunden ihm, bis der Mittagdämon mit bleierner Rüstung jedes Lebendige in den Schatten niederdrückt. Dann schweiften beide über die Tropeninsel, nach Laune den Träger der Bewegung wählend: vom Rolls-Roycc bis zu Rama-Krishna, dem alten Reitelefanten ... Oder sie ritten auf Pferden durch alle Farben; übergrellt vom phantastischen Grün der Reisfelder: dem zitternden Smaragd – durch Kakaopflanzungen, Dörfer. Und hier war es gerade, daß Begrenztes wieder, Enges, Einzelnes unermeßlich werden konnte: der Brunnenrand, ein lichtes Tier, Paradiesesaugen brauner Kinder.
Stand aber die Sonne hoch, trug Rama-Krishna sie in den Dämmer der Wildernis: Ceylons Reservat. Hoher Urwald, Freistatt aller Tiere; an Ausmaß einem deutschen Bundesstaate gleich und dem Fußgänger undurchdringlich wie haushoher Filz.

Bertha mit 14 Jahren

Flach auf des Elefanten Rücken liegend, um von den Luftwurzeln nicht herabgefegt zu werden, getürmten Pflanzenozean über sich, erzählten sie einander ihre Träume, und das leiseste Tier, mächtigster Beschützer zugleich, drang immer tiefer in das dumpfdunkle Abenteuer – den lautlosen Tumult – berstend vor Leben und duftend nach Brunst und Tod ...

An diesem Morgen aber begab es sich anders. Der Sinn stand ihnen nach Weite und Maß zugleich, nach beweglichem, mancherlei Möglichkeiten umspannendem Tun. So flirrten sie auf Rädern in die schönste Tropenstunde hinein, jene, die beide polare Klarheiten scheidet. Aus weißer Seide war die Welt ...

Wallen und Brauen war es einer noch wolkig-flüssigen Welt. Wie wenn aus Gischt und Licht das Lebendige sich eben zeugte. Noch unbe-

grenzt. Unverloren. Früh, sanft und ungeheuer. Aus verdunsteten Opalen gebären sich haarige Schäfte. Aus dem Nirgends kommen Luftwurzeln gehangen, saftgetränkt: Gelegenheitsorgane des Nichts. Durch niedre Regenbogen fahren beschweifte Vögel, leuchten auf – vergehen. Nebelgroß treibt ein Büffelhaupt aus schwarzen Nüstern seine Sonderwolken in den goldnen Dunst.
Und durch alles hindurch, über alles hinweg: Wissen um die Sonne. Daß sie wirkt, teilt, ordnet, die Luft dünn und schließlich fein werden muß wie Geist, und daß der letzte Rest des Chaos nur mehr als Tau-Franse in den Wimpern hängen wird.
Sie gleiten hügelab durch steigerndes Licht in weichgewelltes Land …
Vom unbändigen Grün bis an den Straßenrand gespült, klammern sich dort braune Dörfer an dem leblosen Strich fest; verteidigen sich mit Äxten und Spaten gegen den immer wieder anschwellenden Wald. Zahme Arbeitselefanten stehen als runzlige Ballons überall herum, lassen uralte Stämme unter gespannten Rüsseln knacken, schichten sie dann säuberlich lotrecht und wagrecht, ganz allein, mit weisem Wiegen des Hauptes und vielem Flappen der Ohren …
Die Straße herauf wandeln neben großäugigen Tieren Männer aus dem Blut der Sonne, schmale Frauenakte dazwischen – in einen einzigen farbigleuchtenden Schleier geschlagen. Kommen näher – sind Greisinnen; das Antlitz verfurcht, … so zart aber blieben die Lineamente – oder sind es Glied gewordene Gebärden? –, daß im wechselnden Sonnenstand der Lebensalter auch letzter, schräger Strahl reinen Kontur zeichnet, das Wunder geschieht und eine Greisin lieblich ist …
An einer Stelle der Straße biegt der Wandelzug von Mensch und Tier in eine Kurve aus: Büffelgespanne, Reitelefanten, Rikshaw-Kulis, Bananenträger, alles dämpft den Tritt. Es bildet sich eine stehende Welle von Rücksicht. Mitten im Weg liegt ein schlafender Hund.
Auf der feuchten Erde schweben viele Geisterspuren bloßer Füße; Zehenfächer mit leichter Ferse, vom unsichtbaren Bogen überspannt. Da und dort ein Blumenring, den Frauenfesseln abgestreift.
Unbeirrbar flirren die Räder hindurch …
Auf grasiger, leicht abfallender Höhe, unter dem breiten Tempelblütenbaum – vor Weite und Meer – sprang ein Sonnenrausch sie an. Betäubung, Bezauberung des Lichts. Lachend fielen sie einander in die Arme. Begannen zu ringen; geballt, verschlungen, aufschnellend und gespannt. Ein Umeinandergleiten wie von Echsen, Aufgebäumtes und Kauerndes auch, Raubzeug im Anspring: gepflegte Kunst japanischer Samurais. Es endete wie immer: bis hart an den Sieg ließ der so viel Stärkere die Gegnerin kommen, glitt, fast am Boden schon, mit stets

erneuten Varianten unter ihr durch, hob die Leichte auf, gab ihr einen Kuß – warf sie dann auf beide Schultern weit ins Gras.
Vor wenig Jahren noch, auf einer Reise in Japan, als sie auf dicken Kokosmatten bei dem gelben Lehrer Griff und Gegengriff geübt, wußte er es anders. Dann eine Periode des Gleichgewichts – und jetzt! ...
Horus warf sich neben seiner Mutter in den Schatten des Riesenbaumes. Sanfte Rührung dessen, der vom Beschützten zum Beschützer wird, allein durch die Magie der Zeit, griff an sein Herz.
Unheimlicher, verborgener ist nichts, als dies gespenstige Kontinuum, wenn es den Schwerpunkt unmerklich vom Schöpfer hinüberspült in das Geschaffene. Von der Gebärerin in das Geborene. Zu geisterhaftem, unzerreißbarem System sie schließend, in dem das eine schwillt, steigt, strahlend wird, indes das andre langsam scheidend sich verdunkelt und schließlich, ganz erloschen, nur mehr von reflektiertem Leben nachglänzt. War der Tag auch nur zu denken, da er in anderm noch, als bloßem Muskelspiel: als Persönlichkeit, der Mächtigere bliebe? ...
Als er vorhin die Überwundne von der Erde abgelöst, die Schleierschlanke über sich gehalten, das war ein Grenzenloses gewesen, einen Herzschlag lang ...
In der Stille sang das Licht. Schmeichelte zwischen den weißen Tempelblüten herab auf Schulter und Haar ...
Erheitert fuhren sie heimwärts.

(›Kegelschnitte‹, Teil 1)

Vorstadt

Zur Zeit als Horus ins Haus der Elchos zog, erwuchs auf der andern Seite der Erde ein kleines Mädchen gleichen Alters in einem sonderbaren Gebäude: halb Palais, halb Fabrik.
Täglich Punkt zwei bog die wenig stilvolle Equipage um das grasige Viereck im asphaltierten Innenhof, an den Statuen und dem alten Nußbaum vorbei, der Gärtner öffnete weite Torflügel unter der gewölbten Einfahrt, und man fuhr bis vier spazieren. Papa und Mama im Fond. Immer denselben Weg: erst durch ratternde Vorstadtstraßen voll anrüchiger Kramläden und Klaviergehacke, dann um den Ring herum. Die Beinchen reichten nicht bis zum Wagenboden und schliefen einem immer ein in den kleinen Prunellestiefeln. Baumeln durfte man nicht, reden meist auch nicht. Oben redeten die Eltern diese endlosen, gereizten

Erwachsenensachen, bei denen man nicht stören sollte, obwohl es doch immer dasselbe war und so überflüssig. Manchmal hob Papa den Hut schräg weg und Mama nickte mit einem süßschiefen und entzückten Gesicht, wie sie es zu Hause nie hatte. Dann mußte man auch nicken und mit dem Mund knicksen, meist ohne Ahnung, wer die Leute gewesen, denn Besuch kam fast nie ins Haus.
Alles war fader, als es sich sagen läßt. Bis auf die Ecke mit der Ballonfrau. Da wurde man innen voll aufreizender Kugelchen. Bekam man ihn? Und wenn... rot oder blau? Leider machte die Ballonfrau auch immer so einen Freundlichkeitskrampf im Gesicht, wie Mama beim Grüßen, während sie einem mit Händen voll gemeiner Fingernägel die leise aufwärts ziehende Kugel ums Handgelenk band. Plärrte dabei:
»Nein, a soa schöns blond's Kind!«
»Aber recht eigensinnig und unfolgsam«, pflegte Mama zu erwidern, »gerade heute sollte sie gar nichts bekommen.«
Meist log Mama. An Ballontagen war zufällig nie das Kleinste passiert.
Der Ballon aber war ein Wunder, obwohl er schlecht roch; denn er blieb aufrecht oben am Faden, während sonst alles unten an Fäden hing. Hatte auch am Bauch ein komisch verrunzeltes, herausgestülptes Knöpfchen, vor dem einem ein wenig ekelte, wie ein Schwein. Ein fliegendes Gasschwein ohne Flügel.
Jetzt begann die große Versuchung: heimlich die Schnur vom Handgelenk gleiten lassen, damit der Ballon frei hinauf könne, immer schneller und kleiner würde, schließlich wie eine Traubenbeere mit Schwanz. War er aber auch ganz weg, hinter ihm, das Loch im Himmel blieb noch lange, indes man Bestürzung heucheln mußte und gezankt wurde wegen der Unachtsamkeit. Es schien: Geschenke gehörten einem doch nicht recht. Nie durfte man mit ihnen Lustiges tun, meist nicht einmal sagen, was man tun möchte. Sie war im sechsten Jahr – eben bog der Wagen wieder einmal ins Tor heim – da vergaß das kleine Mädchen mit dem Mund zu knicksen, während Papa den Hut schief weg zog und Mama das Gesicht, denn: etwas Überwältigendes war geschehen und viel zu groß für Angst: Sie wußte nicht mehr, wo sie aufhörte.
Da war die Hand; ihre Hand mit dem aufrechten Ballonfaden. Flöge jetzt die Hand mit dem Ballon davon, durfte dann der Ballon zur Hand »ich« sagen oder die alleine Hand zu sich selber ich?
Wer ist Ich? fühlte das Kind. Sah über den Rand der Frage in ein Bodenloses. Streifte den Handschuh ab, spannte und entspannte jedes dünne Fingerwesen, ließ es tun – empfinden...
»Wo fange ich an – wo ende ich?« staunte immer weiter. Rann noch einmal mit allem Gefühl vom Herzen in die Körperspitzen, wollte ins

»Diener, Carl, Besitzer des kaiserlich-österreichischen goldenen Verdienstkreuzes mit der Krone, Besitzer des kaiserlich-türkischen Medjidie-Ordens 4. Klasse, III. Marxergasse 24, Inhaber der protokollierten Firma C. Diener, Zink-Ornamenten-Fabrik, Marxergasse 24 A.« (Eintrag im Adreßbuch)

»Geburtstagsbriefe: Als ich noch klein war, stand jener an ›Mama‹ unter meinen Albdrücken an erster Stelle. Auf Elfenbeinpapier mit spitzenhaft durchbrochenem Goldrand musste er ohne helfende Linierung und ohne Klecks geschrieben sein – – und wozu? Die Mama war doch leibhaftig da, man hätte ihr soviel einfacher mündlich gratulieren können...« (Bertha an ihren Sohn Roger, Brief vom 24.3.1944)

Grenzenlose, konnte nicht weiter, war von diesem Augenblick an bewußt mit der Welt in Ich und Nicht-Ich zerfallen, das Wunder Dasein hatte fragende Augen aufgeschlagen, die sich erst im Tode schließen. Das Fremdlinghafte war da; für immer. Mit ihm: Persönlichkeit, Einsamkeit und Sehnsucht. Das wußte aber die winzige Philosophin noch nicht. Vorerst ging alles in Staunen auf. Probleme spannten helle spitze Flügel, wollten durch sie hindurchbrechen, pfeilrecht und silbrig, die junge Seele erfüllen und tragen.
»Warum hast du nicht gegrüßt? Was wird die Frau Regierungsrat Dostal denken.«
Papas Augen und Stimme rissen durch den dünnhäutigen Kinderkörper hindurch. Die gestockte Zeit begann auf einmal heftig zu laufen. Der Wagen fuhr weiter durchs Tor. Alle Dinge taten wieder und man schrak auf in einem Abgrund von Verworfenheit, saß bestürzt mit einem Bums mitten in unübersehbaren Folgen: hatte zu grüßen vergessen. Das Herz schlug breit wie ein Fächer durch die ganze Brust.
»Weil du immer deine Hand angeschaut hast. Immer muß sie sich bewundern, der eitle Fratz«, sagte Mama.
»Fratz«, das war wie ein verzerrter Blitz und kreischte obendrein.
»Aber ich hab' ja gar nicht... bewundert«, wollte das Kind beteuern.
»Lüg nicht, ich hab' es doch selbst gesehen.«
»Ja, aber...«, man stammelte, suchte gierig das mit dem »Ich« und »Nicht-Ich« zu erklären.
»Wirst du endlich still sein und nicht fortwährend nachmaulen.« Papa machte seine aufgerissenen Glasaugen aus ungeheurer Macht, vor denen man immer sehr erschrak.
Noch einmal setzte das Kind zum Sprechen ein, wurde hilflos, gab es auf, denn am Vordersitz hub jetzt jenes aufgedonnerte Entsetzen an und didaktische *»pour la galerie«*-Reden, dem die kleinen Kinder ihre große Erwachsenenverachtung verdanken.
»So eine abscheuliche Rechthaberei, dieser Eigensinn, wo sie das alles nur her haben mag, von uns doch nicht.«
Und Papa wandte sich in seiner schlanken Länge Mama zu, schüttelte dabei edel und gebrochen den Kopf.
»Von mir gewiß nicht«, himmelte Mama mit ganz verzuckerten Augenlidern, und beider Eltern linde Vollkommenheiten sahen einander schwergeprüft an.
Dem verworfenen blonden Wechselbalg am Rücksitz ballte sich das kleine Herz zur Faust. Alle echte Beschämung war weg:
»Vielleicht bin ich wirklich nicht ihr richtiges Kind? Welch Glück!«

Und den Gedanken weitertrotzend:
»Meine echte Mama trägt keinen Bauch unterm Korsett und mein wirklicher Papa... nun aussehen tut er vielleicht wie Papa, aber er schreit gewiß nicht so häßlich in der Fabrik herum. Die Katze und das Reh nehm ich natürlich mit in mein Königreich, sonst aber niemand. Da stehen dann Papa und Mama voll Reue am Haustor und flehen. Aber erst ganz zum Schluß dreh ich aus dem Wagen heraus ein wenig den Kopf und sag: ›Später einmal – vielleicht‹.«
Sie lächelte in das Königreich hinauf.
»Der Ballon«, sagte Mama empört und hatte zwei hängende kleine Schrotsäcke in den Mundecken, alles Verzuckerte war auf einmal fort, »man sollte ihn ihr wirklich zur Strafe wegnehmen.«
Papa zog sein Taschenmesser, durchschnitt die Schnur. Wundergrad stieg der Ballon bis über den Rauchfang. Dann drehten ihm Krallen aus Gas den Hals um, er duckte sich, wutschte weg, schräg packte ihn ein Wirbel – sie hob entzückt die Hände, fühlte an ihren Rändern wieder das Problem eigenen Aufhörens. Dunkle Angst und Verantwortung, so ein ganz alleines Ich zu sein unter lauter fragwürdigem Draußen, überwältigten plötzlich das Kind. Es brach in Tränen aus.
»Das kommt davon, wenn man vorlaut ist«, sagte Papa, dann tröstend: »aber vielleicht gibt es morgen einen neuen Ballon, den binden wir dann so fest, daß er gewiß nicht wieder fortfliegt.«
Voll Mitleid mit so viel dickhäutiger Begriffsstutzigkeit sahen die jungen Sternsaphire sich diesen desolaten Erwachsenen an, der obendrein ein Papa war.
Großen konnte man ja überhaupt nichts erklären, sie aber auch nichts fragen; wenigstens nichts »Eigentliches«. Mama sah dann aus starrgrauen Augen meist zur Seite, tat, als tauche sie eben aus einer überaus wichtigen Erwachsenensache auf, in die sie sofort wieder zurück müsse, nickte flüchtig und falsch zerstreut:
»Ja, ja, schon gut, aber halt dich grad.«

(›Kegelschnitte‹, Teil 4)

Küche

Einmal geschah etwas zum Zittern Ekles. Nie zu Vergessendes: während die Köchin appetitlich dasaß, in grünweißer Schüssel reizende rote Radieschen wusch, griff Mama mit ihrer Hand – der eigenen nackten Hand – griff sie ganz von selber, ohne daß sie doch mußte, einem bluti-

gen Hühnerkadaver von unten in den klaffenden Steiß hinein, ganz tief bis in die violetten, stankgeschwollenen Eingeweide, riß an den glitschigen, daß sie herausspritzten. Oh, wie es dann unter ihren Nägeln aussah!
Das Kind ballte die Fäuste. »Wer das über sich bringt, ist keine Dame mehr.« Und fast weinend vor empörter Reinlichkeit: »nein, lieber verhungern.« Papa war dabei gewesen, hatte es auch gesehen und doch begann er ihr nach Tisch mit jener reuigen Gedrücktheit schmatzend die Hände abzuküssen, wie immer, wenn sie zerlechzt dasaß und in schweißiger Überbürdung schwelgte, denn beide schätzten Szenen sehr. Seither war er für seine kleine Tochter nie mehr derselbe, war irgendwie herabgekommen. Sie fühlte dunkel: es gibt Hände zum Hühnerausnehmen und Hände zum Küssen. Beides, nein! Schmiegte sich von nun an seltener in seine Arme und aß Hühner überhaupt nicht mehr, erbrach sich schweigend immer wieder, wenn man sie dazu zwingen wollte. Hatte Mama etwas geahnt? Sich hinter Papa gesteckt? Plötzlich hieß es:
»Du bist jetzt groß genug, es wäre Zeit, der armen Mama ein bißchen in Haus und Küche an die Hand zu gehen.«
Sie fühlte die schmutzige Schlinge. Mit zusammengebissenen Zähnen, gefrorenen Mord im Gesicht:
»Dazu sind vier Dienstleute da, überdies Gärtners- und Portiersfrau.«
Man nahm ihr die Geige weg, verbot Latein und Griechisch, die sie privat betrieb. Auftritt über Auftritt. Mama stülpte polternd Keller und Bodengerümpel um, sank dann erschöpft in Sessel, rückte eine ausgearbeitete rechte Hand mit zerbrochenem Zeigefingernagel anklagend in den Augpunkt töchterlichen Mitleids, während Papa dräuendes Düster aus knochenüberhangenen Augen hervorschoß, bis schließlich alles zu einem latenten Dauervorwurf gerann.

(›Kegelschnitte‹, Teil 4)

Bibliothek

Hoher Mittag. Nach seinem solitären indischen Lunch schritt Horus durch die Bibliothek. … Luftmüde kehrte er in den Zentralraum zurück, der von Büchern ganz umgrenzt war. Schräg floß aus hochgelegenen breiten Fenstern das Goldne nieder; es leuchtete von Geist und Stille. …

Ein kultivierter Europäer hätte gar bald in dieser erlesenen Bibliothek etwas höchst Sonderbares entdeckt und in wachsender Betroffenheit die hartnäckige, ja manische Konsequenz seiner Durchführung bestaunt. Lückenlos stand als seelisches Riesenwerk das Ethos Asiens da...
Da waren die Veden, Upanishaden, Bhagavad-Gita, Gajatri und Uphekhad. Auch die Sutras mit dem Kama-Sutra. Die sieben großen Philosophensysteme Indiens, gekrönt mit dem Vedanta, verströmend im Buddhismus. Chinas Religion des »guten Bürgers«: das Wu-king Con-fu-tses. Lao-Tsu, das Buch vom quellenden Urgrund, die unvergleichliche chinesische Lyrik. Überdies fast der gesamte Formen- und Geistesinhalt Ägyptens, Kretas, Babylons, Persiens.
Auch Europas?
Hier begann das Sonderbare. Während die Großen im Reich der Naturwissenschaften in Originalen und einer Vollständigkeit, die jener des Britischen Museums wenig nachgab, vertreten waren; während Neues und Neuestes unaufhörlich in Fachzeitschriften zuströmte, enthielt dieser offenbar tiefdurchdachte Geisterbau keine Zeile, aus der auf Geschichte, Religion, soziale Zustände Europas hätte geschlossen werden können: auf Sexualbräuche, Sitten, Jus. Die Unnaturwissenschaften fehlten gänzlich.
Die Existenz des Christentums war ignoriert und aus den großen Philosophen jene Teile ausgeschieden, die es – wenn auch in antithetischer Form – streiften. Auch das meiste aus den Werken der Dichter entfiel...
In die Bibliothek mündete der Orgelsaal, mit Flügel und Streichinstrumenten, enthielt auch die Musikliteratur, mit Ausnahme jener Opernauszüge, deren Texte in die geächtete Zone ragten.
Bildhafte Darstellungen hörten mit dem Ägyptisch-Griechischen auf. Auch in der Baukunst. Das Letzte: der Parthenon. Aus sämtlichen europäischen Büchern waren die Porträts ihrer Verfasser sorgfältig entfernt.
Erwuchs hier ein begabtes junges Wesen, so war ihm eine Umwelt bereitet aus europäischer Wissenschaft, Technik und Musik, Asiens mystischem Ethos und allen freien, daher gepflegten Liebesformen des Gesamtorients als Morgengabe.

(›Kegelschnitte‹, Teil 1)

Das Eigentliche

Da war zum Beispiel das Matterhorn. Alle hatten im Sommer davor so überwältigt getan. – War man schon ein Berg, hatte man doch eigentlich noch steiler zu sein, noch höher, mit noch eckigerer Schulter, und mit einer solchen Eisnase hinaufzustoßen durchs Blaue, daß es in Sprünge zerkrachte wie ein Glasdach.
Die Dinge waren eben irgendwie faul und nie bis zu ihren eigenen Enden gegangen...
Außerdem gab es das »Eigentliche«. Von dem aber mochte erst recht keiner was hören; auch ein paar Jahre später die Lehrer nicht. Versuchte man es zu begreifen, hieß es, man sei begriffstutzig und halte die Fleißigen nur auf. Lange weigerte sie sich einzusehen, warum eine Flaumfeder und ein Bleistück im leeren Raum gleich schnell fallen sollten. Das Gerede mit dem Luftwiderstand war doch nur Nebenschein, tief drinnen aber lag ein Unbegreifliches. Überall lag ein Unbegreifliches tief drinnen: das »Eigentliche« eben. Wie im Ich und Nicht-Ich.
Auch magische Worte gab es, wie »Masse« und »Substanz«. Sie erregten einen oft so, daß man den Kopf in die Waschschüssel stecken mußte, führten aber doch nur zu Konflikten, bis man es gleich den anderen Kindern weghatte, Lernen von Verstehen zu trennen, alles so glatt zu wissen wie die albernste Gans; es auch nicht mehr beanstandete, daß die Welt Dienstag und Samstag von zehn bis elf in »Naturgeschichte« Jahrmillionen zur Entwicklung brauchte, und auf ihr aus einem Schleimpatzen, einfach durch »Überleben des Passendsten« einmal etwas wie ein Elefant wurde, ein andermal etwas, das die Neunte Symphonie schrieb oder den Tristan, je nachdem; während wieder alles, einmal in der Woche von drei bis vier, beim Religionsunterricht, in sechs Tagen gemacht worden war, von einer heftigen älteren Persönlichkeit ganz plötzlich und ohne jede ersichtliche Veranlassung.

(›Kegelschnitte‹, Teil 4)

Villa Karma, Gartenfront. »*In den ›Kegelschnitten‹ ist Karma als ›Haus Elcho‹ geschildert, ganz naturwahr, nur daß es nie ganz fertig wurde*«, schrieb Bertha 1947 an ihren Sohn Roger.

Wohnleib

Das Haus der Elchos war von köstlicher Glätte.
Neue Formen waren lediglich neuen Bedürfnissen entsprungen, wie die Kurve des Türgriffs nachgegossen dem Druck der Hand ...
In diesem Heim gab es keinen Kompromiß. Jedes Problem mußte restlos, wenn auch einmalig und höchst persönlich gelöst werden. Sonst völliger Verzicht. Und alles ward hier wieder zum Problem, denn jede Frage wurde neu gestellt. Von den Fundamenten auf.
Schon in der beglückend reinen Kurve, mit der fugenlos die Wände aus der Decke in den Marmorboden übergingen, der nachzugleiten pausenlose körperliche Wonne schuf.
Jeder Raum, geschlossen durch die Synthesis von Einordnung und Eigenleben der Dinge, wirkte als ein Monolith. Kein Gegenstand griff, optisch zudringlich, hinüber in das Gebiet der Bewohner, und die Reizfülle, die Anmut, mit der das Leblose im Dienen ganz sich darbot,

verlieh ihm etwas Genienhaftes, wie aus Märchen her. Dinge, die ihren Herrn erraten – weiser sich benehmen, als er in seinem Alltag...
Horus genoß diesen idealen Wohnleib und die Continuität seiner Stimmung von je wie das vertraute Gefüge eigner Glieder: natürlich und leicht erregt zugleich. Doch schien ihm vollkommene Gestaltung eines Wohnleibes zu den von selbst verständlichen Formen abendländischer Lebenshaltung zu gehören. In Struktur und Bestandteilen zum mindestens ebenso herübergesandt vom Genius der weißen Rasse wie reine Typen edler Mechanik: Werkzeug, Maschine, Instrument.
»Der Bau«. – Immer wieder war das Wort aufgestiegen dort im ganz Frühen, wo das Ich noch nicht recht zusammenhängt... Im Bungalow Tische, auf Reißbretter gespannt knisternde Bögen, groß wie Leinentücher, Mama mit wunderbar eckig-graden Geräten dran herabstreifend. Lärm, Leute, Lasten. Zu Wagen, zu Schiff...
Vieles kam wohl erst später hinzu. Hing mit günstigen Kopra- und Tee-Ernten, oder steigendem Ertrag der Graphitminen zusammen: so der Riesenrefraktor für Erasmus van Roy, das Laboratorium, der Instrumentensaal. Vielleicht waren noch Räume unvollendet. Er kannte nicht alle, hatte viele freiwillig nie betreten, wie manche Gemächer der Medi-

Villa Karma bei Nacht, Seeseite. Aufnahme aus den 30er Jahren

tation. Denn jedem Bewohner des Hauses, auch ihm, auch Gargi seinem Liebesgespiel, war, östlicher Sitte gemäß, ein Raum zu eigen, den niemand als nur er betrat. Mit seinen Strahlen ganz erfüllt, lebendig von dem Fluidum seiner tiefsten Stunde: dem »kef« des Orientalen.
Die Gemächer der Meditation hatten weder Schloß noch Riegel.

(›Kegelschnitte‹, Teil 1)

Zimmer

Es war am zwölften Geburtstag, als Mama das mit der neuen Zimmereinrichtung verdrehte.
»Du kannst sie dir selbst wählen, heuer zum Geschenk«, hieß es.
Kühne Pläne wurden geschmiedet. In der Tanzstunde riet die gedunsene Valerie: »Nimm Eiche mit Goblins.«
»Nein, blaue Seide mit weißem Lack, auch ein Bidet aus weißem Lack mit Goldknöpfen dazu«, drängte Olga, die den finnigen Teint hatte vom vielen Käseessen.
Das beneidete Geburtstagskind aber hüllte sich in seliges Geheimnis: »nein, etwas ganz Neues, ganz anderes, ihr sollt sehen. Und zu mir passen muß es wie das Haus zum Schneck.«
Mama sah die Entwürfe. Ja, aber auf dem Boden liege noch ein bedruckter Kreton, der müsse für die Möbel verwendet werden, auch zwei Vorzimmerschränke sollten herein. Schließlich ergab es sich, daß alles schon bestimmt war, lauter vorhandene Reste. Nur die Form der Sesselgestelle unter dem scheußlichen Blümchenkreton blieb ihrer freien Wahl überlassen. Sie hörte gar nicht mehr zu, was der Tapezierer schwatzte. Aus. Kein Kompromiß. Mochten sie machen, was sie wollten. Alles oder nichts ... natürlich wurde es dann immer »nichts«.
Zum Geburtstag kamen die aus der Tanzstunde mit Buketts, rümpften die Nasen. Jetzt Zähne zusammen und Kopf hoch; dann leichthin: »So sei es gerade recht, so müsse es sein«.
Und sie warf sich vor diesen Kreton, vor diese Vorzimmerschränke, als wären es elterliche Mängel.
Abends aber hieß es in ihre verdunkelte und freudlose Miene hinein: »Nicht einmal bedankt hast du dich noch bei der armen Mama und hat doch solche Mühe gehabt mit deinem neuen Zimmer, hat sogar da wieder alles allein machen müssen.« ...

(›Kegelschnitte‹, Teil 4)

Bertha mit 12 Jahren

Tanzstunde

Samstag von fünf bis sieben war Tanzstunde im Institut Crombée-Wokurka. Schon die Ankunft im Vorraum, ein kleiner Triumphzug für jede der sechs Eliteschülerinnen. Vom Salonschreibtisch, vor den verschlossenen grünen Läden, erhob sich im Gaslicht Madame Crombée-Wokurka, und unter der Mahagoniperücke fletschte ihr wunderbar falsches Gebiß schmeichelhaft Willkomm. An der Tür des Tanzsaales aber stand Monsieur Crombée-Wokurka selbst und seine Beflissenheit teilte vor einem die hopsende Plebs auf dem Weg zur kleinen Privatgarderobe der Auserlesenen. Er schwebte dahin wie der Ballon ihrer Babytage, denn sein Bauch schien lauter Luft. Aus ihm hingen die Beine herab mit krummen Lackschuhen als Gondeln. Ein leichter Auftrieb nur, ein Zephir, und er stiege zum Plafond, dort entlang zu bumsen, noch immer mit den Füßen trillernd.

In der Garderobe aßen die sechs Bevorzugten dann selbstherrlich Orangen und Bonbons, indes das Anfängervolk draußen in seinen Niederungen schwitzte, bis man es für gut befand, zu erscheinen und die hohe Paradeschule anhub: unechte Sachen auf der großen Zehe, ein kastrierter Fandango, dann Polnisches, Russisches, Schottisches, Indisches, Lappländisches, Dionysisches für den Mittelstand.

Und doch war jeder dieser Samstage ein kleines Fest bis zum Tag des Skandals mit der Frau Binder um Ernas willen. Schon zu Hause mußte sich Dunkles und Empörendes bei Binders abgespielt haben, denn von den Schwestern kam Erna, die halberwachsene, die nußbraune, sonnige, ganz verweint an, während Mimi, das kleine Aas, triumphierend die Mutter umschwänzelte. Später ein Streit um ein Paar Tanzschuhe, Mimi, weil im Unrecht, quietscht um Hilfe, lügt während der Tanzpause alles heimtückisch und verdreht der Mutter vor; die schleift Erna aus dem Kranz der Tänzerinnen, ohrfeigt sie klatschend unter Gekreisch vor aller Welt, Erna, zerschluchzend in Scham, stürzt zur Garderobe, gräbt den Kopf in den Diwan, riegelt sich ein.

Mitten unter beschwichtigenden Müttern sitzt roh und feig das Binderweib. Oh, wie war diese Person widerlich! Als risse sie den ganzen Tag fanatisch Eingeweide aus Hühnersteißen. Und das sollte Macht haben über menschliche Wesen?

»Sag' Erna, sie hat herauszukommen – sofort hat sie herauszukommen, bring sie her, hörst du, Sibyl?«

Eine Verbeugung, ein lässiges Gehen. Dann wiederkehrend, eine zweite tadellose Verbeugung. Dann eisklar vor Empörung – über alle angeborne Scheu begafftes Zentrum zu sein, hinweg – in die verlegene Stille hinein:

»Erna wird erst kommen, bis Sie, gnädige Frau, sich anständig betragen.«

Zu Hause erzählte sie, noch ganz im roten Nebel gerechten Zornes das Geschehene.

Da verschob sich auf einmal wieder alles in dieser unberechenbaren Erwachsenenwelt, und sie saß – wie damals im Wagen – bestürzt mit einem Bums selber in unabsehbaren Folgen: in einem Abgrund eigener Verworfenheit.

Man schlug die Hände zusammen: »Nächsten Samstag wirst du öffentlich in der Tanzstunde Frau Binder um Verzeihung bitten.«

»Aber Erna war im Recht, wir waren im Recht.«

»Ganz gleich, ein Kind wie du hat sich kein Urteil anzumaßen.«
Also Erwachsene durften sich unkritisiert Kindern gegenüber das Gemeinste erfrechen! Nicht nur, daß man nie Recht bekam, hieß es auch noch sich knirschend, mit gesträubten Nerven gegen besseres Gewissen demütigen, denn tat man es nicht, wurden die Eltern schreiend und würdelos; das mußte jedoch um jeden Preis verhindert werden.
Sie wünschte Frau Binder oder sich bis Ende nächster Woche glühend den Tod. Oder ging vielleicht die Welt rechtzeitig unter. Jetzt blieb nur noch ein Tag – eine Nacht – ein halber Tag. Schließlich die Hinfahrt. Stürzte doch ein Pferd! Bräche der Wagen! Gasse um Gasse, Eck um Eck kroch der Moment tödlicher Schmach heran. Schon die Treppe! Kaltgrünes Eis stieg das Mark hinauf, bittre Wasser quollen im Mund. Jetzt noch drei – zwei – eine Stufe; das Vorzimmer. Noch ein Hirnblitz Hoffnung: vielleicht fehlten Binders heute? Nein, dort standen schon die Galoschen. Keine Rettung – aus.
Die Qual dieses Samstags verseuchte alle die früheren, frohen – alle ferneren auch.
Aber konnte denn das schon das Leben sein? Diese unharmonischen Brocken, aufgereiht an einem Faden Angst.
Sie gewöhnte sich, alles als unwirklich zu empfinden, als Fehler und irrer Vorhalt nur: lebte wie von einer fernen Küste her, ganz in Silberdämpfen der Phantasie.

(›Kegelschnitte‹, Teil 4)

Tänze

Im großen Tanzsaal stand der Ball nun in seinem Zenith. Staunend sah Horus auf diese erotische Friktionsgymnastik. Nicht daß sie häßlich gewesen wäre, durchaus nicht. Es traf ihn nur etwas unvorbereitet, diese jungfräulich erhaltenen Damen der besten Welt plötzlich, wie auf Verabredung, mit ihren Körpern die Sprache südamerikanischer Prostitution mehr oder weniger begabt nachahmen zu sehen... Etwa jener Wink mit dem Abdomen, wie er vor Hafenbordellen dem Zuhälter anzuzeigen pflegt, die Kundschaft sei abgefertigt.
Dann wieder trieb der Gentleman-Zuhälter, ganz in sie gewühlt, das Fräulein mit langen glatten Stößen vor sich her durch den Saal, von einer Ecke in die andere, wo das Ganze jedesmal in einem verlotterten Bocksprung erlosch. Oder hinter sie schlüpfend, stieß er ihr von rück-

wärts das Knie unter den Schoß, warf sie ein wenig in die Luft, um die Wehrlose im Herabgleiten dann seinem Körper zielstrebig entlangzuführen – immer wieder ...

Die jungen Mädchen wanden sich im Tango wie Würmer an unsichtbarer Angelschnur, die von den Lorgnons der Mütter hing. Knapp vor dem Allerletzten schien diese Schnur immer mit einem Ruck anzuziehen, und die Begattung ging fehl.

Konnte das klaglos so weiter funktionieren? Immer schwerer und gejagter wurde die Luft; alles trieb einer Erlösung entgegen ... Es mußte doch wohl wie bei den Rhodias im Felsentempel zu einer Art Orgie der Shivatänze führen. –

Doch nichts dergleichen geschah. Die Scharen der Tänzer begannen sich sogar merklich zu lichten, während der Damen nicht weniger wurden. Immer mehr Männer verschwanden spurlos auf geheimnisvolle Weise, herausgesogen aus den Armen ihrer Partnerinnen. Öfter fiel aus einem vorbeieilenden Trüppchen mit etwas speichelnden Lippen das Wort »Sguerdo suleijl«.

»Kommen Sie mit, Elcho,« sagte Archie. »Gar nicht weit. Gut eingeführter Betrieb. Filiale des Pariser Hauses,« er nannte die Firma. »Diese Woche frischer Import.«

»Danke,« sagte Horus, »ich kenne das Stammhaus. Die Versuchungen sind gering. Dazu sind wir doch etwas zu verwöhnt – danke.«

So also, mit Relais wurde das gemacht.

(›Kegelschnitte‹, Teil 2)

Sprachunterricht

In drei Zimmern, voll geretteten Strandgutes aus Lebensschiffbrüchen, wohnte *Madame Paola Swoboda née comtesse de Noailles »leçons de conversation et littérature française«.* Ölige Korkzieherlöckchen hingen ihr, gleich der Kaiserin Josephine, in die alternde Stirn. Aus dieser wieder hing an einem dünnen Stiel mit Zwicker eine gedunsene Nase herab. Groß, würfelförmig und unendlich einsam saß sie den ganzen Tag vor der einen Seite des Löschblattes. Auf der andern saß jede Stunde ein andrer Frischling dieser verachteten Tribus und zergrunzte die adorable Sprache Racines und Molières. Auf das Löschblatt selbst aber malte während der Lektion die schmale alte Hand mit dem Rotstift unaufhörlich Schnörkel, wie aus einer bessern Welt. Ganz aus dieser

Carl Diener, 23jährig, auf seiner Libanon-Expedition (1885)

besseren Welt herübergerettet schien nur der kleine Finger mit dem wunderbar geschliffenen Nagel. Sie hielt ihn immer ängstlich weggesteckt vom Vierten und seinem Doppelreif der Witwenschaft, nach einem österreichischen Leutnant Swoboda aus Greislerblut. Eine romantische Seebad- und Entführungsgeschichte. Epilog: »*leçons de conversation et littérature française,*« den ganzen Tag …
Eines Tages traf Sibyl die Französin recht niedergeschlagen. Eine Todesnachricht.
»*Mon oncle, qui était toujours si bon pour moi.*«
Nun entfiel der monatliche Zuschuß aus Paris. Zwar war sie im Testament bedacht worden, doch bis alles erledigt, konnte der Sommer vergehen, man saß da in der heißen Stadt, konnte ohne Bargeld nicht aufs Land, trotz der Erbschaft.

Bertha um 1890

»Wie unangenehm,« sagte Mama, »nun ja, wenn du dein Erspartes dafür hergeben willst? Ich werde es ihr anbieten, als käme es von Papa und mir.«
Im Herbst war noch immer nichts erledigt. Madame Swoboda erbot sich, das Darlehen in Form von Lektionen abzutragen. Die Eltern nahmen an, wiewohl es Sibyls Taschengeld gewesen. Immer bedrückter wurde es in den drei Zimmern. Die Miterben hatten das Legat angefochten. Advokaten fraßen den Rest. Malheur mit Schülern kam dazu. Noch einmal half Sibyl heimlich aus mit allem was sie hatte. Heimlich, denn daheim war Panikstimmung. Das bürgerliche Gespenst des Angepumptwerdens ging schlotternd im Hause um. Papa stand wie vor einem Abgrund, bewegte stumme Lippen gegen einen unsichtbaren Belästiger, schüttelte dabei geniert und sauer das Haupt. Bei Mama war

es direkt ein kopfloses Grauen, ganz wie im Theater, um vor Schluß rechtzeitig die Garderobe zu erreichen. Noch bei offener Szene drängte sie da, wie eine Gejagte, zum Aufbruch. Von der Mitte des letzten Aktes an war an sorgloses Zuhören nie mehr zu denken.
Einer eventuellen neuerlichen Bitte um ein Darlehen vorzubeugen, wurden die französischen Stunden abgebrochen; Vorwand: eine Reise. Wie vom sinkenden Stein die fliehenden Wellenringe, zog es sich jetzt von Madame Swoboda zurück. Warum eigentlich? Diese tolle und bedrohliche Erwachsenenwelt war immer voll solcher Sachen. Einmal gab Papa etwas wie eine vernichtende Erklärung dafür ab.
»Sie muß schon vorher vom Kapital gezehrt haben.«
Das klang wie: »seine eigene Großmutter gefressen haben«. Oder wie die Sünde wider den Heiligen Geist: auf alle Fälle das einzig wahrhaft Unsühnbare je und je.
Dennoch – dieser Abbruch schien zu unanständig – schickte Sibyl nach einem halben Jahr ein paar höflich liebe Zeilen, versprach einen Besuch, verschob ihn dann immer wieder unter der latenten Suggestion, vergaß schließlich ganz. Nach Monaten kam ein Wehschrei:
»*chérie adorée,*
pourquoi me faire autant souffrir? Quel supplice que cette attente!«
Aus Scham zögerte sie nun erst recht. Scheute diesmal das Aufgebauschte der ganzen Situation. Wieder nach einem halben Jahr war *Madame Paola Swoboda née comtesse de Noailles* still, arm, einsam gestorben. (›*Kegelschnitte*‹, *Teil 4*)

Sprachen

Kraftanlagen wurden nötig ... Man schloß mit einer Firma in Jokohama ab. Gelbe Ingenieure kamen, redeten aus Notizbüchern in Differentialgleichungen, überwachten später die Montagen. Horus lebte nur noch im Maschinenhaus. Zum ersten Mal vor dem Gehäuse der Dampfturbine, stand er wie unter Ätherrausch. Ein Liniensturz, an Geschlossenheit unbekannt in der organischen Welt; von einem geraderen Willen erschaffen als höhere Ordnung der Dinge ...
Eine Ader auf der Stirn, stand er im Ozean des stillen Kraftsaales: Hörselberg nüchterner Phantastik. Stummgeladne Weite, vibrierend von Spannung, ließ seinen Speichel metallisch zittern ... Ein Rund aus rie-

sigem Tod, der draußen – transformiert – das Dasein leicht machte, hell, Mühe abnahm.
Ging dann wie abbittend hinüber zur alten Dampfmaschine. Konnte ganz versinken in ihre achsenglatte Wucht – das Anschwellen einer Nabe – die Wunderform der Welle ...
Latentes brach jetzt aus, langhin vorbereitet durch Werkzeuge, Jacht, Rolls-Royce. Er fieberte nach Schöpfung ... Selbst Schöpfer werden in dieser reineren Nebenwelt aus Zweck und Zahl.
»Gut – aber mindestens fünf Jahre Arbeit.« Van Roys Mund konnte sehr hart werden. »Keine Edelspielerei, keine Rosinen aus dem Kuchen ... Wenn ich dich einmal auslasse, kannst du getrost deinen Dr.-Ing. in Charlottenburg machen.«
Mit den vier großen Sprachen Europas war er von Kind auf vertraut. Wundergefüge, aus unbegreiflich schwebendem Geist, wie alle Sprachen. Doch Schößlinge nur, sogar weniger breit gewurzelt und fein in der Krone wie der Mutterbaum: Sanskrit ... Europäer redeten eben außerdem in neuen Sprachen – über dem Wort: in Gleichungen und Musik. Euler, Beethoven waren ihre Grammatiker. Auch er, Horus Elcho, sprach europäisch: vor dem Reißbrett in der Gleichung der Lemniskate – vor dem Cello im Cis-Moll-Quartett.
Ging dann in den Abgußsaal. Blieb nicht mehr vor den Ägyptern wie früher; blieb vor dem zeitlich Letzten dort: den Griechen. Wenn die weiße Rasse schon vor zweieinhalb Tausend Jahren so wohl geraten ... wie verfeinert, in Anmut ganz gelöst mochte sie heute schon sein?

(›Kegelschnitte‹, Teil 1)

Das andere Geschlecht

Lizzi Beermanns Zimmer stieß an das Gemach ihrer Eltern.
Sie preßte die Polster vor die Ohren. So – so war man also entstanden. So behäbig hingesudelt in eine träge Weite, gleich nach dem Disput über die letzte Hutrechnung, und vor dem ersten Gähnen verdrossener Abkehr.
Da lag man, gedemütigt in seiner ungetanen Jugend, die es so ganz anders wissen und wahrhaben wollte. Lag hilflos heiß auf planen, toten Laken; in Empörung gegen ein weiheloses Nebenan.
Aufspringen hätte man mögen, Türen aufreißen, drauflosschreien:
Da – da ist der »Kinderschlaf« meiner dreiundzwanzig Jahre, an den

Verlobungsfeier von Berthas Bruder Carl mit seiner Cousine Marie (Mieze) Glanz in Berlin 1893. Bertha stehend links im weißen Kleid. In der Mitte sitzend das Brautpaar, stehend ganz rechts Carl Diener senior (neben dem Brautbruder), sitzend ganz rechts die Brautmutter und Marie Diener.

eure Faulheit zu glauben vorgibt. Ja ihr – ihr, zu träg in euren zu salopp gewordenen Körpern, um nur auch ein Glied selber zu straffen – anregen laßt ihr euch von dem Blut in unsren obszönen Tänzen, die wir am Schnürchen machen dürfen. Dann fragt ihr: »Nun Kleine, gut unterhalten? So, jetzt aber brav ins Bett.« O, wie widerlich – welch ein verlogener Käfig, dieses ganze Leben. Aber ausbrechen? Nein, zu riskant.

(›Kegelschnitte‹, Teil 2)

Goldfische

Es hatte doch auch sein Gutes, so ein ganz alleines Ich zu sein, nur aus sich selbst heraus veränderbar. Da schloß man sich zu und liebte bloß nach Wahl herein.
Zum Beispiel einen Barsoi.
Beim ersten Anblick des unvergleichlichen Tieres, das fremd und resigniert hinter seinem wiener Herrn schritt, geriet sie in tagelanges Entzücken, bekam feuchte Augen vor der Harfe dieses Leibes, dem durchscheinende Rippen gleich Saiten anlagen, ruhte auch nicht, bis sie die eingezogenen Flanken des russischen Windspiels am eignen Körper lebendig besaß. Eine Übung war dazu besonders gut: auf dem Rücken liegend, den Leib sichelförmig einsaugen, und in die Mulde das Gefäß mit den Goldfischen ausgießen. Konnten die Fische dann in dieser Bekkenschale, ohne Grund zu berühren, flossenschlagend umherschwimmen, war es in Ordnung und ergab am aufrechten Körper den heißerliebten Kontur! Wenn nicht, änderte sie Nahrung, Bewegung, Atem, bis es wieder ging. Eine Kontrollübung, nichts weiter.
Einmal bekamen die aus der Tanzstunde es zu sehen.
»Du bist übertrieben«, hieß es.
War etwas halbwegs wie es sein sollte, nannten sie es immer übertrieben.
»Du bist eine eitle Egoistin« und Olga, die trotz finniger Haut vom Fettkäse nicht lassen mochte, blähte sich: »Man muß für andre leben. Ich werde für die Idee der Menschheit auf den Barrikaden kämpfen.«...
»Ich glaube auch gar nicht, daß es den Männern gefällt,« sagte die gedunsene Valerie.
Wollte sie denn damit gefallen? Nein, in Ordnung sein, ganz einfach: wie geputzte Zähne, polierte Nägel haben. Wozu deshalb Aufsehen und Getue? ... So ward dieses junge Wesen, da es um sich keinen Idealtypus ausgebildet vorfand, gezwungen, die eigne Persönlichkeit überwertig werden zu lassen, beinah weinend manchmal in seines Herzens Andrang.

(›Kegelschnitte‹, Teil 4)

Pferdegraf

Reitstunden begannen. Der Pferderücken wurde Ziel ihrer noch diffusen jungen Sinne. Ein Gefühl kam sie da an von Göttlichkeit, wenn ihr liebkosender Wille allein, ohne Hilfen durch Ferse oder Hand, übersprang als schäumender Galopp in die große fremde Kreatur, die zitterte, bis das Fell der Kruppe zu glänzen begann wie reife Kastanien. Und der Sturm des Sprunges erst. Wie war das schön! Sein triumphierendes Arom nach Tier, Lohe, Leder, Hürde, nach verdichtetem Frühlingswind.
Man grinste: »Reiten! Natürlich. Will sich einen Grafen fangen, die kalte Streberin!« Der Stallmeister verschwor sich, seit der Kaiserin Elisabeth sei so etwas an Begabung nicht dagewesen, drang auf hohe Schule, gab sein Bestes. Der väterlichen Eitelkeit jedoch genügten ein Dutzend Ausritte pro Saison, um in den großen Alleen angestarrt zu werden. Weitere Abonnements wollten erbettelt sein, gaben ihm dann das Recht, war er gerade schlechter Laune, zu rohen Anspielungen, die Kosten und dubiose Rentabilität einer Tochter betreffend. Da kam es wieder über sie wie am zwölften Geburtstag bei der Zimmereinrichtung: alles oder nichts. Kein Kompromiß. Und gab das Reiten auf.
»Undankbar und unbescheiden« nannte es Papa.
»Man sieht Fräulein ja gar nicht mehr zu Pferd?« frugen die Herren aus dem Tattersall, freudig Unrat witternd.
»Es langweilt mich«, log sie, dem Weinen nah, um Papas Schäbigkeit zu decken, preßte die Nägel dabei ins Fleisch vor Schmach.
Man schüttelte die Köpfe:
»Nein, was dieser Backfisch schon blasiert ist!«
»Und wie unerträglich affektiert,« ergänzten die Damen. »Schauen Sie sich nur diese Bewegungen an.«
Und man schnitt mit triumphierendem Daumen längliche Biskuits von idealer Schlichtheit in die Luft …
Eines Tages erschienen ein paar Herren in Hof und Stall. Besichtigten alles, vermaßen alles; in der Mitte ein Ausgemergelter mit Geierschnabel und schöngebogenen, harten Krallen: Pferdegraf und Käufer der Realität. Zimmer, Statuen, Garten kümmerten ihn wenig, schlief und aß ja doch mit den Roßknechten im Heu. Aber ging es aus, im Hof die Viererzüge zu wenden, deren er vierzig hielt? Darum drehte sich alles. Ja, es ging aus. Mama schlich, die Faust an den Mund gepreßt, herum.
»Wenn er nur nicht dahinterkommt, daß der Schwamm im Haus ist.«

Nach Monaten noch konnte sie ganze Nachmittage unter Angst setzen, von Schadenersatzprozessen schwärmen, denn: »Schwamm bräche Kauf.« Ihre ewigen Klagen über Kosten und Mühsal so großen Haushaltes hatten schließlich den Gatten vermocht, sich von dem geliebten Barockschlößchen Hildebrandts zu trennen. Nun konnte ihre Tyrannei der Schwäche den überragenden Mann und das viel zu herrliche Kind in eine Mietwohnung ducken. Schwammersatz würde sich schon finden lassen ... Kein Eigenheim: also kein Reh, keine Katze, keinen Garten: keinen Fleck Leben mehr!
Papa brummte, es wäre ihr ja freigestanden, weiter hier zu wohnen, als Herrin sogar. Der neue Besitzer hatte sie zu Pferd gesehen.
Ihr unruhig schlafendes Blut aber träumte davon, alles Würdige zu umarmen: Götter, Tiere, Ideen, Taten.

(›Kegelschnitte‹, Teil 4)

Die Marxergasse um 1895 – nach dem Wegzug der Familie Diener

Ideal

Sie hatten bisher nicht alle Räume gekannt. Außer dem Halbrund aus rosigem Granit standen ihnen jetzt drei Schlafgemächer offen. Zwei einsame: licht, frei, glatt, – fast leer. In der Mitte ein Gemeinsames, das ohne Fenster war; eckenlos zu einer Ellipse geschlossen. Ozonisierte und durchduftete Luft erneuerte sich unmerklich in ihm. Es war nichts als ein immenses, hingebreitetes Pfühl – nur verschieden überhöht und durchtieft ...
Sie erhoben sich vom weiten Lager, schritten – zu einem Wesen geschlossen – bis an die Brüstung, die das Halbrund der offenen Schlafterrasse umlief.
Dem Garten enthoben sich die Farben der Nacht. Über Blüten und Wegen stand strahlend Materie der Finsternis ...
Fern aus dem Dschungel kamen, in Pausen, die Weltlaute reißender Liebe ... Mitten inne zwischen Dschungel und Sternen stand, in machtvollem Aufriß, ruhend in seinen klaren Achsen, mit Toren aus lichtem Erz – das Haus der Elchos: Kristallform eines höheren Lebens.
Freiheit der Wildnis stieg in ihm auf mit tausend grünen Adern, zerbarst in Kelche, ward oben Duft am reinen Raum aus Zucht und Zartheit: dem kindlichen Ehegemach in rosigem Granit, dessen Kuppel wie der Sektor einer Sternwarte sich auftat in die bodenlos selbstblühenden Sterne.

(›Kegelschnitte‹, Teil 4)

II Ehe

Bertha mit siebzehn Jahren

A Der cherubinische Hochzeitsflug

Vollkommenheit

Bertha wollte vollkommen sein, immer »wie aus klarem Bad gestiegen...« – makellos. Schon sehr früh muß ihr der jüngste Gralsritter, Galahad, imponiert haben, der *Tadellose*, einziger Ritter ohne Fehl, gegen den sogar sein eigener Vater Sir Lancelot ein armer Sünder ist. Und: sie hatte eine Entdeckung gemacht. Ihr »Anderssein« war in Wirklichkeit ein »Höhersein«, ihr Outsider-Tum war Auserwähltheit. Eine Zeitlang wehrte sie sich noch gegen diese Erkenntnis, denn »nichts ersehnt ja ein feinerer Mensch inbrünstiger, als nur Ebenbürtiges um sich zu haben; mehr noch: sich hinbreiten zu dürfen vor etwas, das besser ist als er...« – aber schließlich glaubt der feinere Mensch es widerstrebend doch: die andern sind nicht so fein wie er.

»Vor der Wahrheit ihres vierzehnjährigen Aktes sank jeder Zweifel dahin. Hohe zarte Beine wuchsen aus allen Kleidern heraus, hoben sie höher, immer höher über Morast und Mob, lange Schenkel spiegelten durch die Scheußlichkeit aller Moden hindurch. Das Mädchen berauschte sich an diesem makellosen Strahl, zu dem es ›ich‹ sagen durfte...«
Immer elitärer, immer körperbezogener wurde ihr Narzißmus. Radikale Menschenverachtung mischte sich in ihre Betrachtungen: »Wozu ernähren sich eigentlich die Leute? Schade um all die Kälber, den herzigen Salat, von den Radieschen ganz zu schweigen. Das ist doch bei weitem erfreulicher als der Zellhaufen: Regierungsrätin Dostal, oder Herr von W., oder Frau Dr. K., in den es sich dann umsetzen muß...«
Unbarmherzig beobachtete sie vor allem die Eltern, mit denen sie nach damaligem Gesetz zusammengekettet blieb, bis sie mit 24 volljährig war – es sei denn, das Wunder traf ein, daß ein genehmer Schwiegersohn vorher auf den Plan trat. Jeder Ausbruch gegen den Willen der Eltern war »zu riskant«. Auch Franziska zu Reventlow wagte diesen Schritt erst, als sie (nach preußischem Gesetz) mit 21 Jahren volljährig war. Vorher hätte man sie mit Polizeigewalt zurückbringen können.
Die Sitten damals waren rauh. »Durch strenge Disziplin«, schreibt Berthas Bruder Carl ganz harmlos, sei er »in der Familie an unbedingten Gehorsam gewöhnt« worden... Was das im einzelnen bedeutete, läßt

sich denken. Früh gealtert, lächerlich (und komisch auf den letzten Bildern) stellen Berthas Eltern, ein pensioniertes Despoten-Paar, noch immer genügend Bedrohung für eine Abhängige dar, und Bertha *war* von ihnen abhängig, mit 18 Jahren mehr denn je.
1892 hatten die Eltern das Schlößchen verkauft. Das exklusive Gartenreich mit seinen Fluchtmöglichkeiten war versunken, der Rahmen, der Berthas Jugend so tröstlich und in ihren Augen standesgemäß eingefaßt hatte, dahin. An allem war die Mutter schuld: »Ihre ewigen Klagen«, schreibt Bertha empört und dramatisch, »über Kosten und Mühsal so großen Haushaltes hatten schließlich den Gatten vermocht, sich von dem geliebten Barockschlößchen Hildebrandts zu trennen«, das nebenbei bemerkt von den bürgerlichen Baumeistern Strohmeier und Grünn errichtet worden war – und nun »... konnte ihre Tyrannei den überragenden Mann und das viel zu herrliche Kind in eine Mietwohnung ducken...«
Diese »niedrige« Mietwohnung lag in einem eleganten Viertel, in einem mondänen kleinen Palast, den sich der gefeierte Porträtmaler Karl Fröschl gerade neu gebaut hatte. Schräg gegenüber das märchenhafte Palais Lanckoronski, das »im Innern unschätzbare Kunstwerke barg«, wenige Häuser weiter eine große Baugrube: Hier ließ gerade Wiens Erste Gesellschaftsdame, Fürstin Pauline Metternich, die beliebte Organisatorin des jährlichen »Blumenkorso«, ihr neues Stadtpalais bauen. Die schnurgerade Jacquingasse hinter den Mauern des Belvedere war eine gute Adresse; die Mietwohnung schmerzte gerade hier. Nun konnten die Eltern der Heldin keine »ehrfürchtig erstaunten Leute« mehr ins eigene »Privatpalais mit großem Park und angrenzender Fabrik, mit Stallungen, Wagen und Dienerschaft« einladen, was sie früher doch wenigstens einmal im Jahr getan hatten – nämlich eben »anläßlich des Blumenkorso«. Hauslos fühlte sich Bertha in dieser Umgebung deklassiert, zurückgestuft, ihren Erzeugern bedrohlich nahegerückt...
Die Zeit verstrich mit ödem Regelmaß. Im Winter ein gelegentlicher Opernbesuch; Sommerfrische im Schlepptau der Eltern. Diese aber »saßen Tag um Tag nach Tisch bei ihrem ewigen stumpfen Schach«. »Heitere uns auf!« befiehlt die Mutter der Tochter. »Jugend ist zum Aufheitern da!« Aber wie? Die Tochter erstarrt in Abneigung und Protest, wünscht, daß »der Sirius einmal explodierte – mitten hinein in den schwarzen Kaffee«, mitten hinein in die »freudlose Routine, die verfaulten und schauerlichen Kindereien der Erwachsenenwelt«.

Jacquingasse 29 in beschädigtem Zustand kurz nach dem Zweiten Weltkrieg. Hier wohnte Bertha mit ihren Eltern bis zu ihrer Verheiratung 1898. Heute ist der von Karl Fröschl erbaute Palast – sorgfältig renoviert – Sitz eines Architekturbüros.

Im Sommer 1893 verlobte sich ihr Bruder mit seiner Cousine Marie. Bertha war 19 Jahre alt geworden. Die Verlobungsbilder zeigen sie eckig-unglücklich, in gepufftem weißen Kleid mit schwarzer Schleife, maskenhaftem Lächeln und einer abnormen Wespentaille. Sie beklagt sich, wie schwer es sei, innerlich »immer hinter chinesischer Mauer« leben zu müssen; sie wäre doch so gerne »weich, sonnig und höflich gewesen...«

Sonnig und höflich war nicht ihr Genre. Sie war nicht unbekümmert genug, nicht schlau und nicht diplomatisch. Im Grunde formte sie das elterliche Disziplin-Prinzip zu einer eigenen Waffe um, zu einem Mittel des Protests. Stumm und heroisch goß sie sich liegend solange Wasser zwischen die Rippen und schaute, ob ein Goldfisch in den eingezogenen Weichen frei herumschwimmen konnte – bis sie die schmalste Taille der Welt hatte. Erst mit der schmalsten Taille hielt sie sich für berechtigt, gegen das System zu sein, das schmale Taillen als Norm produzierte. Rosa Mayreder zum Beispiel reagierte ganz anders...

»Es war ein bedenklicher Schönheitsfehler, daß ich schon mit zwölf Jahren einen Taillenumfang von sechzig Zentimetern aufwies, indes meine Schwester Mitzi noch in ihrem zwanzigsten Jahr nur achtundvierzig Zentimeter um die Mitte zählte. Diesem Übelstand sollte durch rechtzeitiges Schnüren abgeholfen werden... Mein Groll gegen das Mieder als einem Werkzeug der Beschränkung stieg im Lauf der Jahre so weit, daß ich es mit achtzehn Jahren einfach ablegte – zum beständigen Ärgernis meiner Umgebung, die darin einen Mangel an Sittsamkeit erblickte und meine Erscheinung plump, ja unanständig fand...«

Berthas Protest war der Protest der Vollkommenheit. Fehlerlos, makellos mußte sie sein, das gab ihr ein gewisses Maß an Sicherheit. Begriffe wie »Züchtung«, »Rasse«, »Selbsterziehung« erscheinen hier zum ersten Mal, und natürlich »Disziplin«. Auf diese Weise konnte sie den Spieß herumdrehen und nun ihrerseits den Eltern Fehler vorwerfen. »Wie war das Alter widerlich und verächtlich! Ohne Selbststrenge in seinem mürben Fleisch!« Behäbig und matronenhaft saß Berthas Mutter im seidenen Kleid bei Familienfesten herum, formlos geworden und verbraucht wie viele Fünfzigjährige damals; und Bertha legte sich eine »Philosophie der Schlankheit« zu:

»Das Wesen des Lebens sei Bewegung... Demnach müsse alles Dichte, was der Durchflutung mit Geist entgegenstehe, als fehl empfunden werden... Fett sei demnach eine schwere Erkrankung oder ein Charakterfehler. Im Wohlgeratenen müsse es unaufhörlich zu Temperament verbrannt werden...«

Brüder

Bertha und Carl Diener müssen in Gesellschaft ein ziemlich exzentrisches Geschwisterpaar gewesen sein. Dünn und sehr groß, von extremem Bewegungsdrang erfüllt (Carl redet von seinen »Straußenbeinen«, seiner »Windhundnatur«, Bertha von ihrem »Windspiel- und Giraffenwesen«) – dabei blond, mit kindlich-weichen Zügen und einem scharf ausgeprägten Charakter. Arthur Schnitzler schreibt in seiner Autobiographie:
»Karl Diener, der spätere Professor der Geologie an der Wiener Universität, der sich auch manchmal am Tabor sehen ließ, wirkte, trotz überragenden Verstandes, in seiner Schärfe und Trockenheit auf mich damals nicht ebenso erfreulich wie sein Berufskollege Geyer...«
Und Bertha schreibt in einem späteren Brief an ihren Sohn Roger, daß eine ganze Tischrunde bei Hugo von Hofmannsthal in Rodaun sie unmißverständlich, wenn auch höflich-stumm für eine arrogante junge Dame hielt.
Carl Diener, 30jährig, stand mitten in einer glänzenden akademischen Karriere, obwohl zu seiner Zeit »Jugend« als größtes Handicap schlechthin empfunden wurde. Anschaulich schildert Stefan Zweig in der ›Welt von gestern‹, wie sich gestandene 40jährige für 50-, 60jährige Männer ausgaben – durch Vollbart, Korpulenz, langsame Bewegungen etc. –, um als vertrauenswürdig zu gelten und einen Posten zu ergattern.
Carl Diener dagegen hatte 20jährig mit Auszeichnung promoviert, sich 23jährig habilitiert, Studienreisen nach Spanien, Syrien, Amerika gemacht, 29jährig an der Österreichischen Himalaja-Expedition teilgenommen, war 30jährig zum Dozenten für Geographie und Geologie avanciert und mit 35 Jahren Professor. Obwohl er mit Arthur Schnitzler nur lose bekannt war, teilten die beiden doch – man könnte sagen getreulich – denselben Freundeskreis. Schnitzlers Freunde der 90er Jahre waren auch Carl Dieners Freunde. Das tertium comparationis hieß – Bergsteigen.
Bergsteigen war damals eine mit mystischer Inbrunst betriebene Sportreligion für Fabrikantensöhne, Intellektuelle und Künstler. Carl Diener stand auch hier an exponierter Stelle: als Präsident des »Österreichischen Alpen-Klubs«, einer Sektion junger, dynamischer Gipfelstürmer. Es war der Kreis, in dem Bertha ihren späteren Mann Friedrich Eckstein kennenlernte, der Kreis, aus dem der ruhig beobachtende Ar-

Carl Diener und Marie Glanz

thur Schnitzler später sein Meisterdrama ›Das weite Land‹ machte. Bertha hatte zu dieser Männerrunde als unverheiratete Frau nur bei offiziellen Anlässen Zutritt. 1896 erwähnt Schnitzler sie in seinen Tagebüchern. Ein Abendessen im Haus des Maschinenfabrikanten Friedmann fand statt. Schnitzler »saß zwischen Bertha Diener und Frau Kniep...« Bei einer solchen Gelegenheit muß Bertha Friedrich Eckstein kennengelernt haben.

»Es war bei einer großen Teegesellschaft. Da trat ein Mensch zur Tür herein. Niemand kannte ihn. Um niemanden kümmerte er sich. Ging pfeilrecht mit nachtwandlerischem Lächeln auf Sibyl zu und blieb vor ihr stehen...«

So mystifizierte sie den stadtbekannten »Eck«, wie er allgemein genannt wurde, den Jugendfreund ihres Bruders Carl, der mit ihm in einer »Kletterschule« schon Hochtourismus geübt hatte, als Bertha sieben Jahre war... Aber Eckstein, der erwachsene Eckstein war für Bertha wirklich etwas Unbekanntes und Neues, eine neue Dimension, in die sich das geistig ausgehungerte Mädchen begierig hineinstürzte. Man glaubt, Ermelinda Tuzzi aus dem ›Mann ohne Eigenschaften‹ zu hören: »Worte wie Sterne fielen auf sie nieder, von herber dunkler Glorie. Sie

Bertha mit 19 Jahren im Juli 1893

fing ein Jegliches mit dem Herzen auf, denn ihr Hunger nach Seele war sehr groß.«
Seelenhunger: Zu Hause bewegten sich die Tischgespräche zwischen Trivialität und Negativität. »Die Leber vielleicht etwas brauner rösten das nächste Mal« oder: »Nimm noch von der Paradeissauce…« – und heimtückische »Angriffe auf große moderne Geister«, die die Eltern »nicht kannten, aber mißbilligten«. In dieser Umgebung wirkte Eckstein wie ein »Magnetberg«. Endlich einer, der so »aussah wie das, was er sagte«, der mit den großen modernen Geistern direkte Verbindung hatte, der weder Huhn noch Leber aß, weil er Vegetarier war und alles genau so ernst nahm wie Bertha selber.
Friedrich Eckstein war ein homo universalis. Mit 30, 33 Jahren hatte er sich in Wien schon einen Ruf als »Polyhistor« erworben, als »ausgezeichneter Kenner des ›alten Wissens‹«, auch als »schwindelhafter Vielwisser«. So nannten ihn Hermann Bahr, Rudolf Steiner und Arthur Schnitzler. Er hatte »die schönste Privatbibliothek Österreichs« (Bertha in einem Brief an Sohn Roger), seine Sammlungen waren berühmt. Ganz Wien borgte bei ihm Bücher aus. Von Karl Kraus stammt der Ausspruch, der Brockhaus steige nachts aus den Regalen, um in Eck-

stein etwas nachzuschlagen. »Architekten legten ihm ihre Baupläne, Mathematiker ihre Gleichungen, Physiker ihre Formeln, Komponisten ihre Partituren zur Begutachtung vor«, schrieb René Fülöp-Miller. Für Bertha ging eine Vision in Erfüllung: zwei Ausnahme-Menschen – sie und er –, einander ergänzend. Eckstein war 13 Jahre älter als sie und ihren Eltern durchaus *kein* willkommener Schwiegersohn.

Zwar hatte Eckstein von seinem erfinderischen Vater eine Spezial-Pergamentpapier-Fabrik geerbt, die er als gelernter Chemiker eine Zeitlang weiterführte, aber er hatte auch sieben jüngere Geschwister, interessierte sich für Alchemie mehr als für die Anforderungen einer gutgehenden Fabrik; nachts konnte er nach einem Konzert »toll vor innerer Erregung stundenlang durch Gärten und Straßen schwärmen«, statt den gesunden Schlaf des Unternehmers zu schlafen; er investierte sein Geld in brotlose Musiker wie Hugo Wolf und Anton Bruckner (den damals als Komponisten noch niemand ernst nahm), pilgerte zu Fuß nach Bayreuth, und wenn er jeden Morgen um vier aufstand, dann nicht, um die Bilanzen zu prüfen, sondern um die »Allgemeinen Untersuchungen über krumme Flächen« von Gauß durchzuackern – in »mehreren Wintermonaten harter Arbeit«, nur um mit einem Freund, dem Mathematiker Simony, der das Primzahlengesetz entdeckte, »auf gleich« verkehren zu können. Was er schrieb, waren Abhandlungen gegen die Vivisektion auf der Grundlage der Kantschen Philosophie oder Darstellungen des neukantianischen Weltbildes bei Hermann Cohen. Und einen solchen Schwiegersohn wollte Bertha ihren nüchtern kalkulierenden Eltern zumuten?

In bürgerlichen Augen war Eckstein nicht nur ein komischer, sondern ein geradezu gefährlicher Heiliger, der sommers wie winters »ganz in Leinen gekleidet« herumging – Pythagoras hatte dies einst seinen Jüngern auf Sizilien empfohlen – und sich mit der Bruderschaft der Essener befaßte, einer jüdischen Geheimsekte, die im alten Palästina ein friedlich-anarchisches Kommunenleben geführt hatte, den Handel und ein gutes Schnitzel als Hauptquelle allen Übels anprangernd. Vegetarismus, Sozialismus und Lebensreform lagen damals noch eng beieinander und hatten noch nichts von ihrer subversiven Kraft eingebüßt. Die Überreaktion von Berthas Eltern, die – kaum hatten sie den Briefwechsel zwischen ihrer Tochter und Eckstein entdeckt – mit der Polizei drohten, wird so gesehen eher verständlich.

Berthas Eltern um 1900

Theosophie

Eckstein gehörte zu jenen sensiblen Pathetikern, die gegen Ende des 19. Jahrhunderts keine Gründermentalität mehr entwickelten, sondern die Sehnsucht verspürten, den »öden« Materialismus in Wissenschaft, Weltanschauung und Gesellschaft zu überwinden und mit dem Idealismus »auszusöhnen« – wie so viele ehemalige Naturwissenschaftler und Techniker. Gustav Theodor Fechner, dem Bertha die Idee zu den ›Kegelschnitten‹ verdankt, der Ziehvater dieser Generation, war erst Physiker gewesen, dann Psychologe und Philosoph. Rudolf Steiner, mit Eckstein zeitweise eng befreundet, absolvierte das Wiener Polytechnikum als Ingenieur, bevor er Theosoph wurde und später Anthroposoph. Hermann Keyserling, Gründer der Darmstädter »Schule der Weisheit«, hatte die Universität als Geologe verlassen, Franz Hartmann aus Donauwörth war erst Pharmazeut, dann Berufstheosoph und Indienkundler. Bertha hat diesen Freund ihres Mannes als »Friedolin Eisele, Präsident der Theosophischen Gesellschaft zu Bopfingen« in den ›Kegelschnitten‹ hinreißend porträtiert. Gustav Meyrink

schließlich, ein enger Vertrauter von Eckstein und Bertha – er begann als Bankier, durchlief eine anstrengende theosophische Schulung, verarbeitete sie satirisch in seinen Erzählungen und wurde – mit seinen Romanen – der Dichter des »Übersinnlichen«. Sie alle galten im traditionell bürgerlichen Sinn als Abweichler, Versager, hatten etwas »lind Versinkendes«, bevor sie ihre zum Teil beträchtlichen Erfolge oder Vormachtstellungen errangen, »Schiffe mit zuviel Tiefgang, schon die kleinste Welle überspülte sie. Dann wieder fing einer was an: eine Fabrik, ein Studium, eine Kunst. Nie wurde was Rechtes draus. Von Fehlschlag zu Fehlschlag nickten sie einander mit steinharter Genugtuung zu...«
Als Bertha ihren ›Gabriel Gruner‹ in den ›Kegelschnitten‹ entwarf (»aus der Haut einer Hostie sahen die Augen eines Illuminaten«), mag sie an Eckstein und Meyrink gedacht haben. Die beiden sammelten »Geheimgesellschaften« wie andere Leute Bilder, gründeten Logen, konnten an keinem okkulten Phänomen vorüber, ohne es sofort »streng wissenschaftlich« überprüfen zu müssen, auf der Suche nach den alten Weisheiten. Der eine veräußerte seine Fabrik, der andere ruinierte sein Bankgeschäft. In Meyrinks Nachlaß fanden sich die Lehrbriefe einer pietistischen Bruderschaft, jener »Mystischen Schule« der erleuchteten Handwerksgesellen Prestel und Mailänder in Dreieichenhain bei Darmstadt, die streng esoterisch in den Geist kamen und in Berthas Roman als »Gemeinde von Scheible und Radinger« eine Rolle spielen: »Ab und zu tropfte Einer aus dem geheimen Kreis herein, verwirrte sich ob ihrer Erscheinung... oder man fuhr plötzlich fünfzehn Stunden an einen ganz obskuren Ort, traf die Brüder einen Abend lang – fuhr wieder auseinander. Dabei wurde kaum gesprochen, das lagerte um den Tisch eines Kaffeehauses, kühl und schwer wie Schlangen und verdaute Seele...«
Dachverband für diesen Seelen-Boom war die Theosophie. 1875 war in New York die erste Theosophische Gesellschaft gegründet worden mit dem Ziel, Okkultismus und Spiritismus zu erforschen und die Weisheiten der großen Religionen, besonders der indischen (und besonders des esoterischen Buddhismus), für die moderne Welt zu retten. Rosenkreuzer, Kabbalisten, Pythagoräer, Pietisten gerieten rasch ins Schlepptau. In den 80er Jahren breitete sich die theosophische Bewegung in Europa aus, um 1890 hatte Eckstein schon seinen Wiener Theosophischen Zirkel, die »Sommerkolonie« gegründet. Im leerstehenden Schlößchen »Belle Vue« oberhalb von Grinzing trafen sich regelmäßig Rosa Mayreder, Marie Lang, Franz Hartmann, Rudolf Steiner, der dann allerdings zur Herausgabe von Goethes naturwissenschaftlichen

Bertha Eckstein
geborene Diener

Schriften nach Weimar übersiedelte und sehnsüchtige Briefe an den Wiener Kreis schrieb. 1896 wurde der emsige Indien-Schwabe Franz Hartmann Präsident der »Theosophischen Gesellschaft in Deutschland«, 1902 avancierte Rudolf Steiner zum Generalsekretär der deutschen »Theosophischen Adyar-Gesellschaft« – dies war das Kraftfeld, von dem sich Bertha willig ansaugen ließ. Eckstein-Gruner war »der Bote und Mittler nur«. »Er machte sie spüren, sie sei behütet, irgendwie auserkoren, von geistigen Führern erwartet...«
Was für Bertha faszinierendes Neuland war, war für ihre Eltern schlicht ein Graus. Je mehr sie sich dagegen stemmten, verboten und kontrollierten, desto mehr »fait accompli« wurde es für die Tochter. Schließlich kam der Eklat: Bertha beschloß zu schweigen und zu warten (auf ihre Volljährigkeit nämlich), schwieg ziemlich lange – »zwei Jahre wechselten Vater und Tochter kein Wort« – und ging dann »am Tag ihrer Großjährigkeit aus dem Haus und ließ sich mit Gabriel Gruner trauen, war so erschüttert dabei, daß sie ihr eigenes ›Ja‹ überhörte, taumelnd von dem cherubinischen Hochzeitsflug...«
Am Tag ihrer Volljährigkeit – das hätte sich hübsch gemacht; dramatisch und pathetisch. Aber auch cherubinische Hochzeitsflüge brauchen ein Minimum an Vorbereitung. Der Taufschein war zu besorgen, das Aufgebot zu bestellen, und Eckstein mußte auch noch rasch zum Glauben der Braut übertreten. Er war ursprünglich mosaisch; als Mystiker, Pythagoräer, Essener, Pietist, Rosenkreuzer und Theosoph hatte er aber wenig Interesse an Kirchenreligionen. Seine Einstellung zum orthodoxen Judentum hat Rosa Mayreder in einer Anekdote brieflich überliefert – an Rudolf Steiner, der sich nach dem Wohlbefinden des »lieben Eck« erkundigt hatte. 1890 schreibt sie an ihn:
»Die Hochzeit seiner Schwester findet übermorgen statt. Eck ist im

allgemeinen kein Enthusiast der Familienfreuden, wie Sie wissen, überdies ein Gegner der Orthodoxie, namentlich der jüdischen ... Nun sind aber die künftigen Schwiegereltern seiner Schwester so streng koscher, daß sie das Hochzeitsmahl von eigens beigestellten, koscheren Vertrauensköchinnen zubereitet wünschen. Über diese Zumutung geriet Eck in einen so mächtigen Zorn, daß er sich bis zu dem Ausspruch verstieg, er werde sich bei diesem Festmahl vom Vegetarianismus emanzipieren und in eklatanter Weise einen Schinken verzehren...«

Am 3. März 1898 wurde Eckstein evangelisch, am 3. April fand die Trauung statt, zwei Wochen nach Berthas 24. Geburtstag. Tags darauf logierte das cherubinische Hochzeitspaar schon in Baden bei Wien im Hotel »Grüner Baum«, einem Ecksteinschen Stammlokal mit Künstlerzimmer. Die Kurliste meldete »Friedrich Eckstein, Fabrikbesitzer mit Gemahlin«. Ein Vierteljahr später bezogen die beiden »mit Dienerschaft« – insgesamt vier Personen – das sogenannte St.-Genois-Schlössl in der Badener Helenenstraße, einen langgestreckten zweistöckigen Bau mit klassizistischem Giebel, Altan und Park. Bertha war wieder Schloßherrin geworden – wenn auch nur zur Miete.

»Fritz Eckstein war durchaus nicht reich«, schrieb sie später an ihren Sohn Roger, »aber Park und Wohnung in Baden gaben ein sehr reizvolles Milieu ab; jetzt und hier treffe ich noch Leute, die von ›damals‹ berauscht sind...«

Hier bekam sie ihren ersten Sohn Percy (am 21. Mai 1899), brachte dabei das Wunder zustande, »selbst stets genau soviel abzunehmen, als die Frucht schwoll«, beäugt von entrüstet bebenden Lorgnons – Schlankheitsphilosophie über alles.

Das Geistrefugium

Baden war damals mit der Bahn schnell zu erreichen und besonders im Sommer mit seinen Kurparks und Wäldern ein herrlicher Ort für Wanderungen und Spaziergänge. Das St.-Genois-Schlössl, ursprünglich als »Regines Ruhe« Anfang des 19. Jahrhunderts erbaut, lag an der Ausfallstraße zum malerischen Helenental. Es steht heute noch – erdrückt vom klobigen Badener Strandbad, das Ende der 20er Jahre im präfaschistischen Stil gebaut wurde; Umkleidekabinen zerstören den stillen Park, im oberen Stockwerk befinden sich jetzt Übergangswohnungen,

Das St.-Genois-Schlössl in Baden bei Wien, die Wohnung des Ehepaares Eckstein. Sie diente Arthur Schnitzler als Vorbild für die ›Villa Hofreiter‹ in ›Das weite Land‹. In der Bühnenanweisung heißt es: »Rechts die Veranda, geräumig, mit Balustrade... Ein grüner, ziemlich hoher Holzzaun schließt den Garten ein... Fußweg außen längs des Zauns, Fahrstraße parallel dem Fußweg. Innen, längs des Zauns Buschwerk. Die Gartentüre steht offen... Lange Schatten der Gitterstäbe fallen in den Garten.«

in denen die große Wäsche melancholisch aufs Parkett tropft und die weißen Kachelöfen langsam vor sich hinbröckeln. Im achteckigen Gartensaal dunstet unter den heiteren Deckenfresken ausgerechnet ein Steakrestaurant – die vegetarischen Ecksteins hätten sich geschüttelt.
»Dutzende von Gästen« kamen. »Liebster Herr Eck«, schrieb Karl Kraus kurz nach der Jahrhundertwende, »hoffentlich kann ich mich bald persönlich davon überzeugen, daß Sie wieder vollständig hergestellt sind. Schönste Grüße an Sie, Ihre liebe Frau Gemahlin und Percy von Ihrem K.K. ...«
»Fritz Ecksteins und mein Heim wurde eine Art Treffpunkt für alles, was es an interessanten Menschen damals gab, in Wien lebend oder auf der Durchreise...«
Es kamen Theosophen, Naturwissenschaftler, Literaten, Musiker...

Adolf Loos schrieb im Juli 1903 an Lina:
»Vor ein paar Tagen war die P. mit Karl Kraus und Peter Altenberg bei Eckstein in Baden geladen. Beim Abschied – wurde unter heller Bewunderung am Löwenbräutisch erzählt – ergriff die P. die Hand der Frau Eckstein und küßte dieselbe. ›Diese herrliche Art, einer fast gleichaltrigen Frau seine Bewunderung und Verehrung auszudrücken!‹ – Ich aber sagte: ›Ich predige Euch seit Jahren den Aristokraten. Ich verlange, daß jeder Mensch seine vornehmsten und erhabensten Gefühle in seiner Brust verschließe. Habt Ihr schon einmal gesehen, daß ich meiner Frau vor Euren Augen die Hand geküßt habe? Ihr könnt Euch wohl denken, daß meine Bewunderung und Verehrung für meine Frau an Größe *der* gleichkommt, die die P. für die Frau Eckstein hat. Wie gerne hätte ich meiner Frau die Hand geküßt, als wir noch nicht einmal Brautleute waren. Wie leicht wurde mir doch das gemacht. Alle küßten ihr ja die Hand. Nur ich nicht. Ich konnte es nicht.‹«

Die Handkußgeschichte sprach sich in Wien herum. Bertha war 29 Jahre alt, strahlend, stattlich – eine Erscheinung. Später, als der Bruch zwischen Bertha und Friedrich nicht mehr zu verdecken war, nahm Schnitzler den Handkuß, die Villa in Baden und sogar den Sohn mit dem seltenen Vornamen Percy zur Folie seines Ehedramas ›Das weite Land‹. Nicht als ob Bertha mit Genia, Eckstein mit dem Fabrikanten Friedrich Hofreiter identisch gewesen wären – Schnitzler hatte dafür andere Vorbilder aus dem gemeinsamen Bekanntenkreis –, aber das nostalgische Badener Idyll im St.-Genois-Schlössl, das nur noch nach außen so wirkte, schien ihm der passende Rahmen zu sein.

Das cherubinische Hochzeitspaar, nach Alter und Erfahrung so verschieden, hatte mit der Zeit immer stärkere Divergenzen. Eckstein, mittlerweile über vierzig, hatte als unabhängiger junger Mann zwanzig Jahre Zeit gehabt, die Welt zu erobern. Er hatte Europa und Amerika bereist, Hunderte von Kontakten geknüpft, Freundschaften, Kaffeehausleben, Großstadtvergnügen zeitweise so intensiv genossen, daß Rudolf Steiner und Rosa Mayreder sich brieflich darüber entsetzten (»quantitativ« nannten sie Ecksteins Lebensführung, Bertha erwähnt in den ›Kegelschnitten‹ Gabriel Gruners »wahllosen Menschenhunger«). Er hatte Berge von Studienmaterial, Skripten und Büchern angehäuft, die er in Muße durcharbeiten wollte, während Bertha erst kurz zuvor der üblichen Mädchen-Isolierhaft entronnen war. Sie hatte einen Nachholbedarf an Welt. Baden, Ecksteins »Geistrefugium«, erschien ihr ein Nest. Geldsorgen bedrückten sie – Eckstein hatte sich kurz nach der Hochzeit seiner Fabrik entledigt und nur eine kleine Rente behalten; sie fühlte sich verinselt, fuhr, ohne recht zu wissen, wohin sie gehörte, zwischen Wien und Baden hin und her (»Sah sich manchmal ameisenklein, hierhin, dorthin rennen, in Vorortzüge krabbeln zum Spinnennetz Stadt...«), war »Gemahlin«, betrachtete sich die Gäste, die kamen und wieder gingen, während sich Eckstein in seine Manuskripte vertiefte und weltsatt daran ging, seine Ernte einzubringen.

Mit einer gewissen Berechtigung macht Bertha den Gatten in den ›Kegelschnitten‹ zum Einsiedler, zum ganz und gar Versunkenen. Eckstein widmete einen Großteil seiner Zeit dem Nachlaß des 1896 verstorbenen Anton Bruckner, dessen Freund er gewesen war – dessen Schüler, Privatsekretär und Mäzen. Zu Bruckners Lebzeiten hatte er dafür gesorgt, daß die Werke des alten Herrn, der als Organist hochberühmt, aber als Komponist nicht anerkannt war, gedruckt und aufgeführt wurden. Jetzt machte er sich daran, den Nachlaß zu sichten, Bruckners Unterrichtsmethode und seine Harmonielehre aufzuzeichnen (daher: Gabriel, der »Sohn des toten Organisten«) – mit welcher Akribie, zeigt die Liste, die Max Schönherr in seinem Eckstein-Aufsatz angeführt hat. Außerdem arbeitete er an seinen Bruckner-Erinnerungen – mit anderen Worten, er war unterwegs in die innere Welt seiner Bibliothek. Auch theosophische Probleme beschäftigten ihn weiterhin stark. Er schrieb ein Buch über Comenius und die gottsuchenden »Böhmischen Brüder«, das Hofmannsthal viele Jahre später im Insel-Verlag herausgab, und übersetzte die Essays des theosophischen Dichters William Butler Yeats.
Für Berthas eigene Schriftstellerlaufbahn waren Ecksteins Arbeit, seine Bibliothek und seine Interessengebiete von großer Bedeutung. Ihre beiden ersten Bücher – eigentlich Übersetzungen – stammen aus Ecksteins Umkreis. Prentice Mulford, dessen Essays ›Der Unfug des Sterbens‹ sie so modern übertrug, daß ihre Fassung noch heute gelesen wird, war »einer der erfolgreichsten Vertreter der (ursprünglich theosophischen) Neugeistbewegung«. Diese Bewegung, in Amerika und England »New Thought« genannt, hatte folgende Ziele: Die »Befreiung des Menschen von Krankheit und allen negativen Einflüssen sowie die Selbsterlösung durch die Erkenntnis der eigenen Göttlichkeit... Die neugeistige Philosophie demonstriert die Überlegenheit des Geistes über Leib und Leben, die Bemeisterung des Schicksals durch Bejahung und Konzentration, meditative Selbstbesinnung... weiter die Verwirklichung der Harmonie des einzelnen mit sich selbst, mit dem Nächsten und mit dem Unendlichen...«
Mulford lebte von 1834 bis 1891 in Amerika, war bis fünf Jahre vor

*Berthas Sohn Percy auf dem Arm von »Neckchen«, einem Freund der Familie Diener
(Stefan Jellinek, Professor für Elektropathologie in Wien und Oxford)*

seinem Tod ein völlig unbekannter Aussteiger: Ex-Journalist, der sich mit Alchemie und Buddhismus befaßte, bis eine erste Ausgabe seiner Essays ihm plötzlichen Ruhm verschaffte. Friedrich Eckstein brachte die amerikanische Ausgabe von Mulfords Schriften wahrscheinlich ebenso von seiner Amerikareise mit wie die hermetisch-mystischen Bücher des Ethan Allan Hitchcock, jenes denkwürdigen Generals der amerikanischen Armee (1798–1870), der sich »im Ruhestand mit der Geschichte der Alchemie« herumplagte, mit Swedenborg und mit der mystischen Bedeutung von Kinder- und Hausmärchen. Friedrich Eckstein besaß Hitchcocks ›Remarks upon Alchemy and the Alchemists‹, wie wir aus einem Brief an Rudolf Steiner wissen. Hitchcocks ›Das rote Buch von Appin‹, ein christlich-esoterischer Märchenkommentar, wurde von Bertha übersetzt und 1910 im Insel-Verlag herausgegeben. Sie behandelte dieses schmale, seltsam intensive Bändchen, das vom spirituellen Weg der Seele durch die Welt zu Gott handelt, mit erheblich größerem Übersetzer-Respekt als die Mulford-Essays und merkte im Vorwort an:

»Das englische Original dieser Märchenkommentare, eine bibliographische Seltenheit, erschien 1863 in New York... Der Übersetzer hat sich nicht berechtigt gefühlt, das Original im geringsten umzuarbeiten...«

Ecksteins Einfluß auf Bertha zeigt sich aber nicht nur in diesen Fällen direkter Anregung, die sich noch beliebig vermehren ließen. Vielmehr erschloß er ihr durch sein immenses Wissen sukzessive ganze Schwerpunktgebiete und Welten (»Reiche« schreibt Bertha), mit denen sie sich noch lange nach der Trennung weiterbeschäftigte. Die intime Vertrautheit mit musikalischen Problemen wirkte sich positiv auf ihren Richard-Wagner-Roman aus (»Die faszinierendsten Leute der Spätromantik sind mir da von selber ins Manuskript gelaufen und wollten mit dabei sein«), ihre Einfühlung in die Mentalität mittelalterlichen Christentums ist ein Vorzug der beiden großen Bücher ›Byzanz‹ und ›Bohemund‹. In den ›Kegelschnitten‹ beeindrucken ihre Detail-, ja Insiderkenntnisse in Mathematik, indischer Philosophie und Religion sowie in sämtlichen Verstiegenheiten theosophischer Esoterik. Bei Sätzen wie »Horus (war) seelisch an den Pythagoräern, geistig an Newton und Lagrange erzogen«, fällt es schwer, *nicht* an Eckstein zu denken, der sich selbst als Pythagoräer bezeichnete; »Sternsaphire« – so nannte Bertha immer wieder lustvoll die blauen Augen des Mädchens Sibyl – ›Sternsaphire‹ hieß der Titel eines Romans der englischen Salonmystikerin Mabel Collins, deren Traktate Eckstein ausgerechnet an den Physiker Ernst Mach schickte, um zu hören, was vom »streng wissenschaftlichen« Standpunkt aus von dieser Symbolik zu halten sei. (Mach antwortete übrigens überaus diplomatisch.)

Die »innere Verbundenheit« mit Eckstein war groß. Okkultismus, Vegetarismus – zu diesen Phänomenen hatten Eckstein und Bertha dieselbe Einstellung, die man mit »wissend und kritisch« bezeichnen könnte. Mochte die Entfremdung wachsen, mochte Bertha in allen Fragen der persönlichen Religion sich von Eckstein scharf unterscheiden – bevor sie sich ihre eigenen Spezialgebiete der Archäologie, Geschichte und Kulturwissenschaft erschloß, hat sie Ecksteins Reich der Länge und Breite nach durchquert. Hier liegen ihre geistigen Fundamente.

Ecksteins Salon

Ecksteins Bibliothek

B In Ecksteins Reich

Texte

Erste Begegnung

Es war nach dem Trauerjahr, bei einer großen Teegesellschaft. Da trat ein Mensch zur Tür herein. Niemand kannte ihn. Um niemanden kümmerte er sich. Ging pfeilrecht mit nachtwandlerischem Lächeln auf Sibyl zu und blieb vor ihr stehen. Nicht wie einer, der etwas zu sagen, sondern zu hören kommt.
Er war jung, gradhaarig, schmächtig, doch von der verdrechselten Knorrigkeit van Eykscher Engel, wie mit einem trotzigen Feigenblatt geboren. Aus der Haut einer Hostie sahen Augen des Illuminaten. Das Zahnbein war schlecht. Der Anzug unauffällig korrekt.
Johannes der Täufer im *frock coat*? Aber sie war verschüchtert, ja, erschüttert von dieser zähen Gradheit. Angelus: der Bote fiel ihr ein. Frug schließlich, als er unbekümmert weiter schwieg:
»Was kann ich für Sie tun?«
»Es wäre eher an mir, so zu fragen, da ich zu Ihnen entboten bin.«
Er sprach herbe schlesische Mundart. Die Silben kollerten als kleines Urgestein aus seinem jungen Mund, der dabei eckig anzusehen wurde. Dieser Fremdling stand da – wie aufgetaucht – beladen mit den Morgengaben einer unbekannten Tiefe vor ihr, als sei sie die einzig lebendige Seele in der ganzen Welt. Er klärte nichts auf. Manches ergab sich, erriet sich, andres blieb: ein dunkler Reiz. Sie sprachen durch Stunden. Die Leute ringsum zogen am Rand ihrer Sinne in einem ganz andern Medium dahin, wie in den Wasserwürfeln der Aquarien bewegter Schleim zieht. Er machte sie spüren, sie sei behütet, irgendwie auserkoren, von geistigen Führern erwartet. Er, deren Bote und Mittler nur. Worte wie Sterne fielen auf sie nieder, von herber dunkler Glorie. Sie fing ein Jegliches mit dem Herzen auf, denn ihr Hunger nach Seele war sehr groß.
Gabriel Gruner hieß der Fremde – nein: der Bote.
Wieder schossen die Silberdämpfe der Phantasie auf. In Tag- und Nachtträumen warf sie sich hinein. So gab es doch eine magische Brücke ins »*Eigentliche*«! Gab Schlüssel, die Reich auf Reich erschließen durch verborgene Kräfte im Mensicheninnersten selbst!

Bertha in Baden

Mit seinen Holzschnittgebärden, mehr als mit Worten, hatte Gabriel Gruner an all das gerührt. Wie von fern, unnahbar der Rede, mystische Übungen angedeutet, die den Körper so von innen heraus verwandeln sollten, daß lebendige Zeichen am Fleische sich bildeten: Marksteine gleichsam auf der Vergottung Pfad. »Und sehen sein Angesicht, *und sein Name wird an ihren Stirnen sein.*«

Nie hatte sie Bibelworte so sprechen gehört. Seine Art ragte wie ein Magnetberg herein in den seichten Aufkläricht, die passive Intelligenz, den Unernst ringsum. Da sagte einer dies, der andre das – keiner sah aus wie das, was er sagte.

Endlich ein Ausweg. Loszukommen aus dem Leben ohne Tod ... Endlich bewundern, vertrauen, gehorchen dürfen, wie war das schön. Sie forschte auch nicht, als eines Tages der Bote geheimnisvoll verschwand, wie er gekommen. Fühlte ja förmlich den Ort der mystischen Bruderschaft: deutsche Herbe, Enge, Handwerk, Wald, dort in Gabriel Gruners schlesischer Grenzheimat, wo der Vater Organist gewesen.
»Man muß den Schild der Armut über die Schätze des inneren Lebens halten,« war alles, was er von sich gesagt.
Das gab es also wirklich! Auf demselben Gestirn mit Gasrechnungen, Ex- und Import, Hundesteuer und Leitartikeln.
Brief über Brief kam voll Weisungen für die jüngste Jüngerin. Es war ein Werben ohne Werbung. Aus verborgenem Licht schlug sich ein Regenbogen von ihm zu ihr.
»Mein geschwisterlich Gemahl im Geiste – zeitlos atmen mit Dir,« schrieb er einmal ...
Das Auftauchen dieses Fremden war nicht unbemerkt geblieben. Eines Tages fand sie ihre Korrespondenz erbrochen; die widerlichste Szene folgte. Denn es ist eine indezente Wahrheit, daß die hoffnungslose Eifersucht von Vater zu Tochter, weil körperlich rein, um so gewissenloser mit allen psychischen Begleiterscheinungen der Ausschweifung, als da sind: Gewalt, Arglist, Betrug, Wortbruch, Verrat, in Form von *Elternpflicht* sich auszutoben sucht ...
Jetzt beging er gleich das Allertörichteste: drohte, da sie minderjährig, mit der Polizei. Zurückbringen würde er sie lassen im Fall einer Heirat und den Mann wegen Entführung verhaften. Trieb Sibyls Selbstachtung damit in ein *fait accompli* hinein ...
Da sammelte sie sich in ihrer Trauer und Empörung, schwang sich wie eine Lanze – und traf – traf – traf –, den Menschen, den Vater, den Mann. Sagte, was sie nie gewußt, hellsichtig vor leuchtend intelligentem Haß, in Worten von leiser, blanker, tödlicher Mißachtung.
Und weinte und weinte dann auf ihrem Bett, fassungslos entsetzt über die Schöpferkraft des Hasses.
Zwei Jahre lang wechselten Vater und Tochter kein Wort. Am Tag ihrer Großjährigkeit ging sie aus dem Haus und ließ sich mit Gabriel Gruner trauen, war so erschüttert dabei, daß sie ihr eignes »Ja« überhörte, es später nochmals stammelte, taumelnd von dem cherubinischen Hochzeitsflug: dem Flügel an Flügel durch die anwachsende Glorie fließen, ohne Trennung, ohne Tod, lotrecht auf den Fluten des Strahls – bis zu Gott. Das sollte die Ehe sein.

(›Kegelschnitte‹, Teil 4)

Friedrich Eckstein über sich selbst

Mitten in dem vornehmsten Viertel von Wien, zwischen alten Adelspalästen und prunkvollen Staatskanzleien, an der Ecke der träumerisch stillen Wallnerstraße und der kaum zwei Meter breiten finstern Fahnengasse, lag unser verborgenes Vegetarierrestaurant.
Eine schmale Glastür führte von der Straße über Steinstufen hinab zu dem halbdunklen Kellergewölbe, welches durch kleine, knapp über dem Pflaster gelegene vergitterte Fenster nur wenig Tageslicht erhielt, so daß von Früh bis Abend die rötlichen Schmetterlingsflammen an den armseligen Gaslustern brennen mußten.
War doch zu jener Zeit, gegen das Ende der Siebzigerjahre, der Vegetarismus noch kaum bekannt und die Zahl seiner Anhänger äußerst gering.
An der Längsseite des Kellers, gleich unter einem der niederen Fenster, befand sich unser länglicher »Stammtisch«, wo wir uns täglich mittags und abends zu gemeinsamem Mahle trafen; und dort hörten wir oder hielten mitunter auch selbst Vorträge über die Greuel blutbefleckter Nahrung, über die edle und reine Lehre der alten Pythagoräer und der Neuplatoniker, über die Essener und die Therapeuten und über die weltabgewandten Gedanken des Shakya Muni. Immer wieder schwebte uns auch jene Vision des Empedokles vor von einem goldenen Zeitalter, da es bei den Menschen als der größte Frevel gegolten, »Leben zu rauben und edle Glieder in sich hineinzuschlingen«, und mächtig tönte uns der Ruf dieses gewaltigen Geistes in die Ohren: »Wollt Ihr nicht aufhören mit dem mißtönenden Morden? Seht Ihr denn nicht, wie Ihr einander selbst zerfleischt in der Unbedachtheit Eures Sinnes?«
Es waren zumeist junge Menschen, die sich da trafen und an der gemeinsamen Unterhaltung teilnahmen: Studenten, Lehrer, Künstler und Angestellte der verschiedensten Berufe. Während ich selbst, wie einige meiner nächsten Freunde, nach den Thesen des Pythagoras, Sommer und Winter stets ganz in Leinen gekleidet ging, erschienen wieder andere in naturfarbenen härenen Gewändern; und wenn man dazunimmt, daß die meisten von uns bis auf die Schultern reichendes Haupthaar und Vollbärte trugen, so mochte unser Mittagstisch einen unbefangenen Zuschauer mitunter wohl irgendwie an das berühmte Gemälde des Lionardo gemahnt haben.

Friedrich Eckstein als junger Mann

In einem gewissen Gegensatz zu dieser Pythagoräer-Gruppe stand die andere, mehr rationalistische der jugendlichen Sozialisten, die sich dem Vegetarismus vor allem als einem die Völker versöhnenden, auf eine bessere Zukunft hinweisenden Friedensideal zugewandt hatten. Da war vor allem, als ein ziemlich häufiger Gast, der noch nicht dreißigjährige junge Arzt Dr. Viktor Adler, der bald darauf seinen ärztlichen Beruf aufgab, um seine volle Arbeitskraft und sein sehr ansehnliches Vermögen gänzlich in den Dienst des Sozialismus zu stellen.
Unsere Diskussionen über Karl Marx, Engels und Albert Lange gestalteten sich meist sehr lebhaft. Insbesondere aber jene über die sozialen Probleme, welche einigen von uns mit den Lehren des Vegetarismus so eng verknüpft zu sein schienen. Dr. Viktor Adler und Adolf Braun waren nämlich der Ansicht, der Vegetarismus sei zwar ohne jeden Zweifel eine für die Zukunft des Menschengeschlechts bedeutungsvolle Perspektive; ob es jedoch, wie ich gemeint hatte, zur Zeit vorteilhaft sei, die Arbeiterschaft und die Massen des Proletariats für sie zu gewinnen, sei durchaus fraglich und sehr wohl zu überlegen, denn dies könnte doch nur zur Folge haben, daß sich dadurch die Bedürfnisse der Arbeiterschaft verringerten und ihr »standard of living« anstatt gehoben, noch weiter herabgedrückt würde, so daß sie also, dem »ehernen Lohngesetz« zufolge, von ihren kapitalistischen Fronherren noch schlechter bezahlt, mehr ausgebeutet und schließlich gänzlich zu Kulis herabgewürdigt werden müßten.
Man kann sich kaum eine Vorstellung davon machen, wie sehr alle diese Interessen damals unser Leben beherrschten und wie vielerlei Eindrücke unaufhörlich auf uns einstürmten ...
Die »Bayreuther Blätter«, seit einigen Jahren das weithin tönende Sprachrohr Richard Wagners, brachten eine große Abhandlung des Meisters unter dem Titel »Religion und Kunst«. In dieser Schrift, die gänzlich im Bannkreise des eben vollendeten Parsifal stand, trat nun Wagner in leidenschaftlich bewegten Worten für den Vegetarismus ein, den er als die einzige noch übrige Rettung und die alleinige Hoffnung bezeichnete, welche dem tief verderbten Menschengeschlecht verbleibe; und wenn in dieser Abhandlung auch gar vieles war, was uns befremden mußte und dem wir beim besten Willen unmöglich zuzustimmen vermochten, so waren es doch gerade jene enthusiastischen Äußerungen über den Vegetarismus und eine künftige, dem Morden abgewendete Menschheit, die uns mächtig anzogen und tief bewegten.
»Mitten unter dem Rasen der Raub- und Blutgier«, sagte Wagner in der erwähnten Schrift, sei es »weisen Männern zum Bewußtsein gekom-

Steinfigur des Apollo vor der Fassade des St.-Genois-Schlössl

men, daß das menschliche Geschlecht an einer Krankheit leidet, welche es notwendig in stets zunehmender Degeneration erhalte. ... Ein Mysterium hüllte Pythagoras ein, den Lehrer der Pflanzennahrung; kein Weiser sann nach ihm über das Wesen der Welt nach, ohne auf seine Lehre zurückzukommen. Stille Genossenschaften gründeten sich, welche verborgen vor der Welt und ihrem Wüten die Befolgung dieser Lehre als ein religiöses Reinigungsmittel von Sünde und Elend ausübten«...

»War uns der Anblick des den Göttern geopferten Stiers ein Greuel geworden, so wird nun in den sauberen, von Wasser durchspülten Schlachthäusern ein tägliches Blutbad der Beachtung aller derer entzogen, die beim Mittagmahle sich die bis zur Unkenntlichkeit hergerichteten Leichenteile ermordeter Haustiere wohl schmecken lassen sollen.«

Auf uns, die wir damals für Empedokles und die Pythagoräer schwärmten, mußten die Äußerungen des Bayreuther Meisters einen tiefen Eindruck machen und uns ermuntern, auf der von uns betretenen Bahn weiterzuschreiten.

(Aus: Friedrich Eckstein, ›Alte unnennbare Tage‹)

Friedrich Eckstein und Rudolf Steiner

Um diese Zeit (1890) tauchte in unserem Kreise ein völlig bartloser blasser Jüngling auf, ganz schlank, mit langem Haar von dunkler Färbung. Eine scharfe Brille gab seinem Blick etwas Stechendes und mit seinem langen, bis über die Knie reichenden schwarzen Tuchrock, der hochgeschlossenen Weste, der schwarzen Lavallière und dem ganz altmodischen Zylinderhut, machte er durchaus den Eindruck eines schlecht genährten Theologiekandidaten. Sein Name war Dr. Rudolf Steiner. Ich hatte ihn früher des öfteren schon in der Gesellschaft des bekannten Goethe-Forschers Prof. Karl Julius Schröer getroffen und wir hatten manche Auseinandersetzung über Goethes Symbolik gehabt. Mittlerweile war ihm irgendwie zu Ohren gekommen, daß ich mit der damals viel besprochenen Madame Blavatsky und den führenden Mitgliedern der »Theosophischen Gesellschaft« in Madras in Verkehr war.

Dr. Steiner erklärte mir, wie sehr ihm daran liege, über diese Dinge Näheres zu erfahren und bat mich, ihn in die »Geheimlehre« einzuweihen. Damit begann mein regelmäßiger Verkehr mit ihm, der viele Jahre währte und ihn schließlich, nach langen Wandlungen und Zwischenfällen, allmählich zur Ausgestaltung seines eigenen »anthroposophischen« Systems hinführte. Bei den übrigen Mitgliedern des Griensteidl-Kreises fand er wenig Anklang; mit Hermann Bahr konnte er sich nur schwer verständigen und es war für uns immer ein besonderes Vergnügen, zuzuhören, wenn die beiden hart aneinandergerieten und gegeneinander ein Feuerwerk von scharfen Invektiven abbrannten.

»Rudolf Steiner ist nicht fähig, meinen Gedanken zu folgen«, erklärte einmal Bahr, »denn er ist in seinen gänzlich überlebten, primitiven Ideen unbeweglich eingerostet.«

»Ganz im Gegenteil!« erwiderte Steiner, »nichts leichter für mich, als gerade Hermann Bahr zu verstehen: dazu habe ich nur nötig, mich ganz in jene Zeit zurückzuversetzen, da ich noch gar nichts gelernt hatte!« Schallendes Gelächter begleitete dieses Wortgefecht und man kann sich denken, wie scharf der über alle Begriffe schlagfertige Bahr seinem Gegner geantwortet hat.

(Aus: Friedrich Eckstein, ›Alte unnennbare Tage‹)

Rudolf Steiner um 1900

Rudolf Steiner an Friedrich Eckstein

Weimar, November 1890

Liebster Freund!
Ich hätte Ihnen vieles mitzuteilen. Dies soll in allernächster Zeit geschehen. Heute aber verzeihen Sie mir, wenn ich mit einer Bitte komme. In Goethes »Braut von Korinth«, fünfte Strophe vom Ende (Zeile 166–67) heißt es:

»*Salz* und *Wasser* kühlt

Nicht, wo Jugend fühlt.«

Sie kennen gewiß die symbolische Bedeutung von »Salz und Wasser«. Ich bitte Sie nun, mir die Gefälligkeit zu erweisen, mir möglichst rasch darüber Auskunft zu geben. Die Geschichte ist mir momentan sehr wichtig.

Wie allein und unverstanden ich mich hier fühle, davon können Sie sich schwerlich einen Begriff machen. Seit ich von Wien fort bin, konnte ich noch mit niemandem ein vernünftiges Wort sprechen.

In Treuen
Ihr Steiner

Friedrich Eckstein an Rudolf Steiner

Wien, November 1890

Lieber Steiner!
Vielen, vielen Dank für Ihre beiden lieben Briefe, die mich und unseren Kreis ungemein gefreut und angeregt haben. Besonders die Gedichte aus dem West-Östlichen Divan, die Sie uns empfohlen haben, sind von überraschender Tiefe.
Ich will gleich auf den Gegenstand Ihrer Frage übergehen.
»Salz und Wasser kühlt
Nicht, wo Jugend fühlt.«
Um die Stelle richtig zu verstehen, muß man sie im Zusammenhang mit dem ganzen Gedicht betrachten. Der Inhalt des Gedichtes scheint mir esoterisch gesehen der folgende: Die Braut ist der Geschlechtstrieb, das äußere Liebesbedürfnis zwischen Mann und Weib. Dieses war im klassischen Altertum ein ganz harmonisches und mit der antiken Religion tief verwachsenes, welches nicht als »unrein« bezeichnet worden war, zum Beispiel Phallicismus. Erst das Christentum mit seinen asketischen und unterdrückenden Prinzipien hat den freien sexuellen Verkehr gestört, aber es konnte dies nur ganz äußerlich tun. Bei *Tag* war der Mensch Christ, aber bei *Nacht*, das heißt im Unbewußten, wenn der Verstand ermüdet hinsinkt, dann kommen heimlich die Grundinstinkte wieder herauf »aus dem Grabe« und verlangen ihr *Recht*. Salz und Wasser sind die beiden Hauptsymbole des Christentums, und eine katholische Taufe ist eigentlich nicht vollständig, wenn dem Täufling, nachdem er mit dem Taufwasser begossen worden, nicht *noch einige Körner Salz auf die Zunge gelegt werden,* während der Priester die liturgischen Worte spricht: »*Accipe salem sapientiae, ut habeas vitam aeternam.*« Amen. – (Rituale Romanum).

Vergleichen Sie damit das *16. Kapitel aus dem Propheten Ezechiel.* Was die esoterische Bedeutung von *Salz* und *Wasser* bedeutet, ist *sehr* schwer mitzuteilen: Wasser *reinigt* den menschlichen *Augiasstall.* Herkules leitet den *Eurotas* durch den *Augiasstall.* Warum Heracles? War-

um Εὐ-ρώτας? Warum Augiasstall? Lesen Sie in der Bibel alle Stellen über die »Wasser des Lebens«, Noah etc. und über den »Regen«, ferner Goethes Gedicht »Legende«: »Wasser holen ging« etc. ein »Gedicht, welches die größten Geheimnisse des Daseins enthält«. Ferner vergleichen Sie den Schluß des Märchens von der Schlange, wo es in die Kuppel des Tempels *regnet*.
Salz ist ein uraltes Symbol der geistigen Auferstehung und der Unsterblichkeit. Salz entsteht, wenn Holz *verbrannt* wird und die *Asche* ausgelaugt wird. Das Salz ist die Materie, die verklärt ist und nur mehr dem reinen mathematischen Gesetz der Sphären gehorcht; alles Unreine in der Mutterlauge zurücklassend. Außerdem bewahrt es das Fleisch vor Fäulnis. – Gott hat mit den Auserwählten einen *Salzbund* geschlossen, heißt es in der Bibel. –
Es wäre darüber noch sehr vieles zu sagen. Ich schreibe Ihnen bald wieder einmal. Vorläufig aber grüße ich Sie aufs herzlichste in meinem Namen und dem des ganzen Freundeskreises. Es grüßt Sie nochmals besonders

Ihr getreuer
Mächtiger
Eck

Rudolf Steiner an Friedrich Eckstein

Weimar, [Ende] November 1890

Lieber, verehrter Freund!
Wie sehr ich Ihnen für Ihre beiden Briefe dankbar bin, könnte ich im Augenblicke wohl schwer schildern. Ich möchte Ihnen aber doch einmal eines sagen, was mich drängt, Ihnen zu sagen: Es gibt zwei Ereignisse in meinem Leben, die ich so sehr zu den allerwichtigsten meines Daseins zähle, daß ich überhaupt ein ganz anderer wäre, wenn sie nicht eingetreten wären. Über das eine muß ich schweigen; das andere aber ist der Umstand, daß ich *Sie* kennenlernte. *Was* Sie mir *sind*, das wissen Sie wohl noch besser als ich selbst; daß ich Ihnen unbegrenzt zu danken habe, das aber weiß ich. Ihr lakonischer Brief »Lesen Sie Jung-Stillings Heimweh« wiegt wohl viele dickleibige Schreiben auf. Solch ein Buch lehrt uns den Weg zu dem »Stirb und Werde!« Wissen Sie, daß Jung-Stilling auch einen »Schlüssel zum Heimweh« geschrieben hat?
Merkwürdig ist die Art, wie Goethe Jung gegenüberstand. Er spricht in seinen Briefen ganz merkwürdige Worte über diesen seinen Freund.

Und von Jung getraue ich mir zu behaupten, daß ihm Goethe der sympathischste Mensch war, der ihm je gegenübergetreten ...
In einem nächsten Briefe hoffe ich Ihnen Interessantes über das »Märchen von der grünen Schlange« mitteilen zu können. Es sind Deutungen aus Goethes Umgebung da, die von ihm selbst zusammengestellt erhalten sind. Ich habe sie nur noch nicht sehen können.
Nun bitte ich Sie nur noch: grüßen Sie mir unseren lieben Kreis, zu dem in treuer Anhänglichkeit wie zu Ihnen selbst auch

verharrt
Ihr Steiner

Friedrich Eckstein an Rudolf Steiner

Lieber Herr Steiner!
Da ich das Buch heute unbedingt brauche, so will ich Ihnen vorläufig die Stelle herausschreiben und werde dann das Buch Montag ins Caféhaus mitbringen.
Der Titel des betreffenden Buches lautet: »Remarks upon Alchemy and the Alchemists«. Es ist anonym erschienen und verlegt in Boston bei Crosby, Nichols and Comp., 1857. Der Autor heißt, wie ich aus bestimmter Quelle weiß, *Hitchcock*. Auf Seite 87 heißt es nun:
»Nearly all of the writers quote a saying attributed to old Osthanes – that ›Nature se joint par nature; nature s'éjouet en nature; nature amende nature; nature aime nature; nature surmonte nature; nature perfectionne nature; nature contient nature et nature est contenue par nature‹, and several of them caution their readers to keep these principles strongly in mind.«
Über *Osthanes* finde ich in Ersch und Grubers Enzyklopädie, III. Serie, Band 7, pag. 108:
»*Osthanes*, der Weise oder Philosoph wird von d'Herbelot als Verfasser eines unter Nr. 967 in der Pariser königlichen Bibliothek befindlichen handschriftlichen arabischen Traktates über den Stein der Weisen angegeben, Hadschi Chalfa aber kennt weder den Namen des Verfassers, noch das Buch, das den Titel führt: ›Die zwölf Abschnitte über den ehrwürdigen Stein‹.« (Gustav Flügel).
Morgen werde ich wahrscheinlich nicht ins Café kommen, hoffe aber, Sie Montag dort zu sehen. Vorläufig grüßt Sie vielmals Ihr
Friedrich Eckstein
(Aus: Rudolf Steiner, Briefe, Teil I + II)

Gustav Meyrink über Friedrich Eckstein

Der Wahrheitstropfen

I

Das gespenstische Dämmerlicht des Frühmorgens tastete sich bereits durch die staubigen Straßen und hauchte trüb schimmernde Nebel an die Häusermauern. Vier Uhr früh! Und immer noch war Hlavata Ohrringle wach und ging ruhelos im Zimmer auf und ab.
Jahrzehnte ein Fläschchen, gefüllt mit einer wasserhellen Flüssigkeit, zu besitzen, von der man bestimmt weiß, daß sie irgendwelche geheimnisvollen Eigenschaften hat, – zu gewissen Zeiten eingenommen, vielleicht sogar die höchsten magischen Fähigkeiten verleihen kann, ohne daß man imstande wäre, hinter das Geheimnis zu kommen, ist betrübend und qualvoll. Aber plötzlich – wie mit einem Ruck – den Vorhang gelüftet zu sehen, regt auf und zerreißt den Schlaf. Hlavata Ohrringle hatte oft des Abends das Fläschchen hervorgeholt, geschüttelt, gegen das Licht gehalten und an seinem Inhalt gerochen – hatte immer und immer wieder die alten Folianten aufgeschlagen, die nach den testamentarischen Angaben seines Urgroßvaters Aufschlüsse geben sollten – und war jedesmal gereizt zu Bette gegangen, ohne etwas herausgefunden zu haben. Nur eins war seltsam, immer in solchen Nächten besuchte ihn derselbe Traum: eine violette gebirgige Landschaft, mitten darin ein asiatisches Kloster mit einem goldnen Dach und darauf in starrer Unbeweglichkeit eine Leiche stehend, die ein Buch in der Hand hielt. Wenn sich dann langsam die Deckel öffneten, wurde in chaldäischen Lettern der Satz sichtbar: »Bleib auf deinem Weg und wanke nicht.« –
Und heute endlich, endlich nach so langem fruchtlosen Grübeln hatte Hlavata Ohrringle gefunden, und die verbergende Hülle des Geheimnisses war vor den Augen seiner Seele geborsten – so wie die Schale einer Nuß zerspringt, wenn Hitze auf sie wirkt. –
Eine Stelle in einem der Traktate, die er bisher übersehen, weil sie gleich anfangs in der Vorrede stand, gab genauen Aufschluß: die Flüssigkeit war ein sogenanntes alchemystisches Partikular. Also doch – ein alchemystisches Partikular! Aber die Eigenschaften der Flüssigkeit waren kurios und anscheinend so wertlos nach modernen Begriffen! Ein Tropfen zwischen zwei Metallspitzen gebracht, nehme nach wenigen Minuten eine mathematisch absolut

genaue Kugelform an. – Interessant – sehr interessant, daß es also einen Stoff gab, aus dem sich in praxi eine solch absolut genaue Form bilden ließ; – aber was weiter, das konnte doch unmöglich alles sein?

Es war auch nicht alles, und Hlavata Ohrringle, der ein Bücherwurm von Gottes Gnaden war, fand gar bald in einem zweiten Folianten den wundersamen Wert beschrieben. Wäre es möglich, hieß es dort ungefähr – eine in geometrischem Sinne korrekte Kugelrundung herzustellen – so würden sich Dinge darin sehen lassen, die jeden in höchstes Erstaunen versetzen müßten. Das ganze astrale Weltall – jenes geistige Weltall, das dem unsrigen zugrunde liegt, wie der Handlung die Absicht, wie der Tat der Entschluß – könne sogar darin wahrgenommen werden, wenn auch zuweilen nur in symbolischer Form. Ein Kugelauge schaue eben nach allen erdenklichen Seiten hin bis in die entferntesten Tiefen des Weltalls und ordne nach uns unerkennbaren Gesetzen der Oberflächenspannung alle Spiegelbilder über- und nebeneinander.

Hlavata Ohrringle hatte alles vorbereitet, die Metallnadeln in einen Halter geschraubt, dazwischen den Tropfen mit unsäglicher Mühe angebracht und konnte jetzt den Tagesanbruch kaum erwarten, um im Morgenlichte das Experiment zu beginnen. Ungeduldig schritt er auf und nieder oder warf sich in den Lehnstuhl, dann sah er wieder auf die Uhr: Erst viertel Fünf, Himmelsakra!

Er blätterte im Kalender, wann eigentlich die Sonne aufgehe. Gerade heute ein Marientag – und Marientage sind so bedeutsam.

Endlich schien es ihm hell genug; er nahm sein Vergrößerungsglas und betrachtete den Tropfen, der glitzernd zwischen den silbernen Nadelspitzen hing. –

Anfangs sah er nur die Spiegelbilder der Dinge, die sein Zimmer füllten, den Schreibtisch mit der gesternten Decke und den umhergestreuten Büchern, die weiße Kugel der Lampe und am Fensterriegel den alten Talar – auch einen kleinen Fleck rötlichen Himmels, wie er durch die Scheiben schimmerte. Aber bald überzog ein dunkles Grün die Oberfläche des Tropfens und verschlang alle diese Reflexe. – Gegenden bildeten sich aus Basaltfelsen, gähnenden Grotten und Höhlen – phantastisch langgezogenes Gestrüpp lauerte wie zum Schlag ausholend, und fremdartiges Baumkraut breitete durchsichtig glasgrüne Segelblätter aus.

Selbstleuchtend die ganze Landschaft – eine Szene der Tiefsee.

Ein länglich weißer Fleck trat hervor und wurde immer deutlicher und plastischer: eine Wasserleiche, ein nacktes Weib mit dem Kopf nach

Gustav Meyrink

abwärts, die Füße an adernartiges Geflecht gefesselt, hing in dem grünen Wasser.
Plötzlich löste sich ein farbloser Klumpen mit gestielten Augen und scheußlichem fadenumwachsenem Maule aus den Felsenschatten und schoß auf das Weib zu. Blitzartig folgte ihm ein zweiter.
So rasch hatte das erste Ungeheuer der Leiche den Leib aufgerissen und war selbst von dem anderen gespießt worden, daß Hlavata Ohrringle gar nicht mit den Augen folgen konnte. Vor Erregung stieß er einen Seufzer aus und beugte sich noch tiefer über seine Lupe. Doch sein Atem hatte das Bild bereits getrübt und alsbald zerrann es gänzlich. Keine Mühe, kein geduldiges Warten nützte, die Szene kehrte nicht zurück; und der Tropfen spiegelte nur die blendende Sonne wider, die sich über den Dunst der rauchigen Häusergiebel hob.

II

Hlavata Ohrringle war mit sorgenschwerer Miene von einem Vororte zurückgekehrt und sammelte seine Gedanken. Er hatte dort einen alten Rosenkreuzer, einen gewissen Eckstein, aufgesucht und um Rat gefragt. –
Eckstein, nachdem er lange zugehört, war in die Worte ausgebrochen: »Dies ist ein Mysterium von unerhörter Tiefe. Ich war nämlich der allererste, der den Querschnitt solcher Wahrnehmungen in den Schriften des Kabbalisten Rabbi Gikatilla, natürlich in verborgener Form, wieder fand. Was Basilius Valentin in seinem Traktate ›Der Triumphwagen des Antimonii‹, Seite 712, darüber sagt, ist lediglich symbolisch oder anagogisch, das heißt nur dem faßlich, dessen Seele in die Tiefe der Gottheit herabgetaucht ist.« – Und wenn sich Hlavata Ohrringle für Visionen in glänzenden Gegenständen interessiere, so sei am geeignetsten dazu eine japanische Kristallkugel. Wohl befänden sich augenblicklich alle, die bisher nach Europa gekommen, in den Händen eines finsteren schwarzen Magiers namens Fahlendien, in Wien. – Die genaueste Auskunft über das gesehene Bild könne aber jedenfalls ein in Berlin lebender irrsinniger Maler namens Christophe geben – wenn er wolle.
All das konnte Ohrringle natürlich nicht genügen, und er machte Tag um Tag neue Experimente mit der Flüssigkeit.
Seine Versuche blieben in der Stadt kein Geheimnis und bildeten das Tagesgespräch. Lächerlich – so hieß es – lächerlich das ganze; wie könne man in einem Kugelspiegel *alle* Dinge sehen. Die meisten Dinge lägen doch im Weltraume *hinter*einander, und eines mache dadurch das andere unsichtbar.
Das schien allen sehr einleuchtend, und um so erstaunter war man, als man in einer auswärtigen Zeitung die ganz entgegengesetzte Meinung eines englischen Forschers las, – die dahin ging, daß es theoretisch gar wohl möglich sei, sogar durch Mauern und verschlossene Kasten hindurch zu sehen; man möge doch nur an die Röntgenstrahlen denken – gegen welche z. B. bloß Bleiplatten Schutz gewährten.
Jeder Gegenstand auf der Welt sei im Grunde genommen doch nichts anderes, so zu sagen, als ein feines Sieb aus wirbelnden Atomen gebildet, und wenn man die richtige Strahlenart fände, gäbe es eben auch kein Hindernis für seine Durchleuchtung.
Dieser Zeitungsartikel rief besonders in behördlichen Kreisen Erregung hervor. – Ganz eigentümliche »Reservaterlässe« sickerten ins Publikum: – von den Diplomaten seien z. B. Befehle an die Attachés

ergangen, daß sämtliche Akten – augenblicklich in *Bleikassetten* zu versperren seien; es werde ferner eine gründliche Reorganisation auch der Provinzpolizei ins Auge gefaßt, – ja man sei zur Hebung der »Geheimpolizei« bereits mit Rußland in Verbindung getreten, um von dort eine Menge Bluthunde – im Tausche gegen überzählige Schweinehunde des Inlandes – einzuführen; – und dergleichen mehr.
Natürlich wurde Hlavata Ohrringle streng überwacht, – um so strenger, je zufriedener er auf seinen Spaziergängen aussah; und als er eines Tages mit geradezu strahlender Miene auf der Esplanade erschien, – beschloß man behördlicherseits, auf das rücksichtsloseste vorzugehen, zumal man gar wohl in Erfahrung gebracht, – daß er immer nur lächle, wenn von Diplomaten die Rede sei, ja sogar einmal – befragt, was er von der Kunst der Diplomatie halte – geantwortet habe: kein Schwindel könne sich auf die Dauer halten.
Und eines Tages – es war wieder ein Marientag – wurde Hlavata Ohrringle – gerade als er bei seinem geheimnisvollen Tropfen saß – verhaftet und unter der Anschuldigung des mehrfachen Muttermordes in Gewahrsam gesteckt.
Die seltsame Flüssigkeit aber wurde eingezogen und zur Prüfung den Gerichtschemikern überwiesen.
Man kann darüber nur hoch erfreut sein, denn fraglos muß jetzt die Wahrheit über die Diplomaten voll und ganz ans Tageslicht kommen.
– Ehüm – ans Tageslicht kommen. –
  (Aus: Gustav Meyrink, ›Des deutschen Spießers Wunderhorn‹)

Die cherubinische Ehe

Ihre scheuen Knabenkörper kannten einander kaum.
Schwarzgekleidet bis zum Hals saß Gabriel in der Sonne und sagte: »Es fehlt dir an Demut.«
Seine Macht war sehr groß; ging aus von der verborgenen Morgengabe hinter dieser breiten, bleichen Stirn. Sobald er sprach, lag ihre Seele quer über seinen Knien und die flutende Empfindung spülte jede Vision herauf, deren er bedurfte.
Bei diesem Wort: Demut aber stockte die schöpferische Hingabe. Langsam stand sie auf, wie ganz wo anders. Ihr Gesicht schwebte in die

*Hotel Grüner Baum in Baden, das »Künstlerzimmer« –
Friedrich Ecksteins Stammlokal*

Höhe, kantig wie ein Windenkelch und plötzlich von heidnischer Eleganz.
»Demut!« Das Wort mußte doch jedem Menschen mit Selbstachtung irgendwie widerstehen. Ja: hätte er »Ehrfurcht« gesagt, das wäre etwas anderes gewesen. Demut ist Ducken, Ehrfurcht ist aufrecken zu Gott.
»Gut, gut, man weiß schon: ›wir sind allzumal Sünder und sollen nicht wider den Stachel löcken.‹ Und ich sage mindestens drei Lügen an einem einzigen Vormittag und verunreinige sie auch noch mit Wahrheit, daß es einen Sudel gibt, und da ist kein heiligster Augenblick, in dem ich nicht auch ein klein wenig an meine Frisur gedacht und kein Erkenntnisrausch, den das Wort ›Jause‹ nicht ganz freundlich unterbrochen und da ist kein geliebtester Mensch, dessen Tod ich nicht spielerisch ausgekostet und durchprobiert hätte. Aber das schießt alles wie Sternschnuppen rechts und links vorbei. Innen steh' ich ohne Demut, bis in die Seelenspitzen aufgereckt in Sehnsucht nach dem Reinsten, und so sehr kann ich wollen, daß mein Herz aus der Brust greift und es sich nimmt.«

Sie hatte die ganze Zeit geschwiegen. Gabriel Gruner bekam seine manisch hellseherische Knorrigkeit:
»Man darf nie etwas *wollen*. Wer nicht mehr will, zu dem kommt alles.«
»Dann braucht er es nicht mehr«, sagten die zwei störrischen Sternsaphire oben in dem kantigen Windenkelch von heidnischer Eleganz.
»Nur solang ich mich danach zermartre, brauch' ich's. Nur solang jahrelange herzzersprengende Sehnsucht sich, fahl vor Ungeduld, an unsichtbaren Widerständen schluchzend zerstört: da mitten hinein hat die Erfüllung zu brechen oder sie ist nichts.«
Etwas Taubes war in seine Haltung gekommen. Das, was sie »das Feigenblatt vor dem Kopf« nannte. Als wiche zur Strafe ihrer Störrigkeit die verborgene Verheißung hinter seiner Stirn weit von ihr zurück.
Nein, nur das nicht. Sie warf sich ihm nach. Gab alles Eigen-Sein, überhaupt alles Sein auf, übte Demut und versuchte die Sehnsucht zu verlernen...
Als ein Kind die mondweiße Mulde zwischen den Barsoiflanken beulig zu heben begann, nahm sie selbst stets genau soviel ab, als die Frucht schwoll, sog die feinen, harten Sehnen straff ein, ohne Erlahmen, von Willen übergossen.
»O das kommt schon von selbst wieder in Ordnung«, sagten überlegene Mütter, bei denen es offensichtlich doch nicht wieder in Ordnung gekommen.
Von Monat zu Monat hoben sich zudringliche Lorgnons höher in der gestielten Erwartung: endlich, endlich »normal«.
Nein, die noble Mulde füllte sich nur eben aus. Ein planer Spiegel blieb die Grenze.
Die Lorgnons bebten entrüstet:
»Es ist nicht natürlich.«
Sie hob die Brauen stumm, leicht belästigt. Dachte:
»Hat man je gehört, daß eine Löwin vor dem Wurf die Figur verliert? Nein, nur das Mutterschwein. Ist ausschließlich dieses ›natürlich‹?«...
Schon liefen anonyme Anzeigen wegen verbotenen Eingriffs bei Gericht ein, da trieb ein Wirbel von Wehen das Ausgetragene springlebendig aus.
»Den Schild der Armut über die Schätze des inneren Lebens halten.«
Jeden Morgen gab Gabriel zehn Kronen für den Haushalt, um elf schon mußte das Mädchen ihm von dem Geld eine Schachtel Zigaretten zu acht Kronen holen. Sie lernte Bögen gehen um Eckläden, von Endsummen in Einkaufbüchern wegschauen, erst auf den zweiten, dritten Blick sich nahewagen, vor dem Kohlenmann in den Platzregen entweichen.

Dabei glaubte man sie reich, den ländlichen Taubenschlag eine Inseparablelaune der einzigen Tochter aus vermögendem Haus ...
Blieben Geldfragen zwischen den Gatten auch ignoriert, zuweilen glitten Gabriels Augen des Illuminaten in der Haut einer Hostie doch so wartend erstaunt über sie hin. Wenn er nur nicht anfing, den Zauber nicht bräche. Überwand sich schließlich aus Angst, er könne es doch noch fordern, kam ihm zuvor, ging zu dem alten Familienanwalt, der sie als Kind auf dem Arm getragen:
Aber natürlich. Das kleine Vermögen mütterlicherseits war seit der Großjährigkeit fällig. Man würde die Herausgabe brieflich von Papa verlangen. Da kam er auch schon gekrochen, die starren Glasaugen aus ungeheurer Macht würdelos vor Einsamkeit. Aber es war zu viel, es war zu viel gewesen. Das, was man fieberhaft gern geküßt, mit den graublonden Wellen über der Stirn voll trotziger Falten, lag längst mitverkohlt im hellichten Haßstrahl von damals.
Was blieb: ein fremder alter Mann – sonst nichts.

(›Kegelschnitte‹, Teil 4)

Der geheime Kreis

Der geistige Führer war ein Doppelwesen. Hieß Scheible und Radinger.
Jeder für sich war nichts. Stiller, ländlicher Handwerker in schlesischem Walddorf. Zusammen bildeten sie ein magisches Zwiegeschöpf, dem Seherschaft eignete, inneres Schauen, Führertum. Ob ihre Körper dabei räumlich getrennt, blieb belanglos.
Im Alltag war Radinger: der Schreiner am Dorfplatz, weitaus der Bedeutendere: von intelligenter, schlichter Großartigkeit, dem Selbstporträt Dürers ähnlich, doch mystisch ohne Schöpferkraft. Das »in den Geist kommen« hub stets in Scheible an, einem alten Flickschuster, von kläglicher Wortarmut, unbeholfen, auch bresthaft. Nur wenn diesen kleinen Greis – in seiner Werkstatt oben am Kirchenhügel, die er selten verließ – Starre und Traum befiel; wenn er, gleichsam horchend über den kreißenden Geistkeim in sich gebeugt, dasaß, dann begann es aus Radinger in Sturzgeburten zu reden, als das »innere Wort«. Das »innere Wort« gab auch jedem Schüler den ihm eignen Geistnamen. Das Lebendigdenken dieses »wahren Namens« sollte allmählich den Leib, den »alten Namen« verwandeln zu Geist. Angeblich unverkennbare

Anzeichen äußerer Art am Körper: wie Wundmale, Linien, Buchstaben begleiteten diesen verborgenen Werdegang. Markierungen auf dem inneren Pfad, vor jedem neuen Gipfel und Ausblick. Diese Vorgänge durch Übungen wecken, ihr Kommen voraussagen, den Schüler rechtzeitig lehren, wie er sie auswirke, durchlebe, überschreite, war des mystischen Führers Mission.
Geistnamen, Vorzeichen, Zustände, alles war eng christlich an Symbol und Diktion. Ging in den Sielen der Apokalypse.
Die kleine Gemeinde hatte sich hermetisch rein zu erhalten gewußt vor dem alles wissenden Schnüffel des Zeitgeistes. Da gab's kein Dranhinriechen, kein Hinterbein zu flüchtiger chemischer Analyse dranheben, so einfach zwischendurch, im Galopp von Prellstein zu Prellstein.
In den vierzig Jahren seiner gemeinsamen Bahn hatte das innere Doppelgestirn kaum acht bis zehn Trabanten aufgenommen in seinen Wandel. Als Ersten Gabriel Gruners toten Vater: den Organisten. Ein alter Stich zeigte ihn von jenem grobkörnigen und süßstarrsinnigen Schlag, der als Herrnhuter, böhmische Brüder, Rosenkreuzer, Albigenser, Europa von je seine bockbeinige Elite gegeben.
Sibyl hatte das magische Doppelwesen noch nicht zu Gesicht bekommen, wußte nicht einmal seinen Ort, war Jüngerin durch Gabriels Mittlerschaft allein. Ungeheure Abweisung wehrte von vornherein jeder Frage, noch ehe eigener Takt sie verbot.
Ab und zu tropfte Einer aus dem geheimen Kreis herein, verwirrte sich ob ihrer Erscheinung, noch mehr als er entdeckte, wo sie schon hielt oder man fuhr plötzlich fünfzehn Stunden an einen ganz obskuren Ort, traf die Brüder einen Abend lang – fuhr wieder auseinander. Dabei wurde kaum gesprochen, das lagerte um den Tisch eines beliebigen Kaffeehauses, kühl und schwer wie Schlangen und verdaute Seele. Alle hatten etwas lind Versinkendes: Schiffe mit zu viel Tiefgang, schon die kleinste Welle überspülte sie. Dann wieder fing einer was an: eine Fabrik, ein Studium, eine Kunst. Nie wurde was Rechtes draus. Von Fehlschlag zu Fehlschlag nickten sie einander saturiert mit steinharter Genugtuung zu. Hatten ein Lächeln des Ekels für siegreich Unbeschwertes. Immer hing aller Mißerfolg mit dem »inneren« Wort zusammen. Statt nun praktische Ziele ganz zu lassen, bohrten sie doch immer wieder weiter, halbherzig und sauer ahndevoll.

(›Kegelschnitte‹, Teil 4)

Es nimmt dich auf

»Es nimmt dich auf,« sagte Gabriel nach seiner Rückkehr, ganz durchsichtig in den Zügen vor Ergriffenheit.
»Als erste Frau. Du wirst erwartet. Jetzt hebt erst unsere wahre Hochzeit an, denn nichts kann uns mehr trennen.«
Immer noch, seit dem ersten Tag, ging sie mit Gabriel die inneren Gänge ihrer Verbundenheit. Bisher war er Mittler gewesen für die Weisungen des Zwiegeschöpfs an sie. Nun sollte endlich ein wichtiger geistiger Vorgang dem Stadium der Reife sehr nahe sein, sich auch von innen her in einem Zeichen körperlicher Art auswirken: als Meilenstein am Weg. So war es angesagt worden.
Noch am Abend wollte Sibyl reisen, taumelte vor Erregung wie im Traume durch den Tag. Es flimmerte ihr so vor dem Herzen, daß sie sogar von der Leiter glitt. Kam da auf der Jagd nach einem Koffer eine uralte Tasche aus des toten Organisten Nachlaß vom Bord herunter, traf ihre Schulter, sie verlor das Gleichgewicht und stürzte, gerade mit dem Handgelenk, auf ein seltsam graviertes Petschaft, das aus der verblichenen Tasche gerollt war. Der scharfe Steinschnitt grub in ihr Fleisch ein weinrotes Mal. Rasch wand sie ihr Taschentuch darum. Gut, daß Gabriel nicht dabei gewesen, er liebte nicht Gegenstände seines Vaters profan ins Licht gestreut. Nun, es war ja nichts Böses geschehen, die kleine Quetschung gewiß in einer Woche vergessen und heil.
Am zweiten Abend kam Scheible in den Geist. Saß halbstarr auf dem Strohsessel seiner dämmrigen Werkstatt – ferne schwebten die schönen Augen mit den Greisenringen in dem kleinen Gesicht. Knotige Hände, im Gegensatz zum blutlosen Schädel, mahagonibraun, lagen mit ihren eingewachsenen Rillen Pechs im grünen Schusterschurz. An der Wand, breit wie ein Baß, ragte Radinger mit seinen Holzschnittschultern. Gleich einem Block füllte Ruhe den Raum, bis auf des Schreiners unaufhörlich zitternden Kopf. Die südlich fremden Mandelaugen lagen geschlossen darin und man ahnte sie hinter den Lidern nach oben gebrochen wie einer empfangenden Frau. Der Mund war leer und wartete.
Sibyl saß auf der Ofenbank, sah Scheible ins träumende Auge. Zuweilen spannte und erweiterte sich die Greisenpupille, dann begann es aus Radinger zu murmeln, biblisch Klagendes oder Verzücktes, das sie nur vag verstand, ihr auch nicht galt. Etwa nach einer Stunde stützte sie den Ellenbogen aufs Knie, den müden Kopf in die Hand. Der Ärmel glitt

Hotel Grüner Baum in Baden bei Wien. Hier verbrachten Bertha und Friedrich Eckstein die ersten Wochen nach ihrer Hochzeit.

zurück. Das Aufwachsen ihres lichten Armes ins Dunkle mochte Scheibles schwebenden Blick gefangen haben. Er sprang über, blieb wie ein Bläuling, ehe er sich auf eine Blume niederläßt, über dem Blutmal an Sibyls Gelenk in der Luft stehen, dann sog er sich langsam dran fest, und Freude brach aus Radingers dunkelgerundetem Munde: das Doppelwesen sprach die Quetschung an als das erwartete Zeichen. Sprach mit ihr von Dingen, die sie nun wissen sollte und nicht wußte, da doch das innere Leben zu dem Male fehlte.
Langsam kroch die grauenhafte Entdeckung sie an, vereiste ihre Haarwurzeln:
Das »innere Wort« hatte geirrt. Wo Irren nicht möglich sein durfte, oder es sank herab zu – – Hysterie ...
Im elenden kleinen Gastzimmer der Dorfherberge starrte sie vernichtet auf die leicht verschwimmende blaurote Stelle an ihrem silbrigen Arm.

(›Kegelschnitte‹, Teil 4)

Endlich verstand Horus. Es handelte sich um eine spiritistische Séance bei Lady Cadogan mit ganz erstaunlichen Resultaten unter strengster wissenschaftlicher Kontrolle. Man bat ihn, hinaufzukommen, zur Verstärkung des Kreises.
Oben, in einem zu Tode langweiligen Zimmer, war es hell und leer. Aus dem geschlossenen Nebenraum – er schien schwer von Menschen – erschollen gedämpfte Fragen – tropfende Buchstaben antworteten endlos. Manchmal schienen die Fragen mit den Buchstaben unzufrieden, dann begann es wieder von vorn. Schließlich schlich sich eine Stimme auf den Zehen bis zur Tür und meldete breitgequetscht vor Rührung:
»Neieschte Nachricht aus der Hell: Der Nero fangt ebe aan zu bereie.«
Friedolin Eisele, Präsident der Theosophischen Gesellschaft zu Bopfingen, stand im Salon und zog Horus durch einen Spalt ins verdunkelte Sitzungszimmer, aber auch dort flammte es jetzt auf; die Herren verlangten eine Pause. Man rief nach Whisky-Soda.
Um den ovalen hölzernen Tisch des kleinen Raumes, Lady Cadogans Ankleidezimmer, von dessen Fußboden der Teppich zurückgerollt worden war, saßen Knie an Knie etwa acht bis zehn Personen. Eben fiel die geschlossene Kette ihrer Hände, die bisher wie Polypen die Platte umspannt gehalten, auseinander.
»Wir haben heute Tiefergreifendes erlebt,« begrüßte ihn die Hausfrau, »es war direkt eine Eingebung von mir, *after dinner* den heiligen Abend noch der Geisterwelt zu widmen. Das mit Nero haben Sie ja schon von unsrem lieben Adepten Eisele erfahren, aber auch ganze Schwärme andrer Seelen verdrängen einander heute förmlich aus dem Tisch. Einer sprach so komisch, wir dachten schon, es sei vielleicht Buddha. Darum ließ ich Sie heraufbitten, uns sein Sanskrit oder Pali zu übersetzen – denn,« fügte sie zögernd hinzu, »vielleicht fällt ihm das Englische schwer.«
»Unsinn, Eveline«, verwies sie Muriel Hitchcock, sich die Nase pudernd.
»Wenn es doch Nero konnte und ohne einen einzigen orthographischen Fehler zu klopfen, *the darling*, so rührend zerknirscht er auch war. Habe ich nicht recht, Monseigneur?« wandte sie sich an den zwergischen Franzosen ihr gegenüber.
Monseigneur aber hatte nicht zugehört; er versuchte so angestrengt, mit Gloria Rawlinson, die gleich einer wunderschönen, nie angezünde-

Franz Hartmann alias Friedolin Eisele

ten Lampe, weiß und golden dastand, ein Gespräch in Fluß zu bringen, daß ihm der Schweiß ausbrach. Er war vom Typ jener kleinen, instinktschwachen Rattler; überall, wo es mondän zugeht, wandern auch sie von Schoß zu Schoß, ohne daß man wüßte, wem eigentlich zur Lust sie gezüchtet werden. Sein Adjutant: Aquetil du Perron, von Schädel halb Birne, halb Schaf, massierte still seine weißverkrampften Finger und ließ sich von Winifred Cadogan mit *petit Fours* füttern. Madame Bavarowska, voll und mild, siebenarmige Leuchter in den Ohren unter der Carmenfrisur, erzählte unterdessen von einem sensitiven Kind, das sie einmal in der *society of psychical research* in London zur Beobachtung gehabt.
Sonst ein liebes Kind, aber – wie Kinder schon einmal sind – nachlässig eben, immer ließ es beim Spazierengehen seinen Astralkörper hinten hinaushängen. Ununterbrochen hieß es da aufpassen und hinterdrein sein, um ihn, wenn nötig, zurückstopfen zu können. In Oxfordstreet sei es einmal deshalb fast zu einem Skandal gekommen, denn das Publikum – in Astralkörpern wenig erfahren – vermutete etwas Unsittliches und bohrte die Regenschirme hinein.

Man beklagte den noch vielfach herrschenden Skeptizismus der Zeit, wo es doch jedem Gebildeten offen stünde, durch Auflegen der Hände auf den Tisch sich von dem persönlichen Fortleben nach dem Tode einwandfrei zu überzeugen.
Friedolin Eisele widersprach, lobte gerade die wachsende Beseelung der Zeit, und wie sie dem Wunder immer zugänglicher werde. Erschlug schließlich jeden Widerspruch mit dem jubelnden Argument:
»Mer havve schogar scho myschtische Bankdirektore.«
Er glich dem freundlichen Seepapagei: ein kugelrunder Anfang, und dann war es gleich ganz aus mit ihm – gar der Rede nicht mehr wert. Ein mystisches Furunkel aus gestanztem Blech wuchs in seiner Krawatte, und auf dem Zeigefinger der Rechten trug er den Siegelring der Blavatzky als einer der sechsundsiebzig, die sich rühmen, den echten von der großen Adeptin eigenhändig auf dem Totenbett erhalten zu haben. Auf der Reise zu einem Kongreß nach Bern war er – Lady Cadogans Gast – auf ein paar Tage in dieses ihm fremde mondäne Milieu verschlagen worden.
Verklärt hingen der Gastgeberin waschblaue Seheraugen an ihm. Da er geendet, wandte sie sich Horus zu:
»Und ist auch Ihnen, Mr. Elcho, der Sie zum erstenmal in Europa sind, diese mystische Atmosphäre, diese wachsende Macht der Magie an unsrem Kontinent aufgefallen?«
»Bisher, offen gestanden, nur an Kellnern,« lächelte dieser, »die mir als einzige in Europa über außernatürliche Kräfte zu verfügen scheinen, vermögen sie doch, wie durch Fernwirkung, Messer, Löffel und Teller von scheinbar ganz entfernten Tischen auf den Boden schmettern zu lassen.«
Man lachte oder entrüstete sich, beschloß aber, nun endlich die unterbrochene Séance wieder aufzunehmen und räumte den Schnaps weg. Die Lichter wurden gelöscht, alles rückte zusammen und umschloß aufs neue mit gespreizten Händen von oben die Tischplatte, wobei die kleinen Finger sich berühren mußten, um, wie Horus staunend erfuhr, jedem die wissenschaftliche Kontrolle über den andern zu sichern, und somit einwandfrei die Echtheit der Phänomene.
Und das alles im Zeitalter des »Nicholsonschen Versuchs« – des »Raumgitters« – der »Berechnung des Strahlendrucks«! dachte der Befremdete.
»In demselben Europa, dem meine ganze Sehnsucht und Begeisterung galt, um seiner wissenschaftlichen Gewissenskraft willen; das unaufhörlich in Tausenden von Publikationen, die seine Adelsbriefe sind, über die Erde hin kündet von Genialität und göttlicher Verbissenheit

ohnegleichen, kündet von Hilfskonstruktionen, Präzisionsapparaten, Sicherungen und Gegensicherungen, damit ein einziger Nebenversuch um ein weniges verfeinert werde und sich einordne jenem lauteren, herben, lückenlosen Geisterbau, der selbst nichts soll als einen neuen Annäherungswert an das Geschehen ermöglichen – und gerade durch diese Beschränkung an Gewalt und Tiefe des Einblicks alle Intuition andrer Kulturen weit hinter sich gelassen hat?«
Wie war solcher Abstand im Kritisch-Geistigen unter Menschen der gleichen Rasse, der gleichen Zeit überhaupt erklärbar?
Durch das Fenster kam blaues Schneelicht und zeichnete jedes Einzelnen Kontur mit einem Meßband aus vergastem Metall. Einige Minuten herrschte erwartungsvolles Schweigen. Nun wollte jemand eine wandernde Flamme unter dem Tisch bemerkt haben. Sie erwies sich jedoch als silbernes Zigarettenetui, das du Perron mit den Füßen Monseigneur auf den Schoß hinüber zu praktizieren versuchte. Diese triviale Auslegung des Phänomens fand wenig Anklang. Man solle sich nie durch solch scheinbar einfache Erklärungen beirren lassen.
Ursprünglich sei es doch eine Flamme gewesen. Der magische Kreis ermangle eben noch der nötigen Kraft zu dauernden Materialisationen. Das hätte das Flammengespenst gerade noch rechtzeitig gemerkt, um seinen Rückzug auf scheinbar natürliche Weise durch das Zigarettenetui zu decken, dessen Überreichung in diesem Moment durch magische Einwirkung auf du Perrons Unterbewußtsein erfolgt sei. Nichts schien einfacher.
»*They are sooo smart*« – sie sind ja so gerieben, bestätigte Lady Eveline.
Also den Kreis verstärken: Monseigneur und Quadrupedescu, Glorias Nachbarn, vertraten die Ansicht, intensiverer physischer Kontakt zwischen den Teilnehmern würde die Phänomene wesentlich fördern. Doch man heischte Ruhe, wartete wieder. – Nun knackte die Platte deutlich. Alles glimmerte vor Erregung, nur Muriel Hitchcock blieb ruhig, das graue Papiergesicht voll Herablassung seitwärts einem Unsichtbaren zugelehnt.
»Es ist Alastair. Ich spüre ihn schon die ganze Zeit hinter meinem Sessel. Nie versäumt er eine Gelegenheit, mir nahe zu sein.«
Sie war aus Philadelphia, trotz wurmiger Haut hübsch, hypersmart, und gab sich, da sie ein wenig hinkte, gern für eine etwas beschleunigte Reinkarnation der Lavallière aus. Das mit Alastair aber ging, wie man nun erfuhr, schon viel länger; seit sie eine wunderschöne griechische Hetäre zu Alexandrien gewesen und er, als Säulenheiliger, aus Leidenschaft zu ihr sein Gelübde gebrochen hatte und für sie gestorben war.

Das St.-Genois-Schlössl in Baden, Mittelteil mit Giebel und Balkon, 1973

Durch diesen gewaltsamen frühen Tod waren sie seitdem immer um eine Drittel-Inkarnation auseinander – *very trying indeed* – und konnten sich nur mehr oder weniger durch Tischplatten hindurch angehören. Jetzt wollte keine der Damen in Astralflirts zurückstehen. Eine Art makabren Erotelns hub an, und es ergab sich, daß alle schon einmal wunderschöne griechische Hetären gewesen. Madame Bavarowska aber schoß den Vogel ab mit einer extra Fleißinkarnation als Pharaonentochter. Es bedarf wohl der Erwähnung nicht, daß sie auch in dieser Gestalt von einem Liebreiz war, der vielen zum Verhängnis werden sollte. Nun begannen die Damen zu erörtern, was sie jedesmal angehabt, und die Sitzung drohte in einer Modediskussion zu verenden; die Weiber zerschnatterten alles, als der Tisch deutliche Zeichen von Ungeduld gab, Friedolin Eisele um Ruhe bat und die Leitung der Séance wieder übernahm.

Es wurde mit dem Tisch vereinbart, ein Klopflaut bedeute – »ja«, zwei – »nein«, damit man in zweifelhaften Fällen wisse, ob richtig buchstabiert worden sei. Nun begann Eisele langsam immer wieder das Alphabet herunterzusagen, wie Horus es schon vom Salon aus vernommen. Der Buchstabe, bei dem es klopfte, galt, und so setzten sich mit der Zeit

Worte zusammen. Der Tisch war gerade bis Mia gelangt und wollte fließend weiterreden, da warf sich Madame Bavarowska mit einem Aufschrei über ihn.
»Mia – *c'est pour moi* – für mich, so heiße ich!«
»Sie heißen doch Natalie,« widersprach es aus grollender Runde.
»Aber Mia ist mein Kindername. Maman, bist du's? ... Sag, soll ich Rio Tinto kaufen?«
Der Geist der Mutter bejahte.
»Zu welchem Kurs?« Der Geist der Mutter nannte einen exorbitant hohen. Dann verschwand er. Der Tisch fing etwas Neues an. Bis dais kam er. Da sprang wieder Madame Bavarowska vor und verteidigte ihn, wie eine greise Leopardin ihr letztes Junges.
»Daisy – *c'est pour moi*! der Kosename meines ersten Gatten für mich. Bogumil, was hast du deiner Daisy zu sagen?«
Bogumil sagte einiges. Später, als es »pip« klopfte – die Dame zum drittenmal aufzuspringen und auch so zu heißen Miene machte, wurde es Winifred Cadogan zu bunt. Sie gab dem Tisch mit dem Knie einen Stoß, daß er gegen die Namenreihe flog, und nur das außerordentlich starke *straight-front* Mieder verhinderte ernstlicheren Schaden.
Madame Bavarowska war ganz entzückt: »Ça pèse – ça pèse ... welche Kraft der Materialisationen, welch eine Sitzung.«
Winifred platzte aus.
»Und da könnt ihr scherzen, *mais mes enfants*, nie wieder werdet ihr so eine Séance erleben«...
Der Tisch pufftte weiter in sie hinein, bis endlich du Perron und Quadrupedescu Winifreds Knie gebändigt hatten.
Der Beobachtungsgabe der übrigen schienen diese Vorgänge andauernd zu entgehen.
Schließlich war man ja auch nur der Klopfphänomene: der harten kleinen Schläge im Inneren der Platte, wegen da, die niemand mit Knien und Beinen hervorbringen konnte. Auf der Oberfläche des boxenden Tisches aber spannten sich, weithin sichtbar, von kleinem Finger zu kleinem Finger, immer noch die Hände aller Teilnehmer im blauen Schneelicht.
Mit der Zeit meldeten sich auch Goethe und Napoleon zu Wort. Ersterer unterhielt sich auf das Angeregteste mit Lady Eveline über die Verwerflichkeit des Dumpingsystems neudeutschen Handelsbrauchs, und so wickelte sich der Verkehr zwischen Lebenden und Toten klaglos ab, bis urplötzlich Verwirrung entstand – geradezu heilloser Unfug. Viertelstundenlang wurden immer tollere, sinnlosere Worte geklopft, Fragen in einem bejaht und verneint, bis Eisele die Geduld verlor:

»Saumäßig schwätzet se daher,« fuhr er Napoleon an, den er heimlich im Verdacht hatte. Es half. Die Antworten ebbten wieder ins Verständige zurück. Was hatte sich ereignet? Horus war es bei dieser seiner ersten Séance schon nach drei Minuten klar geworden, die Klopflaute müßten sich durch Spannungen im Holze der Platte willkürlich erzeugen lassen: gleichmäßiger, dauernder, geschickt verteilter Druck ruhender Fingerspitzen den Flader entlang und dann wieder plötzliches Nachlassen dieses Druckes, würden wohl genügen, um bei dem gewünschten Buchstaben ein leises, kurzes Krachen zu erzwingen.
Nach einer Weile riskierte er diskret den Versuch. Der gelang sofort. Nun war es ihm eine Erheiterung, dem Phänomen konstant die Pose zu verpatzen; in jedes Wort irreparable Buchstaben hineinzuklopfen. Nach Eiseles Zuruf hörte er auf. – Die Methode war ergründet, jetzt hieß es nur noch den eigentlichen Klopfer herausfinden, und ob sein Ziel schlichthin idiotisches Gesellschaftsspiel in *after dinner* Mystik bedeutete oder Zweckhafteres vielleicht.
Die Damen – sie hatten wohl in ihrem Leben noch nie einen Flader am Holz bemerkt – schieden allesamt von vornherein wegen geistiger und manueller Minderwertigkeit aus, desgleichen Monseigneur. – Friedolin Eisele? Nein – ein Rindvieh voll Lauterkeit. Es war eben ganz einfach nicht mehr zu leugnen, Horus hatte eine Schwäche für ihn gefaßt, seit Eisele nach der lauten Auseinandersetzung mit Napoleon noch leise leise, nur Luchsohren vernehmbar, auf den Korsen den großen Fluch seiner Tribus geschleudert: »Daß di's Meisle beischt.«
Es dünkte ihn der herzigste Fluch, den er je gehört: das Ärgste, was ja überhaupt passieren konnte, war, daß er eben in Erfüllung ging … schließlich schien das Malheur dann noch immer nicht gar so groß.
In die engere Wahl kamen somit du Perron, das Birnenschaf und Quadrupedescu.
Sensation! Im Tisch erschien Moltke, nannte den Namen eines osmanischen Prinzen und prominenten Heerführers, der eben jetzt im Balkankriege gegen Bulgarien im Felde stand. Aller Augen wandten sich Lady Cadogan zu. Man wußte, daß sie, seine langjährige Freundin, auch ihn durch fast unbegrenzten Einfluß zum Spiritismus zu bekehren vermocht. Totweiß über den Tisch gelehnt, ganz benommen vor Stolz über die eigene Bedeutung, harrte sie weiterer Botschaft. Warnung kam: wenn bestimmte Armeekorps, ihre Nummern wurden genannt, die gegenwärtig für den soundso vielten bestimmten Bewegungen ausführen würden, fiele Adrianopel in Feindeshand.
Ungeheure Erregung. Lady Eveline nahm jedem Teilnehmer das Wort unverbrüchlichen Schweigens ab, ehe sie nach einem Telegrammfor-

mular hinausstürzte, in der nur ihr und dem Prinzen bekannten Chiffrenschrift das vom Geiste Moltkes ergangene Verbot unverzüglich zu drahten. Die Sitzung fortzusetzen, fiel niemandem mehr ein.
Madame Bavarowska stieß plötzlich aus allen Körperöffnungen schwarze Schleier aus, hatte ein Stück schwarzes Fließpapier – kein Mensch wußte woher – vor sich auf den Tisch gebreitet und zog aus ihrer juwelenbesetzten Goldtasche ein Paket Spielkarten von geradezu phantastischem Schmutz.
Ob man sich weissagen lassen wolle? Den ekelerregenden Zustand der Karten begründete sie durchaus plausibel damit, jene stammten aus einer Kaperbeute ihrer Vorfahren mütterlicherseits, die alle berühmte Seeräuber im Schwarzen Meer gewesen. Andre Familien behaupteten solches zwar auch, von der ihren sei es aber dokumentarisch nachweisbar.
Horus entkam im allgemeinen Wirrwarr. Schon einen Augenblick vorher hatte Quadrupedescu, sein blaurasiertes Lächeln wie mit Schmieröl übergossen, den Clowntorso aus der Tür gedreht.
Horus beutelte sich: ein Glück für euch, daß Geistergrenzen fester versiegelt sind, als *after-dinner* Mystik sich träumen läßt. Welche Astralhaie müßten im Kielwasser solchen Seelen folgen. Was müßte aus dem Unsichtbaren her, solchem Ruf gehorchend, an der Schwelle einer Horde lauern, die blind, taub, flirtend, gierend, gerade ihren christlichen Schlangenfraß mit Whisky-Soda wieder aus allen Poren dampfen läßt? Hielte die Schranke nicht, in die Hände welch ultravioletter Fallotten würden diese Nekromanten nach dem Gesetz der Korrespondenz wohl fallen? ...
Bei der Loge des Nachtportiers stand Quadrupedescu, übergab ein dichtbeschriebenes Formular als dringend zu drahten. Auch diese Depesche war, gleich der Lady Cadogans, chiffriert, bis auf zwei Worte: Bestimmungsort und Adressat. Berne und irgend etwas... de Bülgarie. Also darum, nach verhüllenden Mätzchen, Präliminarien: Moltkes Geist samt »Warnung«. Es hatte sich eben darum gehandelt, eine für Bulgarien gefährliche Operation des türkischen Heeres zu verhindern, und das hatte dieser geriebene Agent auf so primitive Weise erreicht, daß kaum ein Botokudenpaar darauf hereingefallen wäre. Von solchen Vorgängen also hingen europäischer Völker Schicksale im zwanzigsten Jahrhundert ab.

(›Kegelschnitte‹, Teil 2)

Das Belle-Vue-Schlößchen am Cobenzl oberhalb von Grinzing. Es wurde zu Ende der 80er Jahre von den Mitgliedern des Wiener Theosophenzirkels jeweils für den Sommer gemietet. Dort trafen sich Eckstein, Steiner, Rosa Mayreder, Marie Lang, Hugo Wolf, Franz Hartmann und der junge Spiritist Karl Graf zu Leiningen-Billigheim. Marie Lang kochte vegetarisch, Hugo Wolf komponierte, Rosa Mayreder entwarf mit ihm das Textbuch zu seiner Oper »Der Corregidor«. Die andern gingen spazieren und diskutierten theosophische Probleme. Jahre später, als der Zirkel sich nicht mehr dort traf, verbrachte Sigmund Freud auf Einladung einer Wiener Familie zwei Sommerurlaube dort, 1895 und 1900. Dort »enthüllte sich am 24. Juli 1895 dem Dr. Sigmund Freud das Geheimnis des Traumes«, schrieb er an Wilhelm Fließ und fragte ironisch: »Glaubst Du eigentlich, daß an dem Hause dereinst auf einer Marmortafel (dies) zu lesen sein wird? Die Aussichten sind bis jetzt hiefür gering.« – Im Mai 1977 wurde eine Marmortafel mit diesem Gedenksatz aufgestellt – aber das »Haus« – das Belle-Vue-Schlößchen – war fort. Es war nach dem Ersten Weltkrieg nicht mehr instand gehalten worden und verfiel. Nach dem Zweiten Weltkrieg entstand dort ein modernes Ausflugsrestaurant im Stil der 50er Jahre – das die Wiener angeblich scheußlich fanden. Es wurde 1983 abgerissen, seither ist der Aussichtsplatz verwaist.

Friedrich Eckstein über Spiritismus

Diese Studien und Experimente über die topologischen Eigenschaften der Knoten hatten aber Simony, wie gleichfalls schon erwähnt, zu den zeitgenössischen Arbeiten Friedrich Zöllners geführt, der im Verlaufe seiner Studien über die Natur der Kometen und durch seine »Transzendentale Physik« ganz unvermutet mitten in den Spiritismus hineingestolpert war und dessen sonderbare Experimente mit dem amerikanischen Medium Mr. Henry Slade in der ganzen Welt Aufsehen erregt hatten.

Auch hier, bei der Fesselung der Versuchsperson und bei anderen Experimenten, spielten die Verknotungen von Schnüren eine beträchtliche Rolle, und nachdem Zöllner, um die ihm unbegreiflichen Vorgänge zu erklären, schließlich seine Zuflucht zu Betrachtungen über eine vierte Raumdimension genommen hatte, begann nun auch Simony sich für diese Dinge näher zu interessieren. Vor allem hieß es, die Zöllnerschen Experimente zu wiederholen, um sich durch den Augenschein ein eigenes Urteil zu bilden. Durch diese Versuche wurde Simony nun methodisch zu der Grundfrage hingeführt: Kann man, wie dies angeblich Slade durch seine »Geister« bewirkt hatte, in einer ringförmig geschlossenen Schnur, ohne diese quer zu durchschneiden, einen oder mehrere Knoten erzeugen, und wie müßte dies eventuell gedeutet werden? Hier war nun der Punkt, wo vielleicht Simonys neu entdeckte Topologie ihr Licht verbreiten konnte.

Nach einer ermüdenden Reihe von »Sitzungen« hatte Simony aber immer deutlicher die völlige Aussichtslosigkeit aller dieser spiritistischen Veranstaltungen erkannt und so kam es, daß er schließlich die Medien Medien sein ließ und sich nur mehr mit seinen tausendfältigen Modellen von Knoten beschäftigte, deren merkwürdige Verschlingungen ihn nun immer tiefer in ein wirkliches Reich des Geistes hineinführten: denn hier ergaben sich ihm erstaunliche Beziehungen zwischen jenen Knoten und den unergründlich tiefen Gesetzen der Primzahlen, der letzten »Atome« aller Zahlen.

Die erwähnten Publikationen Zöllners hatten uns schließlich doch veranlaßt, uns, wenn auch widerstrebend und mit der größten Vorsicht, mit dem Spiritismus zu beschäftigen; der oft genannte Okkultist Baron Lazar von Hellenbach, ein alter Bekannter Simonys, hatte sich uns zur Verfügung gestellt, um erforderlichen Falles Medien herbeizuschaffen. Eines Tages brachte er uns voller Freude die Nachricht, es sei Aussicht vorhanden, den Amerikaner Henry Slade, das berühmte Medium des

Friedrich Eckstein, Altersbild: Was Paul Leppin in einem Zeitungsinterview über Meyrinks Verhältnis zum Spiritismus sagte, gilt auch für Eckstein: »Sein ganzes Leben gehörte der Vorliebe für die Grenzwissenschaften und deren Studium. Er glaubte an Geister, aber er hielt den Spiritismus für ein inferiores Gebiet des Okkultismus und lehnte ihn deshalb ab.«(Bohemia, 6. 12. 1932) Ähnlich denkt Horus, wenn er kopfschüttelnd die after-dinner-Mystik *verläßt: »Ein Glück für euch, daß Geistergrenzen fester versiegelt sind…«*

Professors Zöllner, nach Wien zu bekommen. Simony wollte diese Gelegenheit, Slade bei seinen Geistermanifestationen scharf zu überwachen, nicht ungenützt vorübergehen lassen und dachte daran, ihn bei sich einzuquartieren. Da sich aber verschiedene häusliche Schwierigkeiten ergaben, bat er mich, ich möge den Amerikaner in meiner Junggesellenwohnung unterbringen. Ich war damit einverstanden und schrieb an Slade nach London, wir interessierten uns außerordentlich für ihn und seine Phänomene und es wäre mir eine besondere Freude, ihn für einige Zeit als meinen Gast bei mir beherbergen zu dürfen. Slade antwortete sogleich, er wolle meine Einladung gerne annehmen. Als aber dann einige Tage später ein zweiter Brief von ihm eintraf, in welchem es hieß, er könne nur dann nach Wien kommen und bei mir wohnen, wenn ich auch seine Cousine bei mir unterbrächte, lehnte ich dankend ab, so daß aus der ganzen Sache nichts wurde. War es uns doch völlig klar, daß die unvermeidliche »Cousine« jede ernste Kontrolle Slades unmöglich machen würde.

Gerade zu jener Zeit erhielt nun Simony von einer sehr einflußreichen Persönlichkeit die Einladung, an einer spiritistischen Sitzung mit einem weltberühmten Medium teilzunehmen und diese wissenschaftlich zu überwachen. Nur ungern und nach langem Schwanken leistete er der Aufforderung schließlich Folge. Die ganze Sitzung war eine Kette von Mißerfolgen; wie von spiritistischer Seite behauptet wurde, wegen der von vornherein feindseligen Haltung des Hausherrn, der das Medium durch seine höhnischen Bemerkungen reizte und gänzlich aus der Fassung brachte. Auch Simony war wütend, denn ihm schien dieses Verhalten als eine Verletzung des Gastrechtes und er fand, daß dem Medium gerade dadurch eine billige Ausrede für jegliches Mißlingen geboten werde.

Nach einem üppigen Souper und nachdem die anderen Gäste sich verabschiedet hatten, wurde Simony von dem Hausherrn zu einer vertraulichen Äußerung zurückbehalten. »Nun, Herr Professor«, meinte er, »wie beurteilen Sie als Physiker eigentlich diese Phänomene?« »Meine Ansicht, Exzellenz«, antwortete mein Freund, »ist die, daß es vielleicht gestattet sein möchte, das Zustandekommen ›okkulter‹ Phänomene mit dem Anschießen von Kristallen aus einer gesättigten Lösung zu vergleichen: auch hier bedarf es zur Bildung schöner Gestalten einer angemessenen Dauer, der Wärme, Dunkelheit und völliger Ruhe.« »Welch ein wundervoller Vergleich«, meinte der Gastgeber, »aber was für Schlüsse ziehen Sie daraus?« »Wenn man aber«, fuhr Simony unbeirrt fort, »in einer Salzlösung mit einem Knüppel umrührt, dann können sich keine Kristalle bilden.« Nach diesem Gespräch ist Simony dort nicht mehr eingeladen worden und für seine Karriere ist dies alles nicht sehr förderlich gewesen.

[Die spiritistische Séance mit der geheimnisvollen »einflußreichen Persönlichkeit« und Otto Simony hat auch Sir Galahad beschrieben: In einem Kapitel von Mulfords ›Ende des Unfugs‹, das – wie sie in einer Fußnote anmerkt – nur »dem Geiste nach« von Mulford stammt, in Wirklichkeit von ihr selbst verfaßt ist. Ihre Version:

»– – Dem Kronprinzen Rudolf von Österreich, als er während einer Séance durch vorzeitiges Dazwischenfahren... durch Störungen aller Art die Phänomene verhindert und das Medium Slade ›entlarvt‹ hatte, erwiderte auf seine Frage ein gleichfalls anwesender Mathematiker von Weltruf: ›Kaiserliche Hoheit, dies ist wie bei Kristallen: in dunklen Räumen, nach Monaten der Vorbereitung, innerhalb ganz bestimmter Temperaturgrenzen und von keinem Schritt erschüttert, da mag sich aus der satten Lösung vielleicht der Kristall zu bilden ... *wenn man aber mit einem Knüppel* in der Lösung herumrührt...‹ er vollendete zwar nicht, erhielt aber auch so keinesfalls den Franz-Josef-Orden.«
(Aus: Mulford, ›Das Ende des Unfugs‹]

Bald nach jener Zusammenkunft lud ich Simony mit einem meiner Freunde, einem hervorragenden Ingenieur und Erfinder, der sich aber nebenbei auch viele Jahre mit dem Studium »okkulter Phänomene« beschäftigt hatte, zu einem Abendessen. Als von den Vorfällen der ebenerwähnten Séance die Rede war, lachte der Ingenieur in sich hinein. »Lieber Herr Professor!« sagte er zu Simony, »ein Mann der Wissenschaft, der sich dazu hergibt, ›okkulte Phänomene‹ zu ›überwachen‹, tut mir herzlich leid, denn er kann sich dabei nur blamieren. Um nämlich über diese Dinge ein Urteil zu erlangen, genügt es nicht, ein bedeutender Physiker oder Philosoph zu sein und die Literatur der Mystik zu kennen; dazu ist vor allem auch erforderlich, daß man ein erfahrener Taschenspieler sei; denn, nur wer darin Meister ist, kann den Wert spiritistischer und antispiritistischer Vorführungen richtig beurteilen. Erst wenn man die Taschenspielerkunst kennengelernt hat, versteht man, daß es dabei nicht allein auf Fingerfertigkeit ankommt, sondern vor allem auf ein gutes Stück praktischer Psychologie. Wer von diesen Dingen eine Ahnung bekommen will, der lese die Schriften des berühmten Salonmagiers Robert Houdin; diesen hatte einst die französische Regierung nach Algier entsendet, damit er dort auf die Marabouts, die Aïssauas und andere Fakirsekten durch seine Zauberkünste Eindruck mache und sie zum Gehorsam zwinge, was ihm auch vollkommen gelang. In Houdins Schriften finden sich auch die fünfzehn psychologischen Prinzipien angeführt, ohne welche auf diesem Gebiet kein Erfolg möglich ist.«

Während wir, an dem Speisetische sitzend, ihm zuhörten, erschien das Stubenmädchen mit einem Tragbrett, auf welchem sich dampfende Schüsseln und Karaffen befanden. »Einen Augenblick«, sagte der Ingenieur zu dem Mädchen, nahm ihr das Tablett ab und schleuderte es mit gewaltiger Kraft gegen die Decke, in der es geräuschlos zu verschwinden schien.

»Sehen Sie«, sagte er lachend, als wir ihn sprachlos ansahen, »dieses Kunststück habe ich nach dem Prinzip ›L'œil‹ Houdins ausgeführt, dem dritten in seiner Liste. Es lehrt, wie man die Aufmerksamkeit der Zusehenden durch eine Überrumpelung irgendwo anders hinbannt, während man offen und ungeniert vor ihren Augen operiert.« Er zeigte nach rückwärts und auf einem Diwan erblickten wir das Brett mit den dampfenden Speisen.

»Die erste von den fünfzehn Lehren Houdins ist die, daß man unter keinen Umständen vorher mitteilt, was man machen werde; ein anderes Prinzip, daß der Magier niemals ein Kunststück wiederholen dürfe, am wenigsten ein mißglücktes, aus welchem er vielmehr mit großem Aplomb ein anderes zu machen habe, und daß man das Publikum niemals um Nachsicht bitten solle. Ein wichtiges Hilfsmittel der Zauberei ist das ›Boniment‹, jenes sinnverwirrende Geschwätz, das man von Jahrmarktbuden und von Marktschreiern her kennt. Eine besonders wirksame Form solch verworrenen Gewäsches ist das ›Amphigouri‹, das in verzweifelten Fällen Wunder wirken kann, besonders wenn es mit dem erforderlichen Pathos vorgebracht wird.«

Man sieht, dies sind nicht bloß die Prinzipien der Salonmagie und der Vorführung okkulter Phänomene: es sind auch wichtige Hilfsmittel aller Rhetorik, allen sozialen Verkehrs; und die fünfzehn Punkte Houdins sind nicht minder auch in manchen philosophischen Systemen erfolgreich angewendet worden. Auch das »Boniment« und das »Amphigouri«!

Im Leben Oskar Simonys haben, gerade nach seiner Abwendung vom Okkultismus, die topologischen Entdeckungen einen Wendepunkt bedeutet, und er hat an diesen Problemen bis zu seinem Tode unermüdlich weitergearbeitet. Wer in die Erhabenheit der Zahlengesetze, etwa in die Abgründe des »Goldbachschen Problems« oder des »Fermatschen Satzes« einen Blick getan hat, wird keinen Augenblick darüber im Zweifel sein, daß auch Simony dem Reiche des »Übersinnlichen« mit seinen Arbeiten näher gekommen ist, als ihm dies durch irgendwelche indische, afrikanische oder andere Magie und Mystik möglich gewesen wäre!

(Aus: Friedrich Eckstein, ›Alte unnennbare Tage‹)

III Verführung zur Freiheit

Bertha um 1902

A Liebe und Grausamkeit

Theodor Beer

Bertha vermißte die Welt. Das »Geistrefugium« im grünen Baden verwandelte sich allmählich in ein »Geistgefängnis«. Noch immer ging sie mit ihrem Mann »die inneren Gänge der Verbundenheit« – geradewegs in eine »Sackgasse des himmlischen Jerusalem«. Ihre Talente lagen brach. Eckstein hatte wenigstens das Kaffeehaus. Per Postkarte bestellte er sich seine Freunde in den ›Grünen Baum‹, zu ›Leidinger‹ oder blieb bis spät an seinem Stammtisch im Café Imperial. Selbst wenn Bertha ins Kaffeehaus hätte gehen können – man unterschied damals zwischen anständigen und zweifelhaften Frauen, nur letztere: Emanzipierte, Künstlerinnen, Bohemiennes gingen ins Café, die anständigen »hielten es für unpassend« –, es hätte ihr wenig Spaß gemacht. Ihr Begriff von Welt war anders: kindlich, träumerisch und maßlos. Die Welt war irgendwo draußen, ein magischer Schlüssel-Ort, überall und nirgends, kaum weiter spezifizierbar, ein »unaufhörliches Fest«, ein »endloser Strom der Anbetung«, ein »goldener Gewitterregen«. Eines Tages mittendrin aufwachen, erwartet und willkommen...
So wie sie einen Vermittler der inneren Reiche gesucht und sich in ihn verliebt hatte, schaute sie jetzt unwillkürlich aus nach einem, der ihr den »Sinn der Erde« aufschließen sollte und die Freuden der mondänen Welt. Mitten im »himmlischen Jerusalem« hatte sie einen Hang zu Raffinesse, Frivolität und Luxus entwickelt. Ihr Blick fiel auf den 34jährigen Theodor Beer, einen Lebemann mit Skalpell, Doktor der Medizin, Vivisekteur am Fisch-, Vogel- und Reptilien-Auge, Materialisten und Salonliebling – das genaue Gegenteil von Eckstein. Beer war theosophischer Umtriebe völlig unverdächtig – »er schüttelte sich vor Ekel bei dem Wort Seele« –, besaß einen praktischen Verstand, ein rationalistisches Weltbild und einen allerdings »dämonisch« erotischen Charme.

»Unter den Gästen befand sich auch jener vielbesprochene junge Biologe, bereits Professor an der Wiener Universität, einziges Millionärssöhnchen eines großen Bankiers...«

schrieb sie an ihren Sohn Roger. Sie fand ihn so attraktiv, daß sie in den ›Kegelschnitten‹ folgendes Bild ihrer ersten Begegnung entwarf:

»In der Bibliothek staute es sich heute interessiert, alle horchten,

einer sprach: ein dunkler großgewellter Greifenkopf auf eher kleinem, überaus wohl gebautem Körper. Warmes Wogen ging in die Luft über von diesem Haar... Die Augen, gleich braunen Beeren, von denen das eine größer war, spannten sich in ewig wacher Vitalität. ... Einen Augenblick standen er und sie, von Augen umklammert an den zwei Enden eines leeren Luftstrahls. Man sah sein Herz im Halse. Dann war es, als nehme er seine ganze magnetische Vergangenheit zusammen, würfe sie über die Frau. Sie stand, mit seinem Fluidum übergossen. Es flutete an ihr hinauf, drang, zurückgewiesen, nicht ein, rann ab. Er senkte die mächtigen braunen Augen wie

bestürzt, dozierte weiter, ignorierte sie. Zog später Gabriel sehr höflich ins Gespräch, verneigte sich nur stumm vor ihr. Ließ alle Übrigen, lud das Paar zu sich in den ersten Stock, zeigte seine naturwissenschaftlichen Sammlungen, seine Bilder, das photographische Atelier. Bat kommen, Aufnahmen machen zu dürfen. Entzündete den großen Gaskamin, rückte Klubsessel, Kissen...«
Zwischen Beer und Bertha entspann sich eine romantisch-narzißtische, kalt funkelnde Liebesgeschichte, die sich volle elf Jahre hinzog und mit Berthas moralischer und physischer Beinahe-Zerstörung endete. Die Geschichte verlief wie eine Krankheit in mehreren Phasen – Anstekkung, Inkubationszeit, Ausbruch, Genesungsversuch, Rückfälle...
Die »Ansteckung« hatte im Frühjahr 1900 stattgefunden – in der Bibliothek von Beers Elternhaus, einer feudalen Villa mit Park, See und Alpenhütte. »Wir hatten einander kennengelernt, als ich etwa 25 Jahre alt war, verheiratet... Percy etwa 1 Jahr alt«, rekonstruierte Bertha kurz vor ihrem Tod noch einmal in einem Brief an den Sohn Roger. Beer hatte »als geschickter Amateurphotograph... öfter und leichter Zutritt und die besten Bilder von Percy und mir stammen wirklich von ihm...«
Beer war ein Foto-Profi. Er fotografierte Frauen, Kinder, Prominente, Jugendliche – machte Porträts, Aktfotos, Kostümfotos. Es war dies seine Art, Menschen kennenzulernen und in seinen Bann zu ziehen. Umgekehrt galt es in der Gesellschaft als schick, sich von Beer fotografieren zu lassen. Der Fortgang der Geschichte war somit eigentlich vorprogrammiert...

»Nach korrekter Pause machte er seinen Gegenbesuch auf dem Lande, machte Meisteraufnahmen, ordnete Gewänder, demolierte die Wohnung, unter der schwarzen Schabracke des Stativs ein moderner fünfbeiniger Centaur. Schickte Separata seiner Arbeiten, trug seine überlegene Sinnlichkeit wie eine wabernde Toga, zeigte Menschen-, besonders Frauenmißachtung, zitternd vor Anspruch...«

... ein homme fatal und Damenmann. Bertha fühlte sich allerdings in ihrer Ehe ziemlich sicher, in dieser »magischen Starre eines geschlossenen Systems, glatt gegen Angriffe« – nicht ahnend, wie labil gerade geschlossene Systeme sind. Und dann – war Beer nicht Vivisekteur? Etwas ganz Verworfenes im theosophischen Sinn, ein »Unberührbarer« – nach dem indischen Kastensystem?

»Sein engeres Fach war das Tierexperiment. Er arbeitete gerade am lebenden Vogelauge, hatte nebenbei einen Python unter dem Messer, von Hunden, Katzen, Fröschen, weißen Mäusen zu schweigen, alles provisorisch in einem Pavillon des väterlichen Gartens untergebracht. Er lud sie zu einem besonders interessanten Versuch ein, wurde abgewiesen... Sie hatten heftige Diskussionen. ›Heil aus gemarterten Tieren muß letzten Endes Unheil sein. Ihr Vivisektoren vergeßt, daß Äskulap der Sohn Apollons ist. Einer, dessen Leib so sensitiv geworden, daß ihn schon ein Lorbeerblatt, in der hohlen Hand gehalten, hellwissend macht und heil. Lorbeermenschen brauchen wir!‹ – Er widersprach, hochfahrend gereizt... Wer rede vom ›Heilen‹, das interessiere ihn nicht, aber ohne Sinnesphysiologie gäbe es kein Verständnis der tiefsten Dinge. Dazu sei die Vivisektion eine praktisch unentbehrliche Technik, genau wie die chemische Analyse, die ein Anhänger der Allbeseeltheit dann allerdings auch unterlassen müßte. Er persönlich gebe zwar das Tierexperiment endgültig auf, sobald sein großes vergleichendes Werk vollendet. Laienhafte Sentimentalität dagegen wirke lächerlich. Nie hätten es Tiere in der Natur so gut, gingen so human zugrunde, würden so behandelt und gepflegt wie Versuchsexemplare vor und zwischen den Experimenten. Sie möge sich persönlich überzeugen, wie die Tiere an ihm hingen. Er pfiff. Aus dem Pavillon brach Freudengewinsel. Ein verbundener Köter kam herausgekrochen, leckte seine Hände. Er streichelte, wie das Schicksal streichelt: ›Nächste Woche kommt er wieder dran, aber er weiß es noch nicht – das ist die Hauptsache. Nur ich weiß es voraus.‹ Er lächelte, gab dem Geschöpf, das ihn wedelnd umhinkte, einen Leckerbissen. Dann reiste er ab.«

Bertha porträtierte auch nicht übel. Das Charakterbild des Physiologen Dr. Theodor Beer vor dem Pavillon der väterlichen Villa gelingt ihr gestochen scharf. Beer hatte zunächst tatsächlich zum Doktor der gesamten Heilkunde promoviert und sich zwei Jahre lang auf den Augenfacharzt vorbereitet, dann aber – »wer rede vom ›Heilen‹, das interessiere ihn nicht« – seine Liebe zur Forschung entdeckt und begonnen, am lebenden Tierauge zu experimentieren. Publizistische Früchte dieser Arbeit waren Studien wie ›Die Akkommodation des Vogelauges‹, ›Die Akkommodation des Fischauges‹, ›Die Akkommodation des Reptilienauges‹ – und eine enthusiastische Verteidigungsschrift der modernen Vivisektion. Auf fünfzig Seiten breit ausgeführt finden sich alle Argumente, die Bertha wiedergibt: Ohne Physiologie keine Wissenschaft, und keine Physiologie ohne Vivisektion. Die Natur ist grausam, der Vivisektor human. Es werde fast gar nicht mehr bei lebendigem Leib zergliedert, vielmehr unter Narkose operiert, die Tiere vorher und nachher bestens gepflegt beziehungsweise schonend getötet. Ein Tier »wisse« nicht im voraus, daß es seziert werde, kenne also »die qualvolle Angst vor solchen Eingriffen nicht« und sei seinem Vivisek-

Das Wiener »Cottage« – grünes Landhausviertel im englischen Stil, im 19. Bezirk (nach einem Aquarell aus dem Jahr 1888). Die Villa von Beers Eltern lag in der Mitte des mittleren Abschnittes. Auf der Vorlage erkennbar ein Park, eine »Alpenhütte« und ein See mit Ruderbootsanlage. Hier lernte Bertha Theodor Beer kennen.

tor (und dieser ihm) sehr oft »überaus zugethan«, vor allem die Hunde, die intelligentesten Versuchstiere. Gegner der Vivisektion seien entweder uninformiert und sentimental, oder aber rettungslos verlorene Idealisten. –
Die Vivisektionsdebatte wurde damals polemisch und wortreich geführt. Beer und Friedrich Eckstein waren natürlich nicht die einzigen, die sich öffentlich dafür und dagegen ausgesprochen hatten, und doch mußte Beers Aufsatz, wenn er sich unter jenen »Separata« befand, die nach Baden geschickt wurden, wie ein persönlicher Affront gegen Eckstein wirken – ein merkwürdiges Duell. Eckstein hatte in *seiner* Schrift gefordert:

»Wir müssen darauf bestehen, daß derartige Forschungsmethoden im Interesse der Wissenschaft als auch der Sittlichkeit aufgegeben werden, und daß man sich lieber mit dem schon vorhandenen Materiale, das unsere großen Vorfahren in mühevoller Arbeit errungen, etwas genauer vertraut machen solle.«

Professor Dr. S. Stricker's

Philosophie der Vivisection

und die

Kritik der reinen Vernunft.

Eine Betrachtung

von

Friedrich Eckstein.

Motto: Weisst du, was du sahst?
(Richard Wagner.)

Wien 1887.
Manz'sche k. k. Hof-Verlags- und Univ.-Buchhandlung,
I., Kohlmarkt 7.

Salomon Stricker war Darwinist und Materialist. In seinem Institut für experimentelle Pathologie hatte schon Freud Tierversuche gemacht.

Aus Natur und Kunst

Gesammelte Feuilletons

von

Theodor Beer.

E. Pierson's Verlag, Dresden und Leipzig.
1900.

292.384-B

Bertha übernahm von Beer die rassistische Theorie, daß für »einen Heloten hundert Peitschenhiebe am eigenen Leib« weniger schmerzhaft seien als für einen »vollendeten« Menschen ein trauriger Gedanke.

Beer antwortete darauf in seinem Aufsatz:
»Was man mit Denken und Reden allein machen konnte, das haben die Griechen schon gemacht. Wir Modernen verdanken unsere wertvollsten Errungenschaften auf allen Gebieten der induktiven Methode, dem Experiment. Das Experiment in der Physiologie heißt zum großen Teil Vivisektion.«
Eckstein hatte den Vivisektoren bewußten oder unbewußten Sadismus unterstellt:
»Wir glauben jedoch nicht fehlzugehen, wenn wir annehmen, daß es nicht allein rein wissenschaftliche Motive gewesen sind, die die Vivisektion heraufbeschworen haben. Berichtet uns doch die Literatur der Physiologie von jenen ›höchsten Genüssen des Vivisectors‹, wo derselbe, wie Claude Bernard einmal pathetisch ausruft, ›nicht mehr das Schmerzensgeschrei der Tiere hört, nicht mehr das Blut, das er vergossen hat, sieht‹«...
Auch hierauf antwortet Beer kühl:
»Ich kann mich nicht erinnern, als Kind jemals ein Tier ›zum Scherz‹ gequält zu haben; seit meiner Gymnasialzeit gehöre ich einem Tierschutzverein an und ich bedaure, daß diese Vereine nicht viel mehr Mitglieder zählen...«
Sollte die Kultur – mit diesen Worten schloß Beer seinen Aufsatz – tatsächlich einmal »so weit sinken (!), daß die Gegner der Vivisektion ein absolutes Verbot durchsetzen könnten«, dann würden die tapferen Physiologen trotz Strafandrohung heimlich weiter experimentieren, »so wie im Mittelalter eifrige Anatomen trotz schwerer Verbote heimlich Leichen seziert haben«. Der »Wissensdrang führender Menschen« sei stärker als alle Hindernisse.
Zwischen diesen Extrempositionen gab es kaum Verständigung. Bertha war nicht zu beneiden. Ihr Verhältnis zu Tieren – Katzen, Pferden, Windhunden – war zeit ihres Lebens zärtlich und affektiv. Sie war entschieden gegen Vivisektion und davon förmlich »angeekelt«. Nun traf sie auf einen Mann, der sie mit seiner Lebendigkeit, seiner erotischen Ausstrahlung, seiner Dynamik und Weltläufigkeit ebenso stark anzog, wie er sie durch Charakter und Denkungsart abstieß. Was tun? – Die Frage stellte sich umgekehrt für Beer natürlich auch. Bertha war eine aparte, eine exquisite Erscheinung. Was tun mit der streitlustigen Dame, die sich zugänglich-unzugänglich, bös schimpfend im anderen Lager verschanzt hielt? Die beiden hakten sich auf Distanz ineinander fest, nachdem sie sich in Pavillon und Bibliothek durch »Akkommodation des Menschenauges« gegenseitig angesteckt hatten. Die objektiven und subjektiven Hindernisse gaben einen prachtvollen Rahmen für glitzern-

de Kopfliebe. Herrschen! Ein starkes Movens bei Liebenden, die nicht zusammenpassen. Den anderen so abhängig machen, daß er sich der wunderbaren und notwendigen Charaktertransmutation nicht länger entzieht. Hat er sich erst einmal, von Liebe besiegt, geändert, findet sich alles weitere. Zwischen Theodor Beer und Bertha Eckstein brach ein dreijähriger Eroberungskrieg aus. Beer engagierte sich in Huldigungen, Bertha übertrumpfte ihn mit Beweisen der Gleichgültigkeit.

»In einem großen Kuvert des Nizzaer Tennisklubs kamen als Überraschung Meisteraufnahmen... Ein Brief dabei, zwölf enggeschriebene Seiten. Sie las kaum die erste... Doch durch Monate, über Länder und Meere her kam es ›hochachtungsvoll‹ herbeigeströmt. Einmal auf Briefpapier der British Association, einmal mit dem Abdruck einer Gemme aus Syrakus. Dann wieder eine Anfrage, ob er ihr aus Paris etwas besorgen könne. – Sie antwortete gar nicht. Nun schrieb er: ›Wenn ich jemanden gern habe, ehre ich seine Freiheit – wenn Sie just einmal keine Lust hätten, mich auf der Straße zu grüßen, ich würde nichts anderes denken als eben dies.‹ – ›Was will der seichte Jude!‹ sagte Gabriel... als beim Frühstück immer die gleiche vergrößerte Schrift bewußt und wohlerwogen den Spiegel exotischer Kuverts durchmaß...«

Beer fragte an, ob er ihr eine »kleine Studie« widmen dürfe (er veröffentlichte 1903 ›Die Weltanschauung eines modernen Naturforschers‹). Sie »lehnte die Widmung ab, übte schonungslos Kritik an dem Dilettantismus der Arbeit«, und die briefliche Schein-Auseinandersetzung pflanzte sich fort.

Längst waren seine Briefe eine anregende Droge geworden. »Ein warmer Schauer von lauter viereckigen Ausschnitten einer weiten und gepflegten Erde. Papier, Schriftbild, Verschlußmarke: ein zusammenstilisiertes Kunstwerk, stets variiert, doch (von) gleicher Grundkraft, so daß sie sich gewöhnte, es um sich zu dulden als ästhetischen Genuß.« Selbst aus »dem Papierkorb« sahen ihr die weggeworfenen Briefe noch angenehm in die Augen, »hartnäckig durch Wohlgestalt«.

Beer war Experte in Sachen Narzißmus. Seitenlang zitiert Bertha in den ›Kegelschnitten‹ die »perfiden, verbotenen, ersehnten Briefe« des Anbeters, Einblick gewährend in dessen Technik der Huldigung. Daß sie sich dabei der Beerschen Originalbriefe bediente, zeigt ein Vergleich mit Beer-Briefen an Adolf Loos, die sich erhalten haben: derselbe Stil, dieselben Unebenheiten (»Ich bin nicht böse an Sie...«), derselbe »selbstbewußte« Ton. Zunächst bemühte sich Beer immer, dem Gegenüber klarzumachen, daß seine Zuneigung etwas Besonderes sei, einmalig unter der Sonne – wie er selbst.

An Sibyl:
»Ich darf Ihnen wohl aus so großer Entfernung sagen, wie sehr gerne ich Sie gewonnen habe. Es ist gewiß nichts Seltenes, daß man Ihnen das sagt, aber es ist etwas außerordentlich Seltenes, daß *ich* das jemandem sage...«

An Loos:
»Ich möchte Sie nochmals intensiv darauf aufmerksam machen... ich komme selten Fremden so rasch freundschaftlich entgegen, wie ich es Ihnen gegenüber tat...«

Dann folgten die Komplimente:

»Ihr ganzes Wesen, Ihre psychische Eigenart, Ihre noble Persönlichkeit, viel mehr noch als selbst Ihre Erscheinung – dies alles sprach mich gleich das erste Mal so an, daß ich fast zu allem ›ja‹ sagen mußte. So oft ich mit Ihnen beisammen war, gewannen Sie, während die meisten Frauen rasch verlieren...«

»Ich weiß kaum jemand, dessen Geschmack mir so zusagt, mir als ehrlich und gediegen, unserer Zeit organisch entsprechend erscheint, wie der Ihrige. Ich traue Ihnen unter allen Menschen, die ich kenne, am ehesten zu meinen Geschmack zu treffen...«

Beer konnte gewaltige Komplimente machen, Schlüsselkomplimente. Er wußte, was die Menschen hören wollten.
»Beim Abschied in die laue Sommernacht hinaus... verbeugte er sich bös und tief. Dann tonlos vor Erbitterung: ›Sie sitzen hier in diesem Nest und die ganze Welt dürstet.‹«
Später mischen sich erste Erziehungsversuche in die Huldigung. Bei Menschen, die von ihm abhängig waren – wie zeitweise Loos –, wurde er rasch ungeduldig und autoritär. Bei Bertha allerdings – war sie von ihm abhängig? Sie befand sich noch in der angenehmen Lage, sich das Gegenteil einreden zu können. Bis Beer zu einem starken Mittel griff: In einem »viele hundert Seiten langen Brief« bat er die verheiratete Bertha, seine Frau zu werden. (»Ich gehöre nicht zu jenen, die solches Wort leicht auf der Zunge führen – Sie sind die Erste und Einzige, an die ich je solche Aufforderung gerichtet...«) Da erst – schrieb Bertha in jenem Brief an ihren Sohn – »sprang der Funke über«, und die seit langem unterminierte Festung flog in die Luft.
»Da ward ein solcher Brand nach Blüte in ihr, daß sie, nackt hingeworfen, alle diese Blätter über sich gelegt, mit jeder Pore, mit dem

ganzen Sonnengeflecht die magischen und dunkel duftenden Ausströmungen der breiten Männerschrift in sich trank. ... Und es kamen hunderte Bilder der Inbrunst, und sein verzücktes, verzweifeltes Begehren rann als maßlose Erhöhung durch ihr Blut.«
Die Krankheit war endgültig ausgebrochen. Aber »Brand nach Blüte« ist die eine Sache, bürgerliche Konsequenzen eine andere. Was Beer von ihr forderte, nämlich »rascheste Scheidung... gleich müsse sie fort...« –, war unmöglich. Berthas Bindung an Eckstein hielt »immer noch sehr fest«, ihr Sohn Percy, den sie nach damaligem Recht verloren hätte, war knapp vier Jahre alt. Sie hatte ihre ganze Ehe noch nicht »ausgeliebt und ausgeglaubt«. An Scheidung zu denken war fürchterlich. Auf der andern Seite fiel sie jede Nacht in eine »Fieberkurve der Sehnsucht«. Beer, oder besser gesagt, das Wunschbild, das sie sich von ihm machte, zerrte an ihr mit »dunkel saugenden Strahlen«.
Was wußte sie überhaupt von ihrem Anbeter? Für sie war er ein extrovertierter Zauberer. Irgendwo in der Welt tummelte er sich mit interessanten Leuten, pflegte kostspielige Hobbys und Launen mit jener Unbekümmertheit, die eine knappe Million Kronen im Hintergrund verleiht. Bertha, die schon ihr Elternhaus zu unmusisch und sparsam befunden hatte, zeigte große Lust, aus dem wohlhabenden Bürgertum auszubrechen – in die lichten Gefilde der wahren Großbourgeoisie und *ihrer* Freuden. Beer hatte sich ein Grundstück mit alter Villa am Genfer See gekauft. Er reiste, wann und wohin es ihm paßte – nicht nach Dreieichenhain zu den Pietisten, sondern an mondäne Orte. Seine Eltern, die den einzigen Sohn nach Aussagen von Verwandten und Bekannten vergötterten, führten ihm derweil in Wien ein großes Haus nach seinen eigenen Vorstellungen. Die Wiener Villa stand im »Cottage« – dem englischen Landhausviertel im Grünen. Sonntags fuhren dort die Wagen vor zum *jour*: splendide Gastfreundschaft, die Mittel dafür waren vorhanden. Ständig zauberte Beer neue Überraschungen aus dem Hut.
Aber die Implikationen dieses Lebensstils erschreckten Bertha auch wieder. Beer hatte – und dies wurde ihr von wohlmeinenden Bekannten zugetragen – im Stil einer Gaunerkomödie seine »Mätresse« an einen »Baron« verheiratet. Er provozierte die Spießbürger nicht nur mit losen Sprüchen, sondern auch durch die Verhöhnung ihrer eigenen engen Moral. Er *war* selbstherrlich, eitel, manisch, ein kleiner Absolutist – kurz, ein lebendiger Mensch, den einen sympathisch, den anderen äußerst suspekt, ja widerwärtig. Selbst für Bertha »zog sich durch den Reiz ein leiser Widerwille«, immer dann, wenn er »etwas Schönes sagte, was sehr rein, sehr vernünftig klang« –, so als hätte er »so Richtiges

Theodor Beers Frau Laura, geb. Eißler

zu sagen kein Recht«. Sie gehörte nicht zu Beers engerem Kreis. Wie Schallwellen, nach außen fortgepflanzt, immer schwächer werden, so schwächt sich auch das Verständnis für Lebensstile immer mehr ab, je weiter außerhalb der Betrachter steht. In den wenigsten Fällen ersetzt eine gute Phantasie die unmittelbare Anschauung (oder Beteiligung); trübe Begriffe rücken an ihre Stelle, und im Zweifelsfall ist das »Fremde« immer auch schon das »Böse«.

Bertha, hin- und hergerissen, benahm sich »zweideutig, hielt Th. monatelang hin, ließ ihn an Scheidung glauben, ohne die nötigen Schritte zu unternehmen; er sagte, es sei ärger als Mord...« – Ein Vierteljahr ließ er sich vertrösten. Als er Berthas Unentschlossenheit wahrnahm, kündigte er – seine Heirat an. Auf einmal mußte alles ganz schnell gehen. Er setzte Bertha eine letzte Scheinfrist von drei Wochen (»jedes junge Mädchen könne er haben bis dahin«) und heiratete tatsächlich drei Wochen später die 19jährige Laura Eißler, Tochter eines reichen Holzunternehmers, ein schönes düster-schwärmerisches Mädchen, das sich für Naturwissenschaften interessierte. – Sie hatte, was auch nach 1900 noch eine Seltenheit war, die Gymnasialmatura gemacht und sich für Mathematik eingeschrieben – und verehrte ihren Mann fanatisch. Vielleicht war es wirklich so, wie Bertha in den ›Kegelschnitten‹ schreibt: Daß Beer senior seinem Sohn eine beträchtliche Summe ausgesetzt hatte für den Fall, daß er endlich heiraten würde; deswegen konnte Beer aber trotzdem in Laura verliebt sein; an Scheinehe zu glauben fiel in diesem Fall schwer. Möglich, daß Beer trotzdem das Gerücht gehen ließ, es handle sich hier um eine »Zwischenheirat«, um die enttäuschten Gemüter zu beruhigen – zurück blieben nämlich außer Bertha noch andere Töchter aus gutem Hause, die sich auch Hoffnung gemacht hatten. Beer hatte zu viele Eisen im Feuer gehabt; tatsächlich saßen gekränkte Väter schon da und sannen auf Rache; während das junge Paar erst einmal an den Genfer See abreiste, gefolgt von Adolf Loos, der die Seevilla in Clarens mit großem Luxus zur »Villa Karma« umbauen, den Yachthafen ausbauen, den Park mit Tennisplätzen und das Ufer mit einer Badeterrasse versehen sollte.

Chiffren

Zu Hause blieb Bertha, verletzt, enttäuscht – vielleicht auch erleichtert. »Die Glut dieses Mannes hatte sie ruhelos gemacht«, heißt es in den ›Kegelschnitten‹; Glut und Unruhe trieben sie nun langsam doch aus ihrer Ehe heraus, nicht sofort in eine andere, bessere Verbindung, wie sie sich anfangs wohl erhofft hatte, sondern in die Selbständigkeit. Ein langwieriger Prozeß.

»Als sie Gabriel von Trennung sprach, vermochte er es nicht zu fassen, hielt alles für Wahn. Flehte: ›Versuche es wenigstens noch ein Jahr mit mir‹« ... So schilderte sie die Reaktion des Ehemanns in den ›Kegelschnitten‹. Schließlich »bewilligte er die Probetrennung«, die er für »mystischen Urlaub hielt«, und Bertha war 30jährig zum erstenmal frei. Alles, was sie bisher mit sich hatte anfangen wollen, konnte sie jetzt tun – und sie tat es auch. Der Mangel an Ausbildung, das viele Nicht-Wissen lagen ihr offenbar schwer auf der Seele. Sie verordnete sich zunächst eine Art Studium generale, ein magisches Kräftediagramm aus Vergangenheit und Zukunft, das sie in den ›Kegelschnitten‹ lakonisch mit dem Satz umreißt: »Arbeitete bei Kocher in Bern, bei van't Hoff in Berlin, lernte den Skisprung bei Sarnström in Dalverne, hörte Bergson in Paris.«

Kocher in Bern: In Berthas Liebeskampf mit Beer gab es schwache Stellen. Sie hatte seinen medizinischen Kenntnissen nichts entgegenzusetzen gehabt, konnte auf dieser Ebene nicht mit ihm diskutieren. Erinnerlich vielleicht die Szene im Garten vor dem Pavillon: Sie hatte Apollo mit dem Lorbeerblatt ins Treffen geführt und war von Beer ungeduldig belehrt worden, physiologische Diskussionen führe man nicht auf dieser Ebene. Wenn er behauptete, ohne Vivisektion gäbe es heute noch kein Wissen von Blut- und Lymphkreislauf, von innerer Drüsensekretion, keinen Impfschutz, keinen Augenspiegel, keine Antisepsis, keinen pharmazeutischen Fortschritt, überhaupt kein »Verständnis der tiefsten Dinge«, dann konnte Bertha aus Mangel an Detailkenntnissen immer wieder nur Naturphilosophisches erwidern. Diesem Mißstand sollte Kocher in Bern abhelfen... Bertha begab sich hier auf Beers eigenes Gebiet.

Emil Theodor Kocher war ein bedeutender Chirurg, der sich auf Drüsenoperationen und Antisepsis spezialisiert hatte. Bei ihm zu »arbeiten«, hieß einen Rückstand aufarbeiten (übrigens hatte Beer zehn Jahre zuvor, als er in Bern Assistent am Physiologischen Institut war, möglicherweise selbst schon bei Kocher Vorlesungen gehört), hieß Verbindung haben, Einsicht gewinnen, schon um künftig besser widersprechen zu können. Ähnlich der Fall bei »van't Hoff in Berlin«.

Van't Hoff war der führende Chemiker seiner Zeit, Nobelpreisträger, Begründer der modernen Chemie des Raumes (»Die Lagerung der Atome im Raum«) und Erforscher des Osmose-Drucks. Beers Credo im Garten hatte geheißen: Ohne Sinnesphysiologie kein Verständnis der tiefsten Dinge – dazu sei die Vivisektion eine praktisch unentbehrliche Technik, genau wie die *chemische Analyse*... – Hatte sich nicht auch Eckstein als junger Mann den Kopf zerbrochen über Atome und »Das Phänomen der Verdichtung« – zehn Jahre nach van't Hoff noch immer auf naturphilosophischer Grundlage –, während er andrerseits an der praktischen Verbesserung des Osmose-Pergaments herumtüftelte, das die Fabrik seines Vaters herstellte?

Endlich hatte Bertha Gelegenheit, sich selbst mit den theoretischen Grundlagen zu beschäftigen und Einblick in ein modernes Wissenschaftsgebäude zu bekommen. Mit Verspätung gönnte sie sich die Ausbildung, die sie später als ideale Ausbildung des jungen Horus in den ›Kegelschnitten‹ beschrieb. Der in Rotterdam geborene *Jacobus*

Hendricus van't Hoff fungierte darin als Namensgeber für »*Erasmus van Roy*« und rundet die Figur des weisen Meisters mit charakteristischen Elementen ab.

Bergson und Sarnström – diese beiden letzten Chiffren lösen sich leicht. Was sie bei Bergson suchte, war Aufschluß über den Faktor Zeit, der ihr unverständliche Streiche gespielt hatte. »Zeit: das Kostbarste vergeuden«, hatte Beer gesagt, als er sich von ihr abwandte, und: »Begeisterung ist keine Heringsware, die man einpökelt für Jahre« – gab es dem nicht einen weniger materialistischen Zeitbegriff entgegenzusetzen: die Dauer?

Der Skisprung schließlich, wie auch das »Gleiten über Wächten«, war ihr privates Symbol für Freiheit.

Auflösung

Eckstein löste zu Beginn von Berthas Wanderjahren den Badener Haushalt auf, reiste seinerseits, bezog verschiedene provisorische Wohnungen, bis er schließlich Ende 1907 eine Etagenwohnung in der Nähe des Theresianums fand (dort wurde Percy erzogen), in der er bis zu seinem Tod im Jahr 1939 blieb. Melodramatisch nannte sich Bertha »Ahasvera« – die ewig Reisende – oder, wie man die junggestorbene russische Malerin Marie Bashkirtseff getauft hatte: »Notre Dame du wagon-lit«.

Offiziell hatte sie jetzt »kein Heim« mehr – eine Entwicklung, über die sie gar nicht unglücklich war. Wenn sie nach Wien zurückkam, wohnte sie im Hotel oder in der riesigen Wohnung des Bruders in der Berggasse 21. Ein eigener Haushalt – so bemühte sie sich in der ›Dämonologie des Haushalts‹ nachzuweisen, einer ihrer ersten Glossen – verschlingt sowieso mehr Geld und Energie als wiederholte Weltreisen unter Berücksichtigung Australiens. Einen Teil ihrer Sachen bewahrte Eckstein für sie in seiner Wohnung in der Schlüsselgasse auf – dies geht aus einem Brief an ihre Schwägerin hervor.

Fünf Jahre lang war sie Reisende auf Probe, Ahasvera mit Rückhalt und noch immer Frau Eckstein. Sie reiste nach München, nach Berlin, zum Skilaufen in die Schweiz, nach England, Griechenland, Ägypten – und sie schrieb darüber.

Die Schriftstellerin »Sir Galahad« begann mit Reiseglossen. Perfekt ausgearbeitet, witzig und manieriert erschienen sie 1907/08 in der von

Albert Langen, Ludwig Thoma und Hermann Hesse herausgegebenen Zeitschrift ›März‹, einer ›Halbmonatsschrift für deutsche Kultur‹. Bertha befand sich hier in guter Gesellschaft. Hesse, Thoma, Karl Kraus, Peter Altenberg, Thomas Mann, Adolf Loos, Christian Morgenstern, Roda Roda und Gustav Meyrink gehörten zu den Autoren der ersten Jahrgänge. Berthas Reiseglossen sind selbständig und eigenwillig. Einige wurden immer wieder nachgedruckt (›Ägypten‹), scheinen also gefallen zu haben. Sie erinnern angenehm an den grimmigen Humor, mit dem Gustav Meyrink gleichzeitig seine »optimistischen« und »pessimistischen Städtebilder« drechselte. In Syntax und expressiver Zeichensetzung verdanken sie einiges dem von Peter Altenberg entwickelten vielsagenden »Telegrammstil der Seele«.

Bertha schrieb außerdem für den ›März‹ kleine Glossen (›Eheirrung bei Amsels‹, ›Dramatische Modesalons‹), eine längere Betrachtung über Mode (›Die Einzige und ihr Eigenkleid‹) und veröffentlichte im Januar 1909 ihren Essay über Prentice Mulford (›Der Unfug des Sterbens‹), der später als ›Vorrede‹ in die Buchausgabe ihrer Übersetzung einging. Diese ›März‹-Beiträge bilden zusammen so etwas wie ein stilistisch geschlossenes »Frühwerk«: leicht, graziös, manchmal verrenkt, witzig und boshaft. Auf die künftige Romanschriftstellerin und Verfasserin dickleibiger Kulturgeschichten weist noch wenig hin. Viele Beziehungen laufen rückwärts zur Eckstein-Welt, ironisch-nostalgisch. (Über vegetarische Restaurants, über Homâr, den ägyptischen Esel, der seine *Gelassenheit* oder Sturheit entweder den »indischen Atemübungen« oder aber dem amerikanischen »New-Thought-System« verdankt.) Sie versandte, funkelnd und tändelnd, Anspielungen (»Der Mann, auf dessen Karma ein bürgerlicher Haushalt lastet« – das erinnert natürlich an Theodor Beer, auf dessen bürgerlicher Existenz der Haushalt »Karma« lastete) und brachte es fertig, in ihre Mulford-Übertragung den Namen »Eckstein« einzuschmuggeln, und zwar ausgerechnet in diesem Satz: »Der Eckstein dieser Macht liegt in jeder Ehe des rechten Mannes mit der rechten Frau…«

Während all dieser Zeit blieb der Kontakt mit Theodor Beer offiziell abgebrochen, wobei sie viel an ihn dachte.

»Und es war keine Ruhe. – Über Länder und Meere her rann das Gefälle seiner stechenden Wärme in einer heißen Linie auf sie zu und hetzte ihr Herz. Ein Buch kam, ihm einst geliehen. An ihrem Geburtstag, unbekannt woher, ein Päckchen mit seiner Schrift, darin retourniert ihr Hochzeitsgeschenk an seine Frau… Sie fühlte Spione um sich. Gerüchte zerstäubten vor ihrem Weg: die junge Frau tot… Er, das Opfer von Erpressungen… Es war keine Ruhe. Aber warum

Frau Marie Diener geb. Wechtl als Gattin gibt hiemit schmerzerfüllt im eigenen sowie im Namen der unterzeichneten Kinder und Enkel Nachricht von dem Hinscheiden ihres innigstgeliebten Gatten, bezw. Vaters und Großvaters, des Herrn

Carl Diener

Fabriksbesitzer

welcher Sonntag, den 28. Februar 1909, um 4 Uhr früh, nach langem, schweren Leiden im 76. Lebensjahre sanft in dem Herrn entschlafen ist.

Die irdische Hülle des teueren Verblichenen wird Dienstag, den 2. d. M., um ¹‚3 Uhr nachmittags, vom Trauerhause (III., Jacquingasse 29), in die evangelische Stadtkirche A. B., I. Bez., Dorotheergasse Nr. 18 überführt, daselbst eingesegnet und sodann auf dem Matzleinsdorfer evangel. Friedhofe in der Familiengruft zur Ruhe bestattet.

WIEN, den 1. März 1909.

Mietze Diener geb. Glanz	Dr. Karl Diener	Berta Eckstein geb. Diener
Eugenie Diener geb. Ruiz de Roxas	k. k. Universitäts Professor	als Tochter
als Schwiegertöchter	Hugo Diener	
Friedrich Eckstein	Direktor der I. ung Transport-A.-Ges.	
als Schwiegersohn	als Söhne	

und sämtliche Enkel und Enkelinnen.

Gemeinde Wien – Städtische Leichenbestattung. IV., Goldeggasse 19. Telephon 6292.   Druck von F. Seitenberg, Wien.

---

gerade dieser? Was gab ihm solch brennende Macht? Sein Erbteil: Die purpurne Wärme Asiens...«

So vergingen die Jahre in der Schwebe. »Der Vorfrühling ihrer Glieder blieb fixiert«, schrieb sie. – Für wen? Mußte sich Beer früher oder später nicht wieder bei ihr melden?

»Aus Olympia zwang sie ein Telegramm zurück. Papa war tot, sie selbst nun wohlhabend, fast reich. Tratsch trieb das Erbe zu Millionen auf. Da brach er durch die Schranken. Der Anlaß war hinlänglich – ja korrekt. Kondolierte vom ligurischen Strand, wo er sich angekauft...«

Berthas Vater starb am 28. Februar 1909 – die Mutter wenige Wochen später. Seinen drei Kindern hinterließ der Fabrikant ein solide angelegtes Vermögen von 750 000 Kronen zu gleichen Teilen. Bertha wurde also Viertelsmillionärin. (Theodor Beer erbte beim Tod seines Vaters 1,3 Millionen Kronen.) Ihr Anteil war festgelegt in Wertpapieren, in der Fabrik und dem Mietshaus in der Marxergasse. Bei mäßiger Lebensführung konnte sie von Zinsen und Rendite gut leben, aber ihr Lebensstil entwickelte sich unbescheiden. Sie liebte teure Kleider, Grand-Hotels – und Theodor Beer.

Theodor Beer hatte einen wüsten Justizalptraum hinter sich. In Wien herrschte damals besonders bei politischen und Sittlichkeitsdelikten eine autoritär-sadistische Rechtssprechung, gegen die schon Karl Kraus in der ›Fackel‹ zu Felde gezogen war. Begonnen hatte alles mit zwei Familienvätern – Rechtsanwälten –, in deren Haus Beer freundschaftlich verkehrt hatte, *ohne* allerdings eine ihrer Töchter zu heiraten. Kaum war er mit Laura Eißler an den Genfer See entschwunden, »entdeckten« die beiden Familienväter, daß ihre pubertierenden Söhne, die sie Beer in glücklicheren Zeiten zum Fotografieren ins Haus geschickt hatten, von diesem »unsittlich berührt« worden waren. Daraus ließ sich ein schönes Delikt konstruieren. Nach mehreren privaten Erpressungsversuchen, auf die Beer nicht reagierte, erstatteten sie Anzeige.

Beer, schlecht beraten von einem Winkeladvokaten, seinem entfernten Cousin, der ihm die Greuel der Wiener Justiz dramatisch ausmalte, zur Flucht riet und einen wichtigen Vernehmungstermin einfach verschwieg, blieb im Ausland, kümmerte sich weiter um nichts, um schließlich, per Haftbefehl gesucht, von Paris über Lissabon in die Vereinigten Staaten zu fliehen, wo er vor Auslieferung sicher war. Ein ganzes Jahr hielt er aus, abgeschnitten von Freunden, Verwandten, seinen Eltern, seiner Frau – und seinem Lieblingsspielzeug, der »Villa Karma«. Im Sommer 1905 endlich kehrte er zurück und stellte sich dem Gericht.

Es kam, wie es kommen mußte: Eine gelangweilte, neiderfüllte und sensationsgierige Gesellschaft machte einem Lebensstil den Prozeß. Bestraft wurden Extravaganz und Unabhängigkeit, zwei Privilegien, die in einer zwanghaft kontrollierten und autoritären Gesellschaft keinen Platz haben. Da die Glaubwürdigkeit der beiden Zeugen eher kläglich war, lautete das Urteil nur auf drei Monate Kerker, reichte aber aus, um Beer um Doktortitel, Professorentitel und Lehrstuhl zu bringen – falls das Urteil bestätigt würde. Beer legte sofort Revision ein, stellte die »höchste Kaution, die je gefordert worden war« – 200 000 Kronen –, besuchte mit Laura am Abend nach dem Prozeß ein Cabaret und versuchte so auf seine Weise, Haltung zu bewahren.

Laura Beer hatte sich heftig für ihren Mann eingesetzt, unter anderem auf der Straße einen der Familienväter mit der Reitpeitsche attackiert und der Lüge geziehen. Als sich herausstellte, daß Beers Revision nichts genützt hatte, daß er seine Strafe absitzen mußte und »in den Augen der Welt« weiterhin als »schuldig« gelten würde, erschoß sie sich im März 1906 in der Villa Karma. Beers Vater war schon 1905 an den Aufregungen über diese Geschichte gestorben.

Der Prozeß Beer beschäftigte die Zeitgenossen stark. Peter Altenberg und Karl Kraus schrieben Nachrufe auf Laura Beer, Arthur Schnitzler zerbrach sich den Kopf über »Beers Weiberglück«, das eigentlich ein Unglück war, Bertha machte seinen »dämonischen Charme« dafür verantwortlich, den er »hatte oder haben konnte«, wobei sich »ein paradiesisches Wohlgefühl, *mit nichts vergleichbar*, in seiner Nähe« verbreitete. Dieser Charme schien besonders auf psychisch gefährdete Frauen zu wirken. Im Prozeß war einiges zur Sprache gekommen. Eine ungenannte Dame, deren Briefe verlesen wurden, hatte sich angeblich aus unglücklicher Liebe zu Beer umgebracht, ebenso Laura Eißlers ältere Schwester, die in bestem Einvernehmen dem jungen Paar an den Genfer See gefolgt war und dort entdeckte, daß »das Glück ihrer Schwester ihr Unglück war«.
So lagen die Dinge, als sich Bertha im Frühjahr 1909 entschloß, auf Beers Einladung an den Genfer See zu kommen. Beer lebte dort mit seiner alten Freundin, der einstigen »Mätresse«: In seinem katastrophalen Leben war sie die einzige undramatische und stabile Beziehung, wohl weil – wie Bertha vermutete – sie keinen »Eigenwillen« mehr hatte, nichts von ihm forderte.
Mathilde Dagmar Zidlicky war Hausangestellte bei Beers Eltern gewesen, hatte ihm Anfang 1900 einen Sohn geboren und bald darauf einen nichtsahnenden, durch Mitgift erfreuten Herrn von Helmburg geheiratet. Beer machte sich ein Vergnügen daraus, sie als »Lady« oder »Baronin« der Wiener Gesellschaft zu präsentieren, obwohl sie mehr nach »Manege« aussah, wie Bertha mißbilligend vermerkte. Während der Beer-Affäre ließ sich Erich Edler von Helmburg, ein unvermögender Beamter, wieder scheiden, und Dagmar Edle von Helmburg, geborene Zidlicky (Bertha macht aus ihr »Lady Tatjana de Walden, geborene Sedlaček«), zog mit ihrem Sohn zu Beer an den Genfer See.

Das Treffen

Eine »schweigende Begegnung zweier Berggipfel« war es gerade nicht, was sich »in tiefen Stühlen, unterm Mond, auf der Terrasse seines alten Landhauses« abspielte.

»Ruhe gab's nicht bei ihm. Zeitvergeudung! Zirkus im Hirn war angesagt. Im roten Frack festlicher Hatz stand er: Kenner, Liebhaber, Käufer, Dompteur, Publikum: alles in Einem... Seine stolze Wut

Mit Theodor Beer in Venedig

nach Probe ihres Wissens, Erfassens, Durchdringens, Beherrschens war ohne Maß. Nichts von Literatur, Kunst, Musik: dem Weiberschwatz. Er preßte sie ins Letzte, Ernsteste vor, drehte dann zäh wieder zurück ins Detail, verlangte einen Griff voll Fachwissen hier, einen dort...«

Hier gaben sich zwei Narzißten eine Galavorstellung – einen Leistungswettbewerb. Dank Kocher und van't Hoff ging Bertha besser in die Diskussionsrunden als ehedem. Sonst hatte sich an der Ausgangslage nichts geändert. Beer vivisezierte noch immer, auch am Genfer See. Mißtrauen und Empfindlichkeiten hatten sich eher noch verstärkt – die körperliche Sehnsucht auch. Endlich, nach vielen Mißverständnissen – Bertha wollte schon wieder abreisen, weil sie plötzlich glaubte, er habe

und in der Schweiz (Bilder aus Berthas Nachlaß)

sie an den Genfer See nur kommen lassen, um sich an ihr zu *rächen* –, brachen sie den kalten Dialog ab, sanken sich in die Arme, »küßten sich sechzehn Stunden lang ohne Pause«, vermieden dabei den »Ehebruch« und verabredeten eine gemeinsame Zukunft – mit Kindern. Sich solchermaßen in Sicherheit wiegend, fuhr Bertha nach Wien, »die so lange vermiedene üble Stadt«, um die Scheidung in Gang zu bringen.
Sie wurde am 29. Juli 1909 eingereicht, am 18. Oktober ausgesprochen und im November rechtskräftig – ging also sehr schnell. Aber auch der Zeitbegriff ihres Liebhabers hatte sich nicht geändert. Beer war nach wie vor ein ungeduldiger Mensch. »Zeit, das Kostbarste: wieviel meines Lebens wirst du noch vergeuden?« – Um sich die Zeit

bis zur Scheidung zu vertreiben, reisten sie. Sie trafen sich in »Paris, Venedig, Rom« – kein cherubinisches Hochzeitspaar diesmal, sondern ein mondänes, in Anspruch und Luxus sich gegenseitig überbietendes.

»Sie bot ihm jenes letzte Zusammenspiel der Tadellosigkeit zu allen Stunden, das nur in Nerven anspannender Mühsal, um ein Vermögen bei den ganz großen Couturiers, erreichbar ist – für Wenigste. Fuhr manchmal eigens über den Kanal, um ein tea gown, einen Hut. Schade, daß ihre Mittel nicht so unbegrenzt. Doch nur ein einziges Mal versuchte sie zu sparen. Es war in Rom. Am nächsten Abend sollte er eintreffen, ein Märchengewand, von Fortuny, lag schon bereit, da sah sie ihren Kontoauszug durch – und erschrak. Scheidung, Reisen, der vielfältige Luxus, den er als Ästhet brauchte zum Genuß, hatten mehr verschlungen, als sie geahnt. Was für Schuhe zu dem graugoldenen Nebelgewand morgen? Roter Saffian, geschnabelt, und im Schnabel oben hängend, eine schwarze Perle. Der Kontoauszug. Sie seufzte, und verzichtete weise, doch bedrückt, auf die schwarze Perle. Nach Stunden erschöpfender Pflege war sie pünktlich zur Minute... oben im Schlafgemach nahm er das Saffianschiffchen an sein Herz, küßte die rote Spitze. ›Wäre ich reich, hinge hier morgen eine schwarze Perle – riesengroß.‹ ... Der nächste Kontoauszug blieb uneröffnet.«

Beer war reich, und er investierte sein ganzes Vermögen in die »Villa Karma«, nach Berthas Schätzungen »mehrere Millionen Schweizer Frs. in bar«. Sein Besitz am Genfer See bestand aus zwei großen Parkgrundstücken, eines am Seeufer, das andere jenseits der Straße hangaufwärts. Auf beiden stand ein altes Landhaus. Im oberen, der »Villa Sangata«, wohnte Beer erst mit Laura, dann mit der Freundin und dem Sohn. Das untere Haus, »Villa Karma«, wurde nach Beers Vorstellungen von Adolf Loos, später von Hugo Ehrlich, zu einem Luxuswohnhaus umgebaut. Beer hatte dafür »Bilder, Bronzen, edle Stoffe in vielen Jahren vorausgesammelt«. Zwischen 1903 und 1906 leitete Loos den Ausbau. Er umbaute das alte Haus, setzte ein Flachdach darauf mit Galerie (geplant war ursprünglich auch ein »Kuppel- oder Gleitdach«, wahrscheinlich für eine Sternwarte), baute oben fünf Schlafräume ein mit ebenso vielen Bädern, ein »Hauptbad« mit Gymnastiksaal und ein Laboratorium. Loos bestellte noch die Inneneinrichtung für Bibliothek, Speise-, Billard- und Damenzimmer, die sein Nachfolger, Architekt Hugo Ehrlich, in den Jahren 1908–1912 einbaute. Villa Karma enthielt außerdem Dienerwohnungen, eine große Halle, Wirtschaftsräume, Veranden, Loggien, vier Pergolen auf dem Dach, Vestibül, Entree.

Beers Geschmack war klassizistisch – er liebte Marmor, Mahagoni, Messing, Glas.

Die monumentale Villa wurde im Jahr 1912 fertig und bewohnbar. Bertha konnte bei ihren Besuchen und Aufenthalten zwischen Frühjahr 1909 und 1911 den Fortschritt der herrlichen Anlage verfolgen und sich sagen, daß diese Prunk-Baustelle dereinst »ihr Heim« sein würde. Aus Vorsicht wohnte sie anfangs, während der Scheidungsprozeß noch lief, in einer Pension in Clarens und nicht in der Villa Sangata – vielleicht auch, um nicht allzusehr mit Beers ›Familie‹ konfrontiert zu sein. Außer Beer wohnten in der Sangata auch noch Dagmar von Helmburg und der gemeinsame Sohn Randolph, genannt Ralph. Ralph sah nach Augenzeugenberichten seinem Vater so ähnlich, daß die Nachbarn das Geheimnis der Baronin Helmburg mühelos errieten. Beers Sohn war fast im gleichen Alter wie Berthas Sohn Percy, das mußte sie schmerzlich daran erinnern, daß sie ihren eigenen Sohn nicht bei sich haben konnte und daß er nach geltendem Recht seinem Vater Eckstein zugesprochen werden würde. In den ›Kegelschnitten‹ versetzte sie Ralph denn auch weit fort: »Sein Kind mit Tatjana wuchs in Instituten auf, weil es unschön ausgefallen war.« In Wirklichkeit wurde Ralph ganz im Gegenteil ausschließlich zuhause unterrichtet – er war immer anwesend, denn er »ging nicht in die Volksschule und erhielt zuhause Privatstunden und hatte kaum Kontakt mit anderen Kindern«, wie sich ein Spielkamerad aus der Nachbarschaft erinnerte. Berthas Gefühle in dieser Angelegenheit sind aufbewahrt in dem Namen, den sie Theodor Beer im Roman gibt: Ralph Herson. Der Vorname also war der des Sohnes, und der war »Her son«, ihr Sohn, der Sohn der anderen, nicht ihr eigener. Aber auch der Bezeichnete, Beer nämlich, war in gewisser Weise »her son«: Sogar während seiner Ehe mit Laura war er die ganze Zeit mit der mütterlich wirkenden Freundin zusammen gewesen, allerdings als ein alle Beherrschender, als »Herschsohn« – so lautete doch tatsächlich Hersons ›ursprünglicher‹ Familienname, den er nur in der anglisierten Form verwendete, um jüdische Abkunft zu verschleiern. (Sir Galahad hatte sich hier ein bös-virtuoses Namensspiel ausgedacht, das in der Vorlage des Beer'schen Familiennamens keine Entsprechung findet).

Als die Scheidung Ende 1909 rechtskräftig geworden war, konnte Bertha in Beers Villa ziehen, ohne weiterhin Ehebruchsklagen fürchten zu müssen. Sie durfte Beer allerdings nicht sofort heiraten, erst sechs Monate nach der Scheidung konnten Frauen eine neue Ehe eingehen. Diese Rechtslage versetzte Bertha erneut in eine quälende Situation. An sich war sie frei. Beer mochte darauf gedrängt haben, sie

Bertha um 1910

solle endlich in die Villa ziehen. Lebte sie aber unverheiratet mit ihm in der Villa zusammen, war ihr guter Ruf in Gefahr und damit die Erlaubnis, ihren Sohn Percy zu besuchen. Bei der Scheidung war nämlich vertraglich geregelt worden, daß sie ihren Sohn Percy so lange sehen und einen Teil des Jahres bei sich haben durfte, wie ihr »Wandel einwandfrei« bliebe. Betrug sie sich also nach damaliger Auffassung irgendwie unsittlich oder skandalerregend (Konkubinat), war sie ihren Sohn womöglich für immer los. Eine Situation zum Verrücktwerden. Es scheint, daß Bertha anfangs auch tatsächlich darüber fast

Kokoschkas unvollendetes Porträt von Sir Galahad

wahnsinnig wurde. Ende 1909 war sie in die Sangata übergesiedelt. Um Neujahr herum, Beer war gerade verreist, schickte ihr Adolf Loos, ein Bekannter aus früheren Tagen, einen jungen Wiener Maler ins Haus, den er in die Schweiz gebracht hatte, um ihm Aufträge zu verschaffen. Dieser junge Maler hatte sich zuerst in jenem Sanatorium aufgehalten, in dem auch Loos' Lebensgefährtin Bessie Bruce zur Heilung war – in der Hoffnung, dort Gäste porträtieren zu können –, war dann aber von Loos in die Villa Sangata gebracht worden, um dort – wie er glaubte – Beers »zweite Frau« zu malen (fast war es Bertha ja schon). Der junge Maler war niemand anders als der 23jährige Oskar Kokoschka. In seinen Lebenserinnerungen hat er später die Episode festgehalten, nicht immer wohlinformiert in Personaldingen. Loos' Schwerhörigkeit verursachte ständig Mißverständnisse. So nahm Kokoschka an, der Hausherr sei wegen seinem Sittlichkeitsprozeß fort, in Wien verhaftet, obwohl dies ein halbes Jahrzehnt früher stattgefunden hatte; er konnte auch nicht unterscheiden, wann die Rede war von Laura (Beers Frau), wann von Bertha (Beers Frau), und es gerieten ihm die Söhne Ralph und Percy durcheinander. In der Sache aber sind Kokoschkas Aussagen klar. Er sollte eine Frau porträtieren, die vor Angst fast wahnsinnig war, man könnte ihr ihren Sohn wegnehmen.

»Kleinmut und Angst«, schreibt Kokoschka, »ließen sie wie ein gehetztes Tier sich in ihrem Dasein nicht mehr auskennen. Sie hatte schlaflose Nächte und erschien einmal in meinem Zimmer in einem leichten weißen Gewand in der Verfassung der Niobe, der man ihr Junges wegnehmen wolle. Sie zwang mich, die Polizei anzurufen... Ich erinnere mich nur, daß meine Hände mit Preussisch-Blau verschmiert waren, weil ich noch an dem Bild arbeitete...« Dem in der Schweiz fremden Kokoschka wurde es angesichts der anrückenden Polizei so unheimlich, daß er sich an einem Bettuch aus der Villa Sangata abseilte und noch in der Nacht zu Bessie Bruce fuhr, die inzwischen in einer Pension oberhalb von Clarens wohnte. Das Bild ließ er halbfertig zurück. »Am nächsten Tag erschien die Frau von der Villa Karma hoch zu Roß in Reitkleid und Federhut. Ich sah sie wohl, hielt mich aber versteckt«, fährt Kokoschka in seiner Erzählung fort. Angeblich verlangte die Frau »gebieterisch, daß ich zu ihr zurückkehre, und hätte fast mit der Reitpeitsche dreingeschlagen, als Bessie Loos, obwohl sie offenbar mit der seelisch verstörten Frau Mitgefühl empfand, standhaft meine Anwesenheit leugnete.« Eine Version, die nicht sehr überzeugend klingt. Kokoschka mochte sich aus Bessies Erklärungen (sie sprach nur Englisch) einiges zusammengereimt haben. Wahrscheinlicher ist, daß Bertha von Bessie oder von Loos Aufklärung über den jungen Mann haben wollte, der so plötzlich verschwunden war und in Wien alles mögliche erzählen konnte, und daß sie nachdrücklich darum gebeten hatte, in Wien nichts von ihrem Aufenthalt zu verraten. Kokoschka jedenfalls beobachtete hinter einem Fenster versteckt stehend, wie diese »Mänade einsam auf der vereisten Serpentinenstraße (wieder) hinuntergaloppierte, das Pferd noch zur Eile anpeitschend«. Das unvollendete Bild wurde später nicht, wie er in den Erinnerungen meldete, an das Wiener »Landesmuseum« verkauft. Es wurde vielmehr vom Museum des 20. Jahrhunderts bei einer Auktion im März 1962 ersteigert und hängt heute im Museum moderner Kunst in Wien – unter verschiedenen Titeln (»Frauenporträt«, »Porträt einer Unbekannten«, »Porträt Frau Dr. Baer«). Kokoschka hatte, ohne es zu wissen, Bertha Eckstein-Diener in einem ihrer Abendkleider und im Zustand absoluter folie dargestellt.

Die Situation normalisierte sich wieder, die Zeit arbeitete gewissermaßen für Bertha. War sie erst wieder in allen Ehren verheiratet – und das konnte im Frühsommer sein –, war alles durchgestanden und in Ordnung gebracht. Die Villa Sangata, wir zitieren wieder Ralphs Spielkameraden, war ein angenehmer Aufenthaltsort »mit weitem Blick über den Genfersee, inmitten eines wundervollen Parks«. Ein weiteres juristisches Kuriosum: Eine geschiedene Frau, die erst sechs Monate nach der Scheidung wieder heiraten durfte, durfte andrerseits – ein freundlicher Zug im patriarchalischen Recht – schon nach drei Monaten wieder ein Kind empfangen. Dies war der Augenblick, auf den die beiden Verliebten ungeduldig gewartet hatten. Er wurde, nach soviel »peripherer Lust«, nach soviel »endlos verküßten Nächten«, die sie »übertrieben hatten, da ihnen die letzte Erfüllung versagt war«, zu einer einzigen Enttäuschung. Es gab Empfindlichkeiten. Man stritt sich. Bertha fühlte sich in der Sangata allmählich wie eine Gefangene und fuhr eines Tages vom See weg, dessen »nervöses Licht« schon Kokoschka irritiert hatte, ins Gebirge. Fuhr einer Beziehung davon, die weniger denn je eine war, »glitt auf Skiern ins Blaue über Wächten, verschmachtet nach Freiheit und Bewegung«.
Der Bruch war schon da, wenn auch noch verdeckt. Nach wie vor erwartete Bertha stillschweigend, daß man, »war die peinliche Wartezeit um, eines Vormittags obenhin und möglichst in der Stille erledigte, was der Gesittung und der Kaste zukam« – also aufs Standesamt ging und heiratete. Das erschien ihr so klar, daß ihre Freunde sie schon verheiratet glaubten. Alfred Kubin schrieb im März 1910 an Herzmanovsky-Orlando: »Die Frau Eckstein dürftest du jetzt auch ohne Zweifel bei Gelegenheit kennenlernen – wie mir Wolfskehl eben erzählt, hat sie den Professor Beer kürzlich geheiratet.« Im Juni meldete er, »die Beers« seien zur Zeit nicht in Wien, »die sind wohl verreist«. Tatsächlich hielten sich Beer und Bertha am Genfer See auf, und die Sache trieb langsam auf eine Katastrophe zu. Laut ›Kegelschnitte‹ hatte Beer schon die ganze Zeit versucht, Bertha an der Finanzierung der Villa Karma zu beteiligen (»ihr Heim«), wobei sie, da sie ihr Vermögen dahinschwinden sah – das Kapital war schon angegriffen –, nur zögernd mitmachte. Als sie ihm endlich ihre Schwangerschaft mitteilte, präsentierte ihr Beer nach eingehender Beratung mit seinem Rechtsanwalt einen Ehekontrakt, der ihr Selbstgefühl tief verletzte (»eigentlich einen Scheidungskontrakt«) und überdies finanzielle Forderungen enthielt, die sie nicht erfüllen konnte. Sie verließ ihn nach einem Wortwechsel voller Empörung (»Einen Märchenprinzen glaubte ich zu finden – und finde – Leiser Herschsohns Nachfolger«), und Beer hielt sie nicht zurück.

Ende

Die folgende Zeit muß für Bertha ein Martyrium gewesen sein. Noch immer war sie in Beer verliebt, besser gesagt, in ihr Wunschbild vom Weltprinzen. Kaum hatte sie sich von ihm getrennt, schoß die Sehnsucht hoch und die Kränkung, Illusion und Haß. Sie fühlte sich unerträglich diskriminiert und deklassiert. Da hatte sie einer betrügerisch erst »in den Salonwagen« eingeladen, um sie nachträglich »bei voller Fahrt in den Viehwaggon« zu stoßen. Hatte ihr etwas eingebrockt, das »ihrer Kaste unwert« war. Aber noch viel mehr stand auf dem Spiel: Mutter eines nichtehelichen Kindes lief sie wieder Gefahr, Sohn Percy zu verlieren, eine Vision, die sie quälte und ängstigte. »Menschenscheu, ganz allein, irrte sie von Stadt zu Stadt. Sprach durch Monate kaum ein Wort. Mied Seen, Brücken, Felsen...« – und vor allem Wien. Niemand durfte etwas erfahren. Die Empörung über den, der ihr das angetan hatte, war grenzenlos. Ihren zweiten Sohn Roger brachte sie kurz vor Weihnachten in Berlin zur Welt, heimlich und ganz allein. Die Chronologie der Ereignisse: Sie hatte Beer von der Geburt seines Sohnes telegraphisch unterrichten lassen. Darauf erfolgte nichts. Drei Wochen später erschien Beer in der Klinik und forderte in einem spitzen Briefchen, das er ihr ins Zimmer schickte, die Vormundschaft über das Kind (»Geehrte gnädige Frau...«). Statt zu unterschreiben, gab Bertha Weisung, ihn wegzuschicken (»Sie klingelte und ließ ihn hinauswerfen«), ohne ihn überhaupt gesehen zu haben. Zwei Monate später bekam sie von ihrem Rechtsanwalt den Bescheid, Beer sei »zu Verhandlungen« bereit. Ohne Kind, das in Wien ja nicht auftauchen durfte und bei einer Amme in Berlin blieb, fuhr Bertha nach Österreich. Ein seltsames Schauspiel begann: Zwei schwer Justizgeschädigte gaben sich bei ihren Rechtsanwälten Stelldicheins. Bertha bestand auf einer Scheinehe mit anschließender sofortiger Trennung als der einzigen »meiner Kaste gebührenden Form« – Beer beharrte auf der vorhergehenden Übertragung der Vormundschaft. Zwischendurch fuhr man spazieren...
Schließlich wurden die Verhandlungen ergebnislos abgebrochen, hatten aber eine Art Halbversöhnung bewirkt. Ermuntert von sämtlichen Rechtsanwälten fuhr Bertha mit dem Kind von Berlin an den Genfer See. Vielleicht konnte man sich gütlich einigen. »Zu seinem Geburtstag« – es war inzwischen Ende März geworden – legte sie Beer das drei Monate alte Kind auf den Schoß. Wieder wurde die Heirat verabredet. Bertha ließ das Kind in der Obhut der Amme und fuhr beruhigt an den Gardasee – dort sollte sie Percy treffen und zwei Wochen bei sich haben

Theodor Beer am Kamin

(während seiner Osterferien wahrscheinlich), ein Termin, der sich schlecht verschieben ließ. »Zwei blaugolde Wochen« verspielte sie dort mit Percy, gab ihm »ein pausenloses Fest«. Sie sah ihn ja nicht oft. Was nun folgt, ist eine Geschichte, die – wenn sie wirklich so passiert ist – ausgesprochen traurig macht. Kaum hatte Bertha Beer verlassen und sich am Gardasee eingerichtet, kam ein Brief mit einem »unterschriftsfertigen Dokument« – der Geliebte verlangte wieder einmal schriftlich die Vormundschaft. Aber warum? Hatten sie nicht die Heirat verabredet, durch die er automatisch Vormund wurde? »In wenigen Wochen der legitime Vater, was brauchte er noch dies?« Sie legte den Brief beiseite und reagierte nicht. Während sie nichtsahnend ihrem alten Kind aus dem Dschungelbuch vorliest, kündigt ein Telegramm die Ankunft des neuen Kindes an – »Kind mit Amme unterwegs« – in einem Hotel, das vollgepfropft war mit Wiener Sommerurlaubern und Bekannten. In Panik packt sie die Koffer und flieht mit ihrem ersten Kind vor dem zweiten, planlos quer durch Europa »bis an den Kanal hinauf«. Auch Percy selbst natürlich sollte nichts merken, von dem sie »bisher mit übermenschlicher Kraft diesen ganzen Schmutz weggehalten«. Es war der endgültige Bruch. Romanhaftes Ende: Als Chauffeur verkleidet schleicht sich die Getäuschte mit einem Revolver in die Villa, um ihren Peiniger zu ermorden. Sie hat aber die Reise umsonst unternommen: Die Villa ist leer, der Hausherr mit »Lady Tatjana« auf Weltreise gegangen, ohne seine Ermordung abzuwarten. (Die Reise übrigens ist authentisch, Beer und Dagmar von Helmburg waren in den Jahren 1912 bis 1914 außerhalb von Europa; dies bezeugte der Architekt Hugo Ehrlich, der »in den Jahren 1912 bis 1914 ... ergebnislose Korrespondenz mit dem Bauherrn (führte), der in fernen Erdteilen weilte, wo und wann wir uns treffen könnten ...«). Wieder romanhaft: Die beiden hatten »das neue Kind«, ihr Kind, einfach mitgenommen. Das muß die als Chauffeur Verkleidete vom Pförtner erfahren. Sie richtet daraufhin den Revolver gegen sich selbst, bringt sich einen Lungenschuß bei, wird aber von Horus und Gargi gefunden und gesundgepflegt. In Wirklichkeit war die Amme seinerzeit mit Kind nach Berlin zurückgekehrt, war das Kind nicht von Beer entführt worden – für Bertha aber doch verloren. Sie hatte sich entschlossen, es nicht selber aufzuziehen, sondern Pflegeeltern anzuvertrauen. Aus dem Jahr 1913 hat sich ein Anwaltsbrief erhalten, in dem über eine mögliche Adoption gesprochen wird.

Merkwürdig ist das in wenigen Sätzen hingeworfene letzte Ende des Romans. Horus und Gargi, wie gesagt, finden die Heldin und retten sie. Als ein Menschenpaar höherer Art bilden sie den deutlichen Kontrast zum Paar Ralph Herson – Lady Tatjana. Mit ihnen ist eine wahre Beziehung möglich. Horus, als indischer Gentleman, heiratet die Heldin in England (wahrt also anstelle des bösen Geliebten die Form der »Kaste«), kehrt mit ihr nach Hamburg zurück, wo Gargi und seine »schneeweiße Yacht« schon abfahrbereit warten – Auf nach Indien – als der böse Geliebte noch einmal entscheidend und zerstörerisch in ihr Leben eingreift: ausgerechnet er denunziert die drei wegen Bigamie. Im Hafen werden sie verhaftet, die Heldin erschießt sich diesmal endgültig, und Horus, der indische Prinz, der einmal für Europa geschwärmt hatte, bekommt fünf Jahre europäischen Kerkers. Der böse Geliebte, von seiner Weltreise schon wieder zurückgekehrt, sitzt derweil am Strand seines Landhauses, reibt sich die Hände und zählt sein Geld; neben ihm Lady Tatjana »wartete, schlau und zäh, bis er ermüdete und doch noch vielleicht ihre Stunde kam«.

Zerstörung einer Existenz durch die Justiz: Nach 1906 war Beer gezwungen, auf seine Titel zu verzichten. Faksimile seiner Unterschrift aus dem Jahr 1910

Bertha hatte höchstwahrscheinlich, während sie am Roman schrieb, erfahren, daß Beer tatsächlich seine langjährige Kameradin im März 1916 geheiratet hatte, den Sohn Ralph adoptiert. Beer war bei allen Wiener Bekannten noch immer Tagesgespräch. Viele, die ihn kannten, nahmen echten Anteil an seinem Schicksal, das sich nach Ausbruch des Ersten Weltkriegs wenig freundlich entwickelte. Schnitzler hat es in seinen Tagebüchern verfolgt. Im April 1916 wurde Beer 50jährig in

Wien zum Militärdienst eingezogen. (Seine Heirat war unter diesen Umständen so etwas wie eine Kriegstrauung.) Er kam aber nicht an die Front, sondern mußte im Reservespital der Hütteldorfer Kaserne Dienst tun – als einfacher Soldat ohne jede Charge, da er bei seinem Prozeß alle akademischen Grade eingebüßt hatte. Bedrückt notierte Schnitzler im Oktober 1916:

»Vormittags im Reservespital...Prof Beer sprach ich im Hof (als Einjährig-Freiwilligen...) – über sein Schicksal, das Haus am Genfer See (er muss es verkaufen, wohnt hier in einem schlechten Hotelzimmer nah der Kaserne), über Kinder (er hat einen sechzehnjährigen Buben), Popper, dessen Grösse er preist. – Bei Popper. Dr. Theodor Beer mit Frau... sein Anliegen an mich, Intervention zwecks Wiedererlangung seines Doctorats...«

Schnitzlers Bemühungen hatten keinen Erfolg. »Stimmung gegen ihn, Sittlichkeit, Antisemitismus...« – Beer und Schnitzler trafen sich in den folgenden Jahren gelegentlich beim gemeinsamen Bekannten Josef Popper-Lynkeus, Schnitzler notierte anregende Gespräche über »Medizinisches«. Beer schien nichts von seinem Aplomb verloren zu haben – bis er sich im September 1919 in einem Luzerner Hotel umbrachte, »aus finanziellen Gründen«, wie Schnitzler vermerkt. Bertha schrieb fast zwei Jahrzehnte später an ihren Sohn:

»Dann, nach dem ersten Weltkrieg, kam die Inflation, damit war sein deutsches und österreichisches Vermögen wertlos mit einemmal, die Hypotheken und Bankschulden aber lauteten auf frs. Da er auch die Zinsen nicht mehr aufbringen konnte, sollte ›Karma‹ versteigert werden; aus Trotz vergiftete er sich an dem Tag der Versteigerung mit Blausäure, ein Verfahren, dessen sichere und rasche Wirkung er als Biologe oft ausprobiert hatte, auch an seinen eigenen, altersschwach gewordenen Haushunden, denn obwohl Vivisektionist war er ein großer Tierfreund und hätte nie dem Wasenmeister so etwas anvertraut...«

Das Neue Wiener Tageblatt meldete, er habe sich erschossen; der Polizeibericht sprach davon, daß er sich im Bad die Pulsadern geöffnet habe. Auch über das Motiv schwanken die Angaben. Ralphs einstiger Spielgefährte hörte in Wien die Version, Beer habe »wegen des an der Front gesehenen Elendes Selbstmord verübt«.

Wie dem auch sei – er hatte vorgesorgt. Vera Behalovas Recherchen bei der Gemeinde Montreux ergaben, daß Beers Sohn die Villa Karma erbte (Januar 1920), um sie ein halbes Jahr später doch endgültig verkaufen zu müssen. Dagmar Beer behielt die Villa Sangata, »das alte Landhaus«, in dem sich Berthas Geschichte abgespielt hatte, bis sie es 1929 ebenfalls verkaufte. Zwei Jahre später starb sie in St. Tropez. Ihr Sohn Ralph wanderte um 1938 aus, danach verliert sich jede Spur. So endete das Kapitel Karma, dessen Folgen für Bertha »besonders Tiefgreifende und Dauerhafte« gewesen waren. Hat sie sich je von Beer lösen können? Da sie ihn hartnäckig niemals so akzeptierte, wie er war, konnte sie ihn möglicherweise innerlich nie richtig loswerden. Der Roman half ihr zweifellos, die Ereignisse zu verarbeiten. Aber noch in ihrem letzten Brief an Roger verglich sie den »Complex Karma« und Theodor Beer mittendrin mit dem Pik-König-Symbol beim Kartenschlagen, insofern »nämlich dieser, wenn das ›ganze Spiel‹ aufgedeckt wird sich als *Herr des Spiels* und dessen Leitfigur erweist« – fast vierzig Jahre nach dem Geschehen. Welche peinigenden Schuldkomplexe sie mit sich herumschleppte, nachdem sie ihren zweiten Sohn weggegeben hatte, schrieb sie selten offen. Einmal doch, nämlich an den Sohn selbst, nachdem sie ihn Ende 1938 in Berlin gesehen hatte. »Zum ersten mal, seit bald dreißig Jahren durfte ich... wieder einfach und echt froh sein. Jener Bleihimmel, der mir auf der Stirn lastete, ist weg. Das verdanke ich Dir.« In einem der nächsten Briefe fällt, sorgfältig gewählt, das Wort »unsere Wiederbegegnung«. Sie hatte also das Bild des Kindes, so wie sie es zuletzt gesehen hatte, die ganze Zeit vor Augen gehabt.

Anfang

Herausgeschleudert aus ihrem Traum begann sie 1913 die ›Kegelschnitte‹. Zwei kleinere Arbeiten waren schon fertiggeworden und erschienen in diesem Jahr: das zweite Bändchen der Mulford-Essays, und – wichtiger – das erste »eigene Buch«, das ihren Namen als Schriftstellerin festigte, der ›Palast des Minos‹, ein kulturgeschichtlicher Spaziergang durch die Ausgrabungen des Sir Arthur Evans in Kreta. Geschrieben in einem gemäßigt-verdichteten Telegrammstil und immerhin 120 Seiten stark, beginnt es mit dem bestrickenden Satz: »Auf Knossos gräbt Sir Arthur Evans Märchen aus.«
Die Reise in die Vergangenheit, heißt es darin, sei das letzte große Abenteuer. Aller Scharfsinn muß aufgeboten werden, um die vorgefundenen Überreste richtig zu interpretieren. Die antiken Menschen waren keine rätselhaften Halbgötter oder Barbaren, sie waren wie wir. Nur schöner, geschmackvoller, sportlicher, luxuriöser, raffinierter, vornehmer und weiser. – Bei der Beschäftigung mit der minoischen

Kultur beginnt Sir Galahads Vorliebe für die noch nicht zu Tode kommentierten Kulturen. Später interessierten sie Byzanz, die (vor)geschichtlichen Mutterreiche, die Etrusker. Kurz vor ihrem Tod dachte sie noch an einen ›Maecenas‹-Roman, den sie nicht mehr ausführen konnte.

Mit ihrer Methode, die Vergangenheit praktisch zu nehmen, gelingen ihr einige verblüffende Deutungen. Der minoische Stierkampf beispielsweise war *kein* Menschenopfer-Ritual. Dies aufgrund einiger Wandfresken zu behaupten, wäre genauso widersinnig, wie wenn spätere Archäologen mit dem zufällig erhalten gebliebenen Foto von einem Polospiel – darauf ein vom Pferd Gestürzter – den Schluß ziehen würden, wir heute hätten einem »Pferdekult mit Menschenopfer« gehuldigt. – Oder die Kleider. Warum werden denn immer die nahtlosen Gewänder als primitiv angesehen?

»Nur männliche Archäologen, die nie ein Peplon drapiert, ein Hymation gefaltet, einen Chiton geordnet haben, sprechen leichthin vom ›schlichten‹, weil ›nahtlosen‹ griechischen Gewand. So ein Gewand mußte jeden Tag neu kreiert werden... gleichsam aus dem Nichts... bedurfte einer Arbeit von mehreren Stunden, die nur teuren Spezialisten aus der Sklavenbranche anvertraut werden konnte. Am Abend fiel dann alles wieder in einen rechteckigen Fleck auseinander, und der Dame ward Angst bei dem Gedanken an die morgigen Mucken der formlosen Materie...«

Bertha hatte sich in ihren »Wanderjahren« nicht nur sehr intensiv mit Naturwissenschaften befaßt, sondern auch mit Mode, Architektur, Kunstgeschichte – und Rasse. Unverkennbar stehen diese Themen in einem gewissen Zusammenhang mit Theodor Beer. Für einen bestimmten Lebensstil waren sie einfach ein *must*. Hohe Mode, hochentwickelte Architektur und »Hochrassigkeit« stellten für Bertha Werte dar, die sie mit nahezu pseudoreligiöser Inbrunst aufsuchte – und schließlich in der Vergangenheit reiner ausgeprägt fand als in der Gegenwart. So wurden Archäologie, Geschichtsforschung, Kulturwissenschaften zu ihren neuen Lieblingsgebieten. Noch immer traumatisiert von den Zinkblech-Verzierungen der väterlichen Fabrik nahm sie die frühen Kulturen – hier die minoische – zum Ausgangspunkt für ihre Reflexionen über Ornament und Material. Sie befand sich bei ihren Überlegungen ganz auf der Linie von Adolf Loos.

Zeitaktuell mischt sie sich auch in »die Rassenfrage«, widmet ihr im ›Palast des Minos‹ einen ganzen Abschnitt (»Krethi-Plethi. Das Rasseproblem«) und verdankt dieser Schwerpunktsetzung einen Teil ihrer damaligen Bekanntheit (und heutigen Inaktualität). Von Houston Stewart Chamberlain inspiriert (›Die Grundlagen des 20. Jahrhunderts‹) versuchte sie folgende Überzeugung zu verkaufen: In jeder Rasse (außer in den ganz minderen, die gibt es natürlich auch) hat sich die »Elite« zur »Hochrassigkeit hinaufgezüchtet«, während das Fußvolk dumpfer »Pöbel« bleibt, ja sogar »entraßter Pöbel«. Somit ist »Rasse« eigentlich »Kaste«, und die »Hochrassigen« aller Länder ähneln sich untereinander, bilden einen vollendeten »Spitzentypus«, eine zusammengehörige Weltkaste. Sie haben keine spezifischen Rassenmerkmale mehr – extreme Krummnase, slawische Plattnase sind Zeichen von »Minderrassigkeit« –, sondern sind ganz einfach edelgebildet, proportioniert, von »Kühnheit und Eleganz der Konstruktion« wie gute Architektur, von »geisterhaft feinem Bau«, haben moderat geschwungene Nasen und – natürlich – schlankeste Taillen. Da war es wieder, das alte Vollkommenheitsideal. Immer noch begriff Bertha Vollkommenheit als ästhetisches Problem, war imstand, eine Körperform an sich als hohen Wert zu betrachten. Ethik als Ästhetik – auch diesem Schwerpunkt verdankt sie einen Teil ihrer damaligen Aktualität.

B Ahasvera

Texte

Eheirrung bei Amsels

Im Stadtpark:
Ölbraune Erdschollen zwischen Perlenschnüren betauter Gewebe, lilahaarigen Anemonen und anderen Märzgeborenen!
Die Vögel haben ein Leben!
Frische Regenwürmer – junge Schnecken, lauter Primeurs.
Der Bürger ehrt den Lenz, indem er die Morgenwurst hier im Freien verzehrt.
Plötzlich unerhörtes Vogelgezeter – Flügel-, Krallen-, Schnabelschlagen – ein flatternder Ball – zwei Amselmännchen vollführen den Lärm. Was ist geschehen?
Der legitime Amserich, von einer Schneckenrevue heimkehrend, fand Madame in tiefem Flirt mit einem fremden Amselmännchen, daher der Spektakel!
Madame sieht ruhig zu – sie kennt wohl die sportliche Überlegenheit des Flirt, sein besseres Training, – der Gatte wird verhauen, sie ist ganz beruhigt.
Leute strömen herbei, bilden einen Kreis. Da, mit einer *double finte* (Schule Barbasetti) hat der Amselflirt dem Legitimen einen solchen Schnabelhieb versetzt, daß der kreischend zum höchsten Ast flieht.
Der Sieger nähert sich Madame, und beide eilen eifrig und stumm ins nächste Gebüsch. Sie reden kein Wort mehr – wie meist die Hauptbeteiligten in solchen Fällen.
Aber die menschliche Korona ereifert sich, schreit durcheinander, nimmt Partei je nach den eigenen häuslichen Verhältnissen.
Ganz vorn steht ein Mann und sondert sichtlich Galle ab. Stimmen ertönen: »a so a Mistviech, do hert si do alls auf.« Dazwischen mildere Urteile: »Na, is ja nit so g'fährli! A fesch's Weiberl halt!«
Der Amserich auf seinem Zweige sitzt und schimpft. – Er lästert Gott und die Welt.
Ganz unqualifizierbare Ausdrücke gebraucht er, man sieht's, denn sogar die pöbelhaften Spatzen ziehen sich zurück.

Ein alter Herr aus dem menschlichen Zuschauerkreise wird weich gestimmt.
Er hat zu den drei Morgenwürsten die drei zuständigen Wecken gegessen – sonst geht's immer so gut aus – aber diesmal – hat er nicht acht gegeben – oder wie – kurz, ein Weckenende ist ohne korrespondierende Wurst übriggeblieben!
Zu trocken!
Und er kann überhaupt wirklich nicht mehr!
Da das Weckenende zum Aufbau des Körpers nicht mehr dienen kann, so wird es zu Herzensgüte verwendet!
Er lockt damit den geknickten Amserich:
»Komm, mei Vogerl, no so komm her da.«
Wirft ihm ein Stück hin.
»Da host – na so geh« – wirft noch ein Stück.
Der Amserich legt den Kopf auf die Seite, schaut mit dem einen Glasperlenaug ganz schräg und teilnahmslos auf den Wecken hinab.
Amseln fressen nämlich in gar keiner Lebenslage Wecken. Die Zuschauer lachen. – Der alte Herr wird wild – mit der Linken streut er die letzten Brocken seiner Milde, mit der Rechten droht er dem Vogel hinauf – – schreit:
»Wirst hergehen und fressen, Luader, du ganz verdächtigs!«
So, wer nicht als lebender Sammelkasten für Abfälle dienen will, wer nicht jeden Gnadenquark dankbar schluckt, ist also ein »Luader, ein ganz verdächtigs«!

Sir Galahad
(Aus: ›März‹, 2. Dezemberheft 1907)

Ägypten

Homâr, der Esel

Die Akme aller Vornehmheit ist natürlich *Gemel*, das Kamel. An Rhythmus der Silhouette, an Größe der Gebärde – und eine Ehrfurchtpause im Lebendigen ist nach ihm – dann kommt Homâr der Esel – wieder Ehrfurchtpause – endlich die Plebs der übrigen Tiere, Weiber und Fremde.
Überhaupt der Fremde ...... aber Allah wollte nicht, daß irgend ein Geschöpf ganz wertlos und verachtet sei auf Erden, und so verlieh er

Aus
Natur und Kunst

Gesammelte Feuilletons

von

Theodor Beer.

E. Pierson's Verlag, Dresden und Leipzig.
1900.

2 9 2.3 8 4 - B

Bertha übernahm von Beer die rassistische Theorie, daß für »einen Heloten hundert Peitschenhiebe am eigenen Leib« weniger schmerzhaft seien als für einen »vollendeten« Menschen ein trauriger Gedanke.

Beer antwortete darauf in seinem Aufsatz:

»Was man mit Denken und Reden allein machen konnte, das haben die Griechen schon gemacht. Wir Modernen verdanken unsere wertvollsten Errungenschaften auf allen Gebieten der induktiven Methode, dem Experiment. Das Experiment in der Physiologie heißt zum großen Teil Vivisektion.«

Eckstein hatte den Vivisektoren bewußten oder unbewußten Sadismus unterstellt:

»Wir glauben jedoch nicht fehlzugehen, wenn wir annehmen, daß es nicht allein rein wissenschaftliche Motive gewesen sind, die die Vivisektion heraufbeschworen haben. Berichtet uns doch die Literatur der Physiologie von jenen ›höchsten Genüssen des Vivisectors‹, wo derselbe, wie Claude Bernard einmal pathetisch ausruft, ›nicht mehr das Schmerzensgeschrei der Tiere hört, nicht mehr das Blut, das er vergossen hat, sieht‹«...

Auch hierauf antwortet Beer kühl:

»Ich kann mich nicht erinnern, als Kind jemals ein Tier ›zum Scherz‹ gequält zu haben; seit meiner Gymnasialzeit gehöre ich einem Tierschutzverein an und ich bedaure, daß diese Vereine nicht viel mehr Mitglieder zählen...«

Sollte die Kultur – mit diesen Worten schloß Beer seinen Aufsatz – tatsächlich einmal »so weit sinken (!), daß die Gegner der Vivisektion ein absolutes Verbot durchsetzen könnten«, dann würden die tapferen Physiologen trotz Strafandrohung heimlich weiter experimentieren, »so wie im Mittelalter eifrige Anatomen trotz schwerer Verbote heimlich Leichen seziert haben«. Der »Wissensdrang führender Menschen« sei stärker als alle Hindernisse.

Zwischen diesen Extrempositionen gab es kaum Verständigung. Bertha war nicht zu beneiden. Ihr Verhältnis zu Tieren – Katzen, Pferden, Windhunden – war zeit ihres Lebens zärtlich und affektiv. Sie war entschieden gegen Vivisektion und davon förmlich »angeekelt«. Nun traf sie auf einen Mann, der sie mit seiner Lebendigkeit, seiner erotischen Ausstrahlung, seiner Dynamik und Weltläufigkeit ebenso stark anzog, wie er sie durch Charakter und Denkungsart abstieß. Was tun? – Die Frage stellte sich umgekehrt für Beer natürlich auch. Bertha war eine aparte, eine exquisite Erscheinung. Was tun mit der streitlustigen Dame, die sich zugänglich-unzugänglich, bös schimpfend im anderen Lager verschanzt hielt? Die beiden hakten sich auf Distanz ineinander fest, nachdem sie sich in Pavillon und Bibliothek durch »Akkommodation des Menschenauges« gegenseitig angesteckt hatten. Die objektiven und subjektiven Hindernisse gaben einen prachtvollen Rahmen für glitzernde Kopfliebe. Herrschen! Ein starkes Movens bei Liebenden, die nicht zusammenpassen. Den anderen so abhängig machen, daß er sich der wunderbaren und notwendigen Charaktertransmutation nicht länger entzieht. Hat er sich erst einmal, von Liebe besiegt, geändert, findet sich alles weitere. Zwischen Theodor Beer und Bertha Eckstein brach ein dreijähriger Eroberungskrieg aus. Beer engagierte sich in Huldigungen, Bertha übertrumpfte ihn mit Beweisen der Gleichgültigkeit.

»In einem großen Kuvert des Nizzaer Tennisklubs kamen als Überraschung Meisteraufnahmen... Ein Brief dabei, zwölf enggeschriebene Seiten. Sie las kaum die erste... Doch durch Monate, über Länder und Meere her kam es ›hochachtungsvoll‹ herbeigeströmt. Einmal auf Briefpapier der British Association, einmal mit dem Abdruck einer Gemme aus Syrakus. Dann wieder eine Anfrage, ob er ihr aus Paris etwas besorgen könne. – Sie antwortete gar nicht. Nun schrieb er: ›Wenn ich jemanden gern habe, ehre ich seine Freiheit – wenn Sie just einmal keine Lust hätten, mich auf der Straße zu grüßen, ich würde nichts anderes denken als eben dies.‹ – ›Was will der seichte Jude!‹ sagte Gabriel... als beim Frühstück immer die gleiche vergrößerte Schrift bewußt und wohlerwogen den Spiegel exotischer Kuverts durchmaß...«

Beer fragte an, ob er ihr eine »kleine Studie« widmen dürfe (er veröffentlichte 1903 ›Die Weltanschauung eines modernen Naturforschers‹). Sie »lehnte die Widmung ab, übte schonungslos Kritik an dem Dilettantismus der Arbeit«, und die briefliche Schein-Auseinandersetzung pflanzte sich fort.

Längst waren seine Briefe eine anregende Droge geworden. »Ein warmer Schauer von lauter viereckigen Ausschnitten einer weiten und gepflegten Erde. Papier, Schriftbild, Verschlußmarke: ein zusammenstilisiertes Kunstwerk, stets variiert, doch (von) gleicher Grundkraft, so daß sie sich gewöhnte, es um sich zu dulden als ästhetischen Genuß.« Selbst aus »dem Papierkorb« sahen ihr die weggeworfenen Briefe noch angenehm in die Augen, »hartnäckig durch Wohlgestalt«.

Beer war Experte in Sachen Narzißmus. Seitenlang zitiert Bertha in den ›Kegelschnitten‹ die »perfiden, verbotenen, ersehnten Briefe« des Anbeters, Einblick gewährend in dessen Technik der Huldigung. Daß sie sich dabei der Beerschen Originalbriefe bediente, zeigt ein Vergleich mit Beer-Briefen an Adolf Loos, die sich erhalten haben: derselbe Stil, dieselben Unebenheiten (»Ich bin nicht böse an Sie...«), derselbe »selbstbewußte« Ton. Zunächst bemühte sich Beer immer, dem Gegenüber klarzumachen, daß seine Zuneigung etwas Besonderes sei, einmalig unter der Sonne – wie er selbst.

An Sibyl:
»Ich darf Ihnen wohl aus so großer Entfernung sagen, wie sehr gerne ich Sie gewonnen habe. Es ist gewiß nichts Seltenes, daß man Ihnen das sagt, aber es ist etwas außerordentlich Seltenes, daß *ich* das jemandem sage...«

An Loos:
»Ich möchte Sie nochmals intensiv darauf aufmerksam machen... ich komme selten Fremden so rasch freundschaftlich entgegen, wie ich es Ihnen gegenüber tat...«

Dann folgten die Komplimente:
»Ihr ganzes Wesen, Ihre psychische Eigenart, Ihre noble Persönlichkeit, viel mehr noch als selbst Ihre Erscheinung – dies alles sprach mich gleich das erste Mal so an, daß ich fast zu allem ›ja‹ sagen mußte. So oft ich mit Ihnen beisammen war, gewannen Sie, während die meisten Frauen rasch verlieren...«

»Ich weiß kaum jemand, dessen Geschmack mir so zusagt, mir als ehrlich und gediegen, unserer Zeit organisch entsprechend erscheint, wie der Ihrige. Ich traue Ihnen unter allen Menschen, die ich kenne, am ehesten zu meinen Geschmack zu treffen...«

Beer konnte gewaltige Komplimente machen, Schlüsselkomplimente. Er wußte, was die Menschen hören wollten.
»Beim Abschied in die laue Sommernacht hinaus... verbeugte er sich bös und tief. Dann tonlos vor Erbitterung: ›Sie sitzen hier in diesem Nest und die ganze Welt dürstet.‹«
Später mischen sich erste Erziehungsversuche in die Huldigung. Bei Menschen, die von ihm abhängig waren – wie zeitweise Loos –, wurde er rasch ungeduldig und autoritär. Bei Bertha allerdings – war sie von ihm abhängig? Sie befand sich noch in der angenehmen Lage, sich das Gegenteil einreden zu können. Bis Beer zu einem starken Mittel griff: In einem »viele hundert Seiten langen Brief« bat er die verheiratete Bertha, seine Frau zu werden. (»Ich gehöre nicht zu jenen, die solches Wort leicht auf der Zunge führen – Sie sind die Erste und Einzige, an die ich je solche Aufforderung gerichtet...«) Da erst – schrieb Bertha in jenem Brief an ihren Sohn – »sprang der Funke über«, und die seit langem unterminierte Festung flog in die Luft.
»Da ward ein solcher Brand nach Blüte in ihr, daß sie, nackt hingeworfen, alle diese Blätter über sich gelegt, mit jeder Pore, mit dem

ganzen Sonnengeflecht die magischen und dunkel duftenden Ausströmungen der breiten Männerschrift in sich trank. ... Und es kamen hunderte Bilder der Inbrunst, und sein verzücktes, verzweifeltes Begehren rann als maßlose Erhöhung durch ihr Blut.«
Die Krankheit war endgültig ausgebrochen. Aber »Brand nach Blüte« ist die eine Sache, bürgerliche Konsequenzen eine andere. Was Beer von ihr forderte, nämlich »rascheste Scheidung... gleich müsse sie fort...« –, war unmöglich. Berthas Bindung an Eckstein hielt »immer noch sehr fest«, ihr Sohn Percy, den sie nach damaligem Recht verloren hätte, war knapp vier Jahre alt. Sie hatte ihre ganze Ehe noch nicht »ausgeliebt und ausgeglaubt«. An Scheidung zu denken war fürchterlich. Auf der andern Seite fiel sie jede Nacht in eine »Fieberkurve der Sehnsucht«. Beer, oder besser gesagt, das Wunschbild, das sie sich von ihm machte, zerrte an ihr mit »dunkel saugenden Strahlen«.
Was wußte sie überhaupt von ihrem Anbeter? Für sie war er ein extrovertierter Zauberer. Irgendwo in der Welt tummelte er sich mit interessanten Leuten, pflegte kostspielige Hobbys und Launen mit jener Unbekümmertheit, die eine knappe Million Kronen im Hintergrund verleiht. Bertha, die schon ihr Elternhaus zu unmusisch und sparsam befunden hatte, zeigte große Lust, aus dem wohlhabenden Bürgertum auszubrechen – in die lichten Gefilde der wahren Großbourgeoisie und *ihrer* Freuden. Beer hatte sich ein Grundstück mit alter Villa am Genfer See gekauft. Er reiste, wann und wohin es ihm paßte – nicht nach Dreieichenhain zu den Pietisten, sondern an mondäne Orte. Seine Eltern, die den einzigen Sohn nach Aussagen von Verwandten und Bekannten vergötterten, führten ihm derweil in Wien ein großes Haus nach seinen eigenen Vorstellungen. Die Wiener Villa stand im »Cottage« – dem englischen Landhausviertel im Grünen. Sonntags fuhren dort die Wagen vor zum *jour*: splendide Gastfreundschaft, die Mittel dafür waren vorhanden. Ständig zauberte Beer neue Überraschungen aus dem Hut.
Aber die Implikationen dieses Lebensstils erschreckten Bertha auch wieder. Beer hatte – und dies wurde ihr von wohlmeinenden Bekannten zugetragen – im Stil einer Gaunerkomödie seine »Mätresse« an einen »Baron« verheiratet. Er provozierte die Spießbürger nicht nur mit losen Sprüchen, sondern auch durch die Verhöhnung ihrer eigenen engen Moral. Er *war* selbstherrlich, eitel, manisch, ein kleiner Absolutist – kurz, ein lebendiger Mensch, den einen sympathisch, den anderen äußerst suspekt, ja widerwärtig. Selbst für Bertha »zog sich durch den Reiz ein leiser Widerwille«, immer dann, wenn er »etwas Schönes sagte, was sehr rein, sehr vernünftig klang« –, so als hätte er »so Richtiges

Theodor Beers Frau Laura, geb. Eißler

zu sagen kein Recht«. Sie gehörte nicht zu Beers engerem Kreis. Wie Schallwellen, nach außen fortgepflanzt, immer schwächer werden, so schwächt sich auch das Verständnis für Lebensstile immer mehr ab, je weiter außerhalb der Betrachter steht. In den wenigsten Fällen ersetzt eine gute Phantasie die unmittelbare Anschauung (oder Beteiligung); trübe Begriffe rücken an ihre Stelle, und im Zweifelsfall ist das »Fremde« immer auch schon das »Böse«.

Bertha, hin- und hergerissen, benahm sich »zweideutig, hielt Th. monatelang hin, ließ ihn an Scheidung glauben, ohne die nötigen Schritte zu unternehmen; er sagte, es sei ärger als Mord...« – Ein Vierteljahr ließ er sich vertrösten. Als er Berthas Unentschlossenheit wahrnahm, kündigte er – seine Heirat an. Auf einmal mußte alles ganz schnell gehen. Er setzte Bertha eine letzte Scheinfrist von drei Wochen (»jedes junge Mädchen könne er haben bis dahin«) und heiratete tatsächlich drei Wochen später die 19jährige Laura Eißler, Tochter eines reichen Holzunternehmers, ein schönes düster-schwärmerisches Mädchen, das sich für Naturwissenschaften interessierte. – Sie hatte, was auch nach 1900 noch eine Seltenheit war, die Gymnasialmatura gemacht und sich für Mathematik eingeschrieben – und verehrte ihren Mann fanatisch. Vielleicht war es wirklich so, wie Bertha in den ›Kegelschnitten‹ schreibt: Daß Beer senior seinem Sohn eine beträchtliche Summe ausgesetzt hatte für den Fall, daß er endlich heiraten würde; deswegen konnte Beer aber trotzdem in Laura verliebt sein; an Scheinehe zu glauben fiel in diesem Fall schwer. Möglich, daß Beer trotzdem das Gerücht gehen ließ, es handle sich hier um eine »Zwischenheirat«, um die enttäuschten Gemüter zu beruhigen – zurück blieben nämlich außer Bertha noch andere Töchter aus gutem Hause, die sich auch Hoffnung gemacht hatten. Beer hatte zu viele Eisen im Feuer gehabt; tatsächlich saßen gekränkte Väter schon da und sannen auf Rache, während das junge Paar erst einmal an den Genfer See abreiste, gefolgt von Adolf Loos, der die Seevilla in Clarens mit großem Luxus zur »Villa Karma« umbauen, den Yachthafen ausbauen, den Park mit Tennisplätzen und das Ufer mit einer Badeterrasse versehen sollte.

Chiffren

Zu Hause blieb Bertha, verletzt, enttäuscht – vielleicht auch erleichtert. »Die Glut dieses Mannes hatte sie ruhelos gemacht«, heißt es in den ›Kegelschnitten‹; Glut und Unruhe trieben sie nun langsam doch aus ihrer Ehe heraus, nicht sofort in eine andere, bessere Verbindung, wie sie sich anfangs wohl erhofft hatte, sondern in die Selbständigkeit. Ein langwieriger Prozeß.
»Als sie Gabriel von Trennung sprach, vermochte er es nicht zu fassen, hielt alles für Wahn. Flehte: ›Versuche es wenigstens noch ein Jahr mit mir‹« ... So schilderte sie die Reaktion des Ehemanns in den ›Kegelschnitten‹. Schließlich »bewilligte er die Probetrennung«, die er für »mystischen Urlaub hielt«, und Bertha war 30jährig zum erstenmal frei. Alles, was sie bisher mit sich hatte anfangen wollen, konnte sie jetzt tun – und sie tat es auch. Der Mangel an Ausbildung, das viele Nicht-Wissen lagen ihr offenbar schwer auf der Seele. Sie verordnete sich zunächst eine Art Studium generale, ein magisches Kräftedia-

gramm aus Vergangenheit und Zukunft, das sie in den ›Kegelschnitten‹ lakonisch mit dem Satz umreißt: »Arbeitete bei Kocher in Bern, bei van't Hoff in Berlin, lernte den Skisprung bei Sarnström in Dalverne, hörte Bergson in Paris.«

Kocher in Bern: In Berthas Liebeskampf mit Beer gab es schwache Stellen. Sie hatte seinen medizinischen Kenntnissen nichts entgegenzusetzen gehabt, konnte auf dieser Ebene nicht mit ihm diskutieren. Erinnerlich vielleicht die Szene im Garten vor dem Pavillon: Sie hatte Apollo mit dem Lorbeerblatt ins Treffen geführt und war von Beer ungeduldig belehrt worden, physiologische Diskussionen führe man nicht auf dieser Ebene. Wenn er behauptete, ohne Vivisektion gäbe es heute noch kein Wissen von Blut- und Lymphkreislauf, von innerer Drüsensekretion, keinen Impfschutz, keinen Augenspiegel, keine Antisepsis, keinen pharmazeutischen Fortschritt, überhaupt kein »Verständnis der tiefsten Dinge«, dann konnte Bertha aus Mangel an Detailkenntnissen immer wieder nur Naturphilosophisches erwidern. Diesem Mißstand sollte Kocher in Bern abhelfen... Bertha begab sich hier auf Beers eigenes Gebiet.

Emil Theodor Kocher war ein bedeutender Chirurg, der sich auf Drüsenoperationen und Antisepsis spezialisiert hatte. Bei ihm zu »arbeiten«, hieß einen Rückstand aufarbeiten (übrigens hatte Beer zehn Jahre zuvor, als er in Bern Assistent am Physiologischen Institut war, möglicherweise selbst schon bei Kocher Vorlesungen gehört), hieß Verbindung haben, Einsicht gewinnen, schon um künftig besser widersprechen zu können. Ähnlich der Fall bei »van't Hoff in Berlin«.

Van't Hoff war der führende Chemiker seiner Zeit, Nobelpreisträger, Begründer der modernen Chemie des Raumes (»Die Lagerung der Atome im Raum«) und Erforscher des Osmose-Drucks. Beers Credo im Garten hatte geheißen: Ohne Sinnesphysiologie kein Verständnis der tiefsten Dinge – dazu sei die Vivisektion eine praktisch unentbehrliche Technik, genau wie die *chemische Analyse*... – Hatte sich nicht auch Eckstein als junger Mann den Kopf zerbrochen über Atome und »Das Phänomen der Verdichtung« – zehn Jahre nach van't Hoff noch immer auf naturphilosophischer Grundlage –, während er andrerseits an der praktischen Verbesserung des Osmose-Pergaments herumtüftelte, das die Fabrik seines Vaters herstellte?

Endlich hatte Bertha Gelegenheit, sich selbst mit den theoretischen Grundlagen zu beschäftigen und Einblick in ein modernes Wissenschaftsgebäude zu bekommen. Mit Verspätung gönnte sie sich die Ausbildung, die sie später als ideale Ausbildung des jungen Horus in den ›Kegelschnitten‹ beschrieb. Der in Rotterdam geborene *Jacobus*

Hendricus van't Hoff fungierte darin als Namensgeber für »*Erasmus van Roy*« und rundet die Figur des weisen Meisters mit charakteristischen Elementen ab.
Bergson und Sarnström – diese beiden letzten Chiffren lösen sich leicht. Was sie bei Bergson suchte, war Aufschluß über den Faktor Zeit, der ihr unverständliche Streiche gespielt hatte. »Zeit: das Kostbarste vergeuden«, hatte Beer gesagt, als er sich von ihr abwandte, und: »Begeisterung ist keine Heringsware, die man einpökelt für Jahre« – gab es dem nicht einen weniger materialistischen Zeitbegriff entgegenzusetzen: die Dauer?
Der Skisprung schließlich, wie auch das »Gleiten über Wächten«, war ihr privates Symbol für Freiheit.

Auflösung

Eckstein löste zu Beginn von Berthas Wanderjahren den Badener Haushalt auf, reiste seinerseits, bezog verschiedene provisorische Wohnungen, bis er schließlich Ende 1907 eine Etagenwohnung in der Nähe des Theresianums fand (dort wurde Percy erzogen), in der er bis zu seinem Tod im Jahr 1939 blieb. Melodramatisch nannte sich Bertha »Ahasvera« – die ewig Reisende – oder, wie man die junggestorbene russische Malerin Marie Bashkirtseff getauft hatte: »Notre Dame du wagon-lit«.
Offiziell hatte sie jetzt »kein Heim« mehr – eine Entwicklung, über die sie gar nicht unglücklich war. Wenn sie nach Wien zurückkam, wohnte sie im Hotel oder in der riesigen Wohnung des Bruders in der Berggasse 21. Ein eigener Haushalt – so bemühte sie sich in der ›Dämonologie des Haushalts‹ nachzuweisen, einer ihrer ersten Glossen – verschlingt sowieso mehr Geld und Energie als wiederholte Weltreisen unter Berücksichtigung Australiens. Einen Teil ihrer Sachen bewahrte Eckstein für sie in seiner Wohnung in der Schlüsselgasse auf – dies geht aus einem Brief an ihre Schwägerin hervor.
Fünf Jahre lang war sie Reisende auf Probe, Ahasvera mit Rückhalt und noch immer Frau Eckstein. Sie reiste nach München, nach Berlin, zum Skilaufen in die Schweiz, nach England, Griechenland, Ägypten – und sie schrieb darüber.
Die Schriftstellerin »Sir Galahad« begann mit Reiseglossen. Perfekt ausgearbeitet, witzig und manieriert erschienen sie 1907/08 in der von

Albert Langen, Ludwig Thoma und Hermann Hesse herausgegebenen Zeitschrift ›März‹, einer ›Halbmonatsschrift für deutsche Kultur‹. Bertha befand sich hier in guter Gesellschaft. Hesse, Thoma, Karl Kraus, Peter Altenberg, Thomas Mann, Adolf Loos, Christian Morgenstern, Roda Roda und Gustav Meyrink gehörten zu den Autoren der ersten Jahrgänge. Berthas Reiseglossen sind selbständig und eigenwillig. Einige wurden immer wieder nachgedruckt (›Ägypten‹), scheinen also gefallen zu haben. Sie erinnern angenehm an den grimmigen Humor, mit dem Gustav Meyrink gleichzeitig seine »optimistischen« und »pessimistischen Städtebilder« drechselte. In Syntax und expressiver Zeichensetzung verdanken sie einiges dem von Peter Altenberg entwickelten vielsagenden »Telegrammstil der Seele«.

Bertha schrieb außerdem für den ›März‹ kleine Glossen (›Eheirrung bei Amsels‹, ›Dramatische Modesalons‹), eine längere Betrachtung über Mode (›Die Einzige und ihr Eigenkleid‹) und veröffentlichte im Januar 1909 ihren Essay über Prentice Mulford (›Der Unfug des Sterbens‹), der später als ›Vorrede‹ in die Buchausgabe ihrer Übersetzung einging. Diese ›März‹-Beiträge bilden zusammen so etwas wie ein stilistisch geschlossenes »Frühwerk«: leicht, graziös, manchmal verrenkt, witzig und boshaft. Auf die künftige Romanschriftstellerin und Verfasserin dickleibiger Kulturgeschichten weist noch wenig hin. Viele Beziehungen laufen rückwärts zur Eckstein-Welt, ironisch-nostalgisch. (Über vegetarische Restaurants, über Homâr, den ägyptischen Esel, der seine *Gelassenheit* oder Sturheit entweder den »indischen Atemübungen« oder aber dem amerikanischen »New-Thought-System« verdankt.) Sie versandte, funkelnd und tändelnd, Anspielungen (»Der Mann, auf dessen Karma ein bürgerlicher Haushalt lastet« – das erinnert natürlich an Theodor Beer, auf dessen bürgerlicher Existenz der Haushalt »Karma« lastete) und brachte es fertig, in ihre Mulford-Übertragung den Namen »Eckstein« einzuschmuggeln, und zwar ausgerechnet in diesem Satz: »Der Eckstein dieser Macht liegt in jeder Ehe des rechten Mannes mit der rechten Frau...«

Während all dieser Zeit blieb der Kontakt mit Theodor Beer offiziell abgebrochen, wobei sie viel an ihn dachte.

»Und es war keine Ruhe. – Über Länder und Meere her rann das Gefälle seiner stechenden Wärme in einer heißen Linie auf sie zu und hetzte ihr Herz. Ein Buch kam, ihm einst geliehen. An ihrem Geburtstag, unbekannt woher, ein Päckchen mit seiner Schrift, darin retourniert ihr Hochzeitsgeschenk an seine Frau... Sie fühlte Spione um sich. Gerüchte zerstäubten vor ihrem Weg: die junge Frau tot... Er, das Opfer von Erpressungen... Es war keine Ruhe. Aber warum

Frau **Marie Diener** geb. Wechtl als Gattin gibt hiemit schmerzerfüllt im eigenen sowie im Namen der unterzeichneten Kinder und Enkel Nachricht von dem Hinscheiden ihres innigstgeliebten Gatten, bezw. Vaters und Großvaters, des Herrn

Carl Diener

Fabriksbesitzer

welcher Sonntag, den 28. Februar 1909, um 4 Uhr früh, nach langem, schweren Leiden im 76. Lebensjahre sanft in dem Herrn entschlafen ist.

Die irdische Hülle des teueren Verblichenen wird Dienstag, den 2. d. M., um ¹∕₂3 Uhr nachmittags, vom Trauerhause (III., Jacquingasse 29), in die evangelische Stadtkirche A. B., I. Bez., Dorotheergasse Nr. 18 überführt, daselbst eingesegnet und sodann auf dem Matzleinsdorfer evangel. Friedhofe in der Familiengruft zur Ruhe bestattet.

WIEN, den 1. März 1909.

Mietze Diener geb. **Glanz**	**Dr. Karl Diener**	**Berta Eckstein** geb. **Diener**
Eugenie Diener geb. **Ruiz de Roxas**	k. k. Universitäts Professor	als Tochter
als Schwiegertöchter	**Hugo Diener**	
Friedrich Eckstein	Direktor der I. ung Transport-A.-Ges.	
als Schwiegersohn	als Söhne	

und sämtliche Enkel und Enkelinnen.

Gemeinde Wien — Städtische Leichenbestattung. IV., Goldeggasse 19. Telephon 6292. Druck von F. Seitenberg, Wien.

---

gerade dieser? Was gab ihm solch brennende Macht? Sein Erbteil: Die purpurne Wärme Asiens...«

So vergingen die Jahre in der Schwebe. »Der Vorfrühling ihrer Glieder blieb fixiert«, schrieb sie. – Für wen? Mußte sich Beer früher oder später nicht wieder bei ihr melden?

»Aus Olympia zwang sie ein Telegramm zurück. Papa war tot, sie selbst nun wohlhabend, fast reich. Tratsch trieb das Erbe zu Millionen auf. Da brach er durch die Schranken. Der Anlaß war hinlänglich – ja korrekt. Kondolierte vom ligurischen Strand, wo er sich angekauft...«

Berthas Vater starb am 28. Februar 1909 – die Mutter wenige Wochen später. Seinen drei Kindern hinterließ der Fabrikant ein solide angelegtes Vermögen von 750 000 Kronen zu gleichen Teilen. Bertha wurde also Viertelsmillionärin. (Theodor Beer erbte beim Tod seines Vaters 1,3 Millionen Kronen.) Ihr Anteil war festgelegt in Wertpapieren, in der Fabrik und dem Mietshaus in der Marxergasse. Bei mäßiger Lebensführung konnte sie von Zinsen und Rendite gut leben, aber ihr Lebensstil entwickelte sich unbescheiden. Sie liebte teure Kleider, Grand-Hotels – und Theodor Beer.

Theodor Beer hatte einen wüsten Justizalptraum hinter sich. In Wien herrschte damals besonders bei politischen und Sittlichkeitsdelikten eine autoritär-sadistische Rechtsprechung, gegen die schon Karl Kraus in der ›Fackel‹ zu Felde gezogen war. Begonnen hatte alles mit zwei Familienvätern – Rechtsanwälten –, in deren Haus Beer freundschaftlich verkehrt hatte, *ohne* allerdings eine ihrer Töchter zu heiraten. Kaum war er mit Laura Eißler an den Genfer See entschwunden, »entdeckten« die beiden Familienväter, daß ihre pubertierenden Söhne, die sie Beer in glücklicheren Zeiten zum Fotografieren ins Haus geschickt hatten, von diesem »unsittlich berührt« worden waren. Daraus ließ sich ein schönes Delikt konstruieren. Nach mehreren privaten Erpressungsversuchen, auf die Beer nicht reagierte, erstatteten sie Anzeige.

Beer, schlecht beraten von einem Winkeladvokaten, seinem entfernten Cousin, der ihm die Greuel der Wiener Justiz dramatisch ausmalte, zur Flucht riet und einen wichtigen Vernehmungstermin einfach verschwieg, blieb im Ausland, kümmerte sich weiter um nichts, um schließlich, per Haftbefehl gesucht, von Paris über Lissabon in die Vereinigten Staaten zu fliehen, wo er vor Auslieferung sicher war. Ein ganzes Jahr hielt er aus, abgeschnitten von Freunden, Verwandten, seinen Eltern, seiner Frau – und seinem Lieblingsspielzeug, der »Villa Karma«. Im Sommer 1905 endlich kehrte er zurück und stellte sich dem Gericht.

Es kam, wie es kommen mußte: Eine gelangweilte, neiderfüllte und sensationsgierige Gesellschaft machte einem Lebensstil den Prozeß. Bestraft wurden Extravaganz und Unabhängigkeit, zwei Privilegien, die in einer zwanghaft kontrollierten und autoritären Gesellschaft keinen Platz haben. Da die Glaubwürdigkeit der beiden Zeugen eher kläglich war, lautete das Urteil nur auf drei Monate Kerker, reichte aber aus, um Beer um Doktortitel, Professorentitel und Lehrstuhl zu bringen – falls das Urteil bestätigt würde. Beer legte sofort Revision ein, stellte die »höchste Kaution, die je gefordert worden war« – 200000 Kronen –, besuchte mit Laura am Abend nach dem Prozeß ein Cabaret und versuchte so auf seine Weise, Haltung zu bewahren.

Laura Beer hatte sich heftig für ihren Mann eingesetzt, unter anderem auf der Straße einen der Familienväter mit der Reitpeitsche attackiert und der Lüge geziehen. Als sich herausstellte, daß Beers Revision nichts genützt hatte, daß er seine Strafe absitzen mußte und »in den Augen der Welt« weiterhin als »schuldig« gelten würde, erschoß sie sich im März 1906 in der Villa Karma. Beers Vater war schon 1905 an den Aufregungen über diese Geschichte gestorben.

Der Prozeß Beer beschäftigte die Zeitgenossen stark. Peter Altenberg und Karl Kraus schrieben Nachrufe auf Laura Beer, Arthur Schnitzler zerbrach sich den Kopf über »Beers Weiberglück«, das eigentlich ein Unglück war, Bertha machte seinen »dämonischen Charme« dafür verantwortlich, den er »hatte oder haben konnte«, wobei sich »ein paradiesisches Wohlgefühl, *mit nichts vergleichbar*, in seiner Nähe« verbreitete. Dieser Charme schien besonders auf psychisch gefährdete Frauen zu wirken. Im Prozeß war einiges zur Sprache gekommen. Eine ungenannte Dame, deren Briefe verlesen wurden, hatte sich angeblich aus unglücklicher Liebe zu Beer umgebracht, ebenso Laura Eißlers ältere Schwester, die in bestem Einvernehmen dem jungen Paar an den Genfer See gefolgt war und dort entdeckte, daß »das Glück ihrer Schwester ihr Unglück war«.
So lagen die Dinge, als sich Bertha im Frühjahr 1909 entschloß, auf Beers Einladung an den Genfer See zu kommen. Beer lebte dort mit seiner alten Freundin, der einstigen »Mätresse«: In seinem katastrophalen Leben war sie die einzige undramatische und stabile Beziehung, wohl weil – wie Bertha vermutete – sie keinen »Eigenwillen« mehr hatte, nichts von ihm forderte.
Mathilde Dagmar Zidlicky war Hausangestellte bei Beers Eltern gewesen, hatte ihm Anfang 1900 einen Sohn geboren und bald darauf einen nichtsahnenden, durch Mitgift erfreuten Herrn von Helmburg geheiratet. Beer machte sich ein Vergnügen daraus, sie als »Lady« oder »Baronin« der Wiener Gesellschaft zu präsentieren, obwohl sie mehr nach »Manege« aussah, wie Bertha mißbilligend vermerkte. Während der Beer-Affäre ließ sich Erich Edler von Helmburg, ein unvermögender Beamter, wieder scheiden, und Dagmar Edle von Helmburg, geborene Zidlicky (Bertha macht aus ihr »Lady Tatjana de Walden, geborene Sedlaček«), zog mit ihrem Sohn zu Beer an den Genfer See.

Das Treffen

Eine »schweigende Begegnung zweier Berggipfel« war es gerade nicht, was sich »in tiefen Stühlen, unterm Mond, auf der Terrasse seines alten Landhauses« abspielte.
»Ruhe gab's nicht bei ihm. Zeitvergeudung! Zirkus im Hirn war angesagt. Im roten Frack festlicher Hatz stand er: Kenner, Liebhaber, Käufer, Dompteur, Publikum: alles in Einem... Seine stolze Wut

Mit Theodor Beer in Venedig

nach Probe ihres Wissens, Erfassens, Durchdringens, Beherrschens war ohne Maß. Nichts von Literatur, Kunst, Musik: dem Weiberschwatz. Er preßte sie ins Letzte, Ernsteste vor, drehte dann zäh wieder zurück ins Detail, verlangte einen Griff voll Fachwissen hier, einen dort...«

Hier gaben sich zwei Narzißten eine Galavorstellung – einen Leistungswettbewerb. Dank Kocher und van't Hoff ging Bertha besser in die Diskussionsrunden als ehedem. Sonst hatte sich an der Ausgangslage nichts geändert. Beer vivisezierte noch immer, auch am Genfer See. Mißtrauen und Empfindlichkeiten hatten sich eher noch verstärkt – die körperliche Sehnsucht auch. Endlich, nach vielen Mißverständnissen – Bertha wollte schon wieder abreisen, weil sie plötzlich glaubte, er habe

und in der Schweiz (Bilder aus Berthas Nachlaß)

sie an den Genfer See nur kommen lassen, um sich an ihr zu *rächen* –, brachen sie den kalten Dialog ab, sanken sich in die Arme, »küßten sich sechzehn Stunden lang ohne Pause«, vermieden dabei den »Ehebruch« und verabredeten eine gemeinsame Zukunft – mit Kindern. Sich solchermaßen in Sicherheit wiegend, fuhr Bertha nach Wien, »die so lange vermiedene üble Stadt«, um die Scheidung in Gang zu bringen.
Sie wurde am 29. Juli 1909 eingereicht, am 18. Oktober ausgesprochen und im November rechtskräftig – ging also sehr schnell. Aber auch der Zeitbegriff ihres Liebhabers hatte sich nicht geändert. Beer war nach wie vor ein ungeduldiger Mensch. »Zeit, das Kostbarste: wieviel meines Lebens wirst du noch vergeuden?« – Um sich die Zeit

bis zur Scheidung zu vertreiben, reisten sie. Sie trafen sich in »Paris, Venedig, Rom« – kein cherubinisches Hochzeitspaar diesmal, sondern ein mondänes, in Anspruch und Luxus sich gegenseitig überbietendes.

»Sie bot ihm jenes letzte Zusammenspiel der Tadellosigkeit zu allen Stunden, das nur in Nerven anspannender Mühsal, um ein Vermögen bei den ganz großen Couturiers, erreichbar ist – für Wenigste. Fuhr manchmal eigens über den Kanal, um ein tea gown, einen Hut. Schade, daß ihre Mittel nicht so unbegrenzt. Doch nur ein einziges Mal versuchte sie zu sparen. Es war in Rom. Am nächsten Abend sollte er eintreffen, ein Märchengewand, von Fortuny, lag schon bereit, da sah sie ihren Kontoauszug durch – und erschrak. Scheidung, Reisen, der vielfältige Luxus, den er als Ästhet brauchte zum Genuß, hatten mehr verschlungen, als sie geahnt. Was für Schuhe zu dem graugoldenen Nebelgewand morgen? Roter Saffian, geschnabelt, und im Schnabel oben hängend, eine schwarze Perle. Der Kontoauszug. Sie seufzte, und verzichtete weise, doch bedrückt, auf die schwarze Perle. Nach Stunden erschöpfender Pflege war sie pünktlich zur Minute... oben im Schlafgemach nahm er das Saffianschiffchen an sein Herz, küßte die rote Spitze. ›Wäre ich reich, hinge hier morgen eine schwarze Perle – riesengroß.‹ ... Der nächste Kontoauszug blieb uneröffnet.«

Beer war reich, und er investierte sein ganzes Vermögen in die »Villa Karma«, nach Berthas Schätzungen »mehrere Millionen Schweizer Frs. in bar«. Sein Besitz am Genfer See bestand aus zwei großen Parkgrundstücken, eines am Seeufer, das andere jenseits der Straße hangaufwärts. Auf beiden stand ein altes Landhaus. Im oberen, der »Villa Sangata«, wohnte Beer erst mit Laura, dann mit der Freundin und dem Sohn. Das untere Haus, »Villa Karma«, wurde nach Beers Vorstellungen von Adolf Loos, später von Hugo Ehrlich, zu einem Luxuswohnhaus umgebaut. Beer hatte dafür »Bilder, Bronzen, edle Stoffe in vielen Jahren vorausgesammelt«. Zwischen 1903 und 1906 leitete Loos den Ausbau. Er umbaute das alte Haus, setzte ein Flachdach darauf mit Galerie (geplant war ursprünglich auch ein »Kuppel- oder Gleitdach«, wahrscheinlich für eine Sternwarte), baute oben fünf Schlafräume ein mit ebenso vielen Bädern, ein »Hauptbad« mit Gymnastiksaal und ein Laboratorium. Loos bestellte noch die Inneneinrichtung für Bibliothek, Speise-, Billard- und Damenzimmer, die sein Nachfolger, Architekt Hugo Ehrlich, in den Jahren 1908–1912 einbaute. Villa Karma enthielt außerdem Dienerwohnungen, eine große Halle, Wirtschaftsräume, Veranden, Loggien, vier Pergolen auf dem Dach, Vestibül, Entree.

Beers Geschmack war klassizistisch – er liebte Marmor, Mahagoni, Messing, Glas.
Die monumentale Villa wurde im Jahr 1912 fertig und bewohnbar. Bertha konnte bei ihren Besuchen und Aufenthalten zwischen Frühjahr 1909 und 1911 den Fortschritt der herrlichen Anlage verfolgen und sich sagen, daß diese Prunk-Baustelle dereinst »ihr Heim« sein würde. Aus Vorsicht wohnte sie anfangs, während der Scheidungsprozeß noch lief, in einer Pension in Clarens und nicht in der Villa Sangata – vielleicht auch, um nicht allzusehr mit Beers ›Familie‹ konfrontiert zu sein. Außer Beer wohnten in der Sangata auch noch Dagmar von Helmburg und der gemeinsame Sohn Randolph, genannt Ralph. Ralph sah nach Augenzeugenberichten seinem Vater so ähnlich, daß die Nachbarn das Geheimnis der Baronin Helmburg mühelos errieten. Beers Sohn war fast im gleichen Alter wie Berthas Sohn Percy, das mußte sie schmerzlich daran erinnern, daß sie ihren eigenen Sohn nicht bei sich haben konnte und daß er nach geltendem Recht seinem Vater Eckstein zugesprochen werden würde. In den ›Kegelschnitten‹ versetzte sie Ralph denn auch weit fort: »Sein Kind mit Tatjana wuchs in Instituten auf, weil es unschön ausgefallen war.« In Wirklichkeit wurde Ralph ganz im Gegenteil ausschließlich zuhause unterrichtet – er war immer anwesend, denn er »ging nicht in die Volksschule und erhielt zuhause Privatstunden und hatte kaum Kontakt mit anderen Kindern«, wie sich ein Spielkamerad aus der Nachbarschaft erinnerte. Berthas Gefühle in dieser Angelegenheit sind aufbewahrt in dem Namen, den sie Theodor Beer im Roman gibt: Ralph Herson. Der Vorname also war der des Sohnes, und der war »Her son«, ihr Sohn, der Sohn der anderen, nicht ihr eigener. Aber auch der Bezeichnete, Beer nämlich, war in gewisser Weise »her son«: Sogar während seiner Ehe mit Laura war er die ganze Zeit mit der mütterlich wirkenden Freundin zusammen gewesen, allerdings als ein alle Beherrschender, als »Herschsohn« – so lautete doch tatsächlich Hersons ›ursprünglicher‹ Familienname, den er nur in der anglisierten Form verwendete, um jüdische Abkunft zu verschleiern. (Sir Galahad hatte sich hier ein bös-virtuoses Namensspiel ausgedacht, das in der Vorlage des Beer'schen Familiennamens keine Entsprechung findet).
Als die Scheidung Ende 1909 rechtskräftig geworden war, konnte Bertha in Beers Villa ziehen, ohne weiterhin Ehebruchsklagen fürchten zu müssen. Sie durfte Beer allerdings nicht sofort heiraten, erst sechs Monate nach der Scheidung konnten Frauen eine neue Ehe eingehen. Diese Rechtslage versetzte Bertha erneut in eine quälende Situation. An sich war sie frei. Beer mochte darauf gedrängt haben, sie

Bertha um 1910

solle endlich in die Villa ziehen. Lebte sie aber unverheiratet mit ihm in der Villa zusammen, war ihr guter Ruf in Gefahr und damit die Erlaubnis, ihren Sohn Percy zu besuchen. Bei der Scheidung war nämlich vertraglich geregelt worden, daß sie ihren Sohn Percy so lange sehen und einen Teil des Jahres bei sich haben durfte, wie ihr »Wandel einwandfrei« bliebe. Betrug sie sich also nach damaliger Auffassung irgendwie unsittlich oder skandalerregend (Konkubinat), war sie ihren Sohn womöglich für immer los. Eine Situation zum Verrücktwerden. Es scheint, daß Bertha anfangs auch tatsächlich darüber fast

Kokoschkas unvollendetes Porträt von Sir Galahad

wahnsinnig wurde. Ende 1909 war sie in die Sangata übergesiedelt. Um Neujahr herum, Beer war gerade verreist, schickte ihr Adolf Loos, ein Bekannter aus früheren Tagen, einen jungen Wiener Maler ins Haus, den er in die Schweiz gebracht hatte, um ihm Aufträge zu verschaffen. Dieser junge Maler hatte sich zuerst in jenem Sanatorium aufgehalten, in dem auch Loos' Lebensgefährtin Bessie Bruce zur Heilung war – in der Hoffnung, dort Gäste porträtieren zu können –, war dann aber von Loos in die Villa Sangata gebracht worden, um dort – wie er glaubte – Beers »zweite Frau« zu malen (fast war es Bertha ja schon). Der junge Maler war niemand anders als der 23jährige Oskar Kokoschka. In seinen Lebenserinnerungen hat er später die Episode festgehalten, nicht immer wohlinformiert in Personaldingen. Loos' Schwerhörigkeit verursachte ständig Mißverständnisse. So nahm Kokoschka an, der Hausherr sei wegen seinem Sittlichkeitsprozeß fort, in Wien verhaftet, obwohl dies ein halbes Jahrzehnt früher stattgefunden hatte; er konnte auch nicht unterscheiden, wann die Rede war von Laura (Beers Frau), wann von Bertha (Beers Frau), und es gerieten ihm die Söhne Ralph und Percy durcheinander. In der Sache aber sind Kokoschkas Aussagen klar. Er sollte eine Frau porträtieren, die vor Angst fast wahnsinnig war, man könnte ihr ihren Sohn wegnehmen.

»Kleinmut und Angst«, schreibt Kokoschka, »ließen sie wie ein gehetztes Tier sich in ihrem Dasein nicht mehr auskennen. Sie hatte schlaflose Nächte und erschien einmal in meinem Zimmer in einem leichten weißen Gewand in der Verfassung der Niobe, der man ihr Junges wegnehmen wolle. Sie zwang mich, die Polizei anzurufen... Ich erinnere mich nur, daß meine Hände mit Preussisch-Blau verschmiert waren, weil ich noch an dem Bild arbeitete...« Dem in der Schweiz fremden Kokoschka wurde es angesichts der anrückenden Polizei so unheimlich, daß er sich an einem Bettuch aus der Villa Sangata abseilte und noch in der Nacht zu Bessie Bruce fuhr, die inzwischen in einer Pension oberhalb von Clarens wohnte. Das Bild ließ er halbfertig zurück. »Am nächsten Tag erschien die Frau von der Villa Karma hoch zu Roß in Reitkleid und Federhut. Ich sah sie wohl, hielt mich aber versteckt«, fährt Kokoschka in seiner Erzählung fort. Angeblich verlangte die Frau »gebieterisch, daß ich zu ihr zurückkehre, und hätte fast mit der Reitpeitsche dreingeschlagen, als Bessie Loos, obwohl sie offenbar mit der seelisch verstörten Frau Mitgefühl empfand, standhaft meine Anwesenheit leugnete.« Eine Version, die nicht sehr überzeugend klingt. Kokoschka mochte sich aus Bessies Erklärungen (sie sprach nur Englisch) einiges zusammengereimt haben. Wahrscheinlicher ist, daß Bertha von Bessie oder von Loos Aufklärung über den jungen Mann haben wollte, der so plötzlich verschwunden war und in Wien alles mögliche erzählen konnte, und daß sie nachdrücklich darum gebeten hatte, in Wien nichts von ihrem Aufenthalt zu verraten. Kokoschka jedenfalls beobachtete hinter einem Fenster versteckt stehend, wie diese »Mänade einsam auf der vereisten Serpentinenstraße (wieder) hinuntergaloppierte, das Pferd noch zur Eile anpeitschend«. Das unvollendete Bild wurde später nicht, wie er in den Erinnerungen meldete, an das Wiener »Landesmuseum« verkauft. Es wurde vielmehr vom Museum des 20. Jahrhunderts bei einer Auktion im März 1962 ersteigert und hängt heute im Museum moderner Kunst in Wien – unter verschiedenen Titeln (»Frauenporträt«, »Porträt einer Unbekannten«, »Porträt Frau Dr. Baer«). Kokoschka hatte, ohne es zu wissen, Bertha Eckstein-Diener in einem ihrer Abendkleider und im Zustand absoluter folie dargestellt.

Die Situation normalisierte sich wieder, die Zeit arbeitete gewissermaßen für Bertha. War sie erst wieder in allen Ehren verheiratet – und das konnte im Frühsommer sein –, war alles durchgestanden und in Ordnung gebracht. Die Villa Sangata, wir zitieren wieder Ralphs Spielkameraden, war ein angenehmer Aufenthaltsort »mit weitem Blick über den Genfersee, inmitten eines wundervollen Parks«. Ein weiteres juristisches Kuriosum: Eine geschiedene Frau, die erst sechs Monate nach der Scheidung wieder heiraten durfte, durfte andrerseits – ein freundlicher Zug im patriarchalischen Recht – schon nach drei Monaten wieder ein Kind empfangen. Dies war der Augenblick, auf den die beiden Verliebten ungeduldig gewartet hatten. Er wurde, nach soviel »peripherer Lust«, nach soviel »endlos verküßten Nächten«, die sie »übertrieben hatten, da ihnen die letzte Erfüllung versagt war«, zu einer einzigen Enttäuschung. Es gab Empfindlichkeiten. Man stritt sich. Bertha fühlte sich in der Sangata allmählich wie eine Gefangene und fuhr eines Tages vom See weg, dessen »nervöses Licht« schon Kokoschka irritiert hatte, ins Gebirge. Fuhr einer Beziehung davon, die weniger denn je eine war, »glitt auf Skiern ins Blaue über Wächten, verschmachtet nach Freiheit und Bewegung«.
Der Bruch war schon da, wenn auch noch verdeckt. Nach wie vor erwartete Bertha stillschweigend, daß man, »war die peinliche Wartezeit um, eines Vormittags obenhin und möglichst in der Stille erledigte, was der Gesittung und der Kaste zukam« – also aufs Standesamt ging und heiratete. Das erschien ihr so klar, daß ihre Freunde sie schon verheiratet glaubten. Alfred Kubin schrieb im März 1910 an Herzmanovsky-Orlando: »Die Frau Eckstein dürftest du jetzt auch ohne Zweifel bei Gelegenheit kennenlernen – wie mir Wolfskehl eben erzählt, hat sie den Professor Beer kürzlich geheiratet.« Im Juni meldete er, »die Beers« seien zur Zeit nicht in Wien, »die sind wohl verreist«. Tatsächlich hielten sich Beer und Bertha am Genfer See auf, und die Sache trieb langsam auf eine Katastrophe zu. Laut ›Kegelschnitte‹ hatte Beer schon die ganze Zeit versucht, Bertha an der Finanzierung der Villa Karma zu beteiligen (»ihr Heim«), wobei sie, da sie ihr Vermögen dahinschwinden sah – das Kapital war schon angegriffen –, nur zögernd mitmachte. Als sie ihm endlich ihre Schwangerschaft mitteilte, präsentierte ihr Beer nach eingehender Beratung mit seinem Rechtsanwalt einen Ehekontrakt, der ihr Selbstgefühl tief verletzte (»eigentlich einen Scheidungskontrakt«) und überdies finanzielle Forderungen enthielt, die sie nicht erfüllen konnte. Sie verließ ihn nach einem Wortwechsel voller Empörung (»Einen Märchenprinzen glaube ich zu finden – und finde – Leiser Herschsohns Nachfolger«), und Beer hielt sie nicht zurück.

Ende

Die folgende Zeit muß für Bertha ein Martyrium gewesen sein. Noch immer war sie in Beer verliebt, besser gesagt, in ihr Wunschbild vom Weltprinzen. Kaum hatte sie sich von ihm getrennt, schoß die Sehnsucht hoch und die Kränkung, Illusion und Haß. Sie fühlte sich unerträglich diskriminiert und deklassiert. Da hatte sie einer betrügerisch erst »in den Salonwagen« eingeladen, um sie nachträglich »bei voller Fahrt in den Viehwaggon« zu stoßen. Hatte ihr etwas eingebrockt, das »ihrer Kaste unwert« war. Aber noch viel mehr stand auf dem Spiel: Mutter eines nichtehelichen Kindes lief sie wieder Gefahr, Sohn Percy zu verlieren, eine Vision, die sie quälte und ängstigte. »Menschenscheu, ganz allein, irrte sie von Stadt zu Stadt. Sprach durch Monate kaum ein Wort. Mied Seen, Brücken, Felsen...« – und vor allem Wien. Niemand durfte etwas erfahren. Die Empörung über den, der ihr das angetan hatte, war grenzenlos. Ihren zweiten Sohn Roger brachte sie kurz vor Weihnachten in Berlin zur Welt, heimlich und ganz allein. Die Chronologie der Ereignisse: Sie hatte Beer von der Geburt seines Sohnes telegraphisch unterrichten lassen. Darauf erfolgte nichts. Drei Wochen später erschien Beer in der Klinik und forderte in einem spitzen Briefchen, das er ihr ins Zimmer schickte, die Vormundschaft über das Kind (»Geehrte gnädige Frau...«). Statt zu unterschreiben, gab Bertha Weisung, ihn wegzuschicken (»Sie klingelte und ließ ihn hinauswerfen«), ohne ihn überhaupt gesehen zu haben. Zwei Monate später bekam sie von ihrem Rechtsanwalt den Bescheid, Beer sei »zu Verhandlungen« bereit. Ohne Kind, das in Wien ja nicht auftauchen durfte und bei einer Amme in Berlin blieb, fuhr Bertha nach Österreich. Ein seltsames Schauspiel begann: Zwei schwer Justizgeschädigte gaben sich bei ihren Rechtsanwälten Stelldicheins. Bertha bestand auf einer Scheinehe mit anschließender sofortiger Trennung als der einzigen »meiner Kaste gebührenden Form« – Beer beharrte auf der vorhergehenden Übertragung der Vormundschaft. Zwischendurch fuhr man spazieren...
Schließlich wurden die Verhandlungen ergebnislos abgebrochen, hatten aber eine Art Halbversöhnung bewirkt. Ermuntert von sämtlichen Rechtsanwälten fuhr Bertha mit dem Kind von Berlin an den Genfer See. Vielleicht konnte man sich gütlich einigen. »Zu seinem Geburtstag« – es war inzwischen Ende März geworden – legte sie Beer das drei Monate alte Kind auf den Schoß. Wieder wurde die Heirat verabredet. Bertha ließ das Kind in der Obhut der Amme und fuhr beruhigt an den Gardasee – dort sollte sie Percy treffen und zwei Wochen bei sich haben

Theodor Beer am Kamin

(während seiner Osterferien wahrscheinlich), ein Termin, der sich schlecht verschieben ließ. »Zwei blaugoldne Wochen« verspielte sie dort mit Percy, gab ihm »ein pausenloses Fest«. Sie sah ihn ja nicht oft. Was nun folgt, ist eine Geschichte, die – wenn sie wirklich so passiert ist – ausgesprochen traurig macht. Kaum hatte Bertha Beer verlassen und sich am Gardasee eingerichtet, kam ein Brief mit einem »unterschriftsfertigen Dokument« – der Geliebte verlangte wieder einmal schriftlich die Vormundschaft. Aber warum? Hatten sie nicht die Heirat verabredet, durch die er automatisch Vormund wurde? »In wenigen Wochen der legitime Vater, was brauchte er noch dies?« Sie legte den Brief beiseite und reagierte nicht. Während sie nichtsahnend ihrem alten Kind aus dem Dschungelbuch vorliest, kündigt ein Telegramm die Ankunft des neuen Kindes an – »Kind mit Amme unterwegs« – in einem Hotel,

das vollgepfropft war mit Wiener Sommerurlaubern und Bekannten. In Panik packt sie die Koffer und flieht mit ihrem ersten Kind vor dem zweiten, planlos quer durch Europa »bis an den Kanal hinauf«. Auch Percy selbst natürlich sollte nichts merken, von dem sie »bisher mit übermenschlicher Kraft diesen ganzen Schmutz weggehalten«. Es war der endgültige Bruch. Romanhaftes Ende: Als Chauffeur verkleidet schleicht sich die Getäuschte mit einem Revolver in die Villa, um ihren Peiniger zu ermorden. Sie hat aber die Reise umsonst unternommen: Die Villa ist leer, der Hausherr mit »Lady Tatjana« auf Weltreise gegangen, ohne seine Ermordung abzuwarten. (Die Reise übrigens ist authentisch, Beer und Dagmar von Helmburg waren in den Jahren 1912 bis 1914 außerhalb von Europa; dies bezeugte der Architekt Hugo Ehrlich, der »in den Jahren 1912 bis 1914... ergebnislose Korrespondenz mit dem Bauherrn (führte), der in fernen Erdteilen weilte, wo und wann wir uns treffen könnten...«). Wieder romanhaft: Die beiden hatten »das neue Kind«, ihr Kind, einfach mitgenommen. Das muß die als Chauffeur Verkleidete vom Pförtner erfahren. Sie richtet daraufhin den Revolver gegen sich selbst, bringt sich einen Lungenschuß bei, wird aber von Horus und Gargi gefunden und gesundgepflegt. In Wirklichkeit war die Amme seinerzeit mit Kind nach Berlin zurückgekehrt, war das Kind nicht von Beer entführt worden – für Bertha aber doch verloren. Sie hatte sich entschlossen, es nicht selber aufzuziehen, sondern Pflegeeltern anzuvertrauen. Aus dem Jahr 1913 hat sich ein Anwaltsbrief erhalten, in dem über eine mögliche Adoption gesprochen wird.
Merkwürdig ist das in wenigen Sätzen hingeworfene letzte Ende des Romans. Horus und Gargi, wie gesagt, finden die Heldin und retten sie. Als ein Menschenpaar höherer Art bilden sie den deutlichen Kontrast zum Paar Ralph Herson – Lady Tatjana. Mit ihnen ist eine wahre Beziehung möglich. Horus, als indischer Gentleman, heiratet die Heldin in England (wahrt also anstelle des bösen Geliebten die Form der »Kaste«), kehrt mit ihr nach Hamburg zurück, wo Gargi und seine »schneeweiße Yacht« schon abfahrbereit warten – Auf nach Indien – als der böse Geliebte noch einmal entscheidend und zerstörerisch in ihr Leben eingreift: ausgerechnet er denunziert die drei wegen Bigamie. Im Hafen werden sie verhaftet, die Heldin erschießt sich diesmal endgültig, und Horus, der indische Prinz, der einmal für Europa geschwärmt hatte, bekommt fünf Jahre europäischen Kerkers. Der böse Geliebte, von seiner Weltreise schon wieder zurückgekehrt, sitzt derweil am Strand seines Landhauses, reibt sich die Hände und zählt sein Geld; neben ihm Lady Tatjana »wartete, schlau und zäh, bis er ermüdete und doch noch vielleicht ihre Stunde kam«.

Zerstörung einer Existenz durch die Justiz: Nach 1906 war Beer gezwungen, auf seine Titel zu verzichten. Faksimile seiner Unterschrift aus dem Jahr 1910

Bertha hatte höchstwahrscheinlich, während sie am Roman schrieb, erfahren, daß Beer tatsächlich seine langjährige Kameradin im März 1916 geheiratet hatte, den Sohn Ralph adoptiert. Beer war bei allen Wiener Bekannten noch immer Tagesgespräch. Viele, die ihn kannten, nahmen echten Anteil an seinem Schicksal, das sich nach Ausbruch des Ersten Weltkriegs wenig freundlich entwickelte. Schnitzler hat es in seinen Tagebüchern verfolgt. Im April 1916 wurde Beer 50jährig in

Wien zum Militärdienst eingezogen. (Seine Heirat war unter diesen Umständen so etwas wie eine Kriegstrauung.) Er kam aber nicht an die Front, sondern mußte im Reservespital der Hütteldorfer Kaserne Dienst tun – als einfacher Soldat ohne jede Charge, da er bei seinem Prozeß alle akademischen Grade eingebüßt hatte. Bedrückt notierte Schnitzler im Oktober 1916:

»Vormittags im Reservespital...Prof Beer sprach ich im Hof (als Einjährig-Freiwilligen...) – über sein Schicksal, das Haus am Genfer See (er muss es verkaufen, wohnt hier in einem schlechten Hotelzimmer nah der Kaserne), über Kinder (er hat einen sechzehnjährigen Buben), Popper, dessen Grösse er preist. – Bei Popper. Dr. Theodor Beer mit Frau... sein Anliegen an mich, Intervention zwecks Wiedererlangung seines Doctorats...«

Schnitzlers Bemühungen hatten keinen Erfolg. »Stimmung gegen ihn, Sittlichkeit, Antisemitismus...« – Beer und Schnitzler trafen sich in den folgenden Jahren gelegentlich beim gemeinsamen Bekannten Josef Popper-Lynkeus, Schnitzler notierte anregende Gespräche über »Medizinisches«. Beer schien nichts von seinem Aplomb verloren zu haben – bis er sich im September 1919 in einem Luzerner Hotel umbrachte, »aus finanziellen Gründen«, wie Schnitzler vermerkt. Bertha schrieb fast zwei Jahrzehnte später an ihren Sohn:

»Dann, nach dem ersten Weltkrieg, kam die Inflation, damit war sein deutsches und österreichisches Vermögen wertlos mit einemmal, die Hypotheken und Bankschulden aber lauteten auf frs. Da er auch die Zinsen nicht mehr aufbringen konnte, sollte ›Karma‹ versteigert werden; aus Trotz vergiftete er sich an dem Tag der Versteigerung mit Blausäure, ein Verfahren, dessen sichere und rasche Wirkung er als Biologe oft ausprobiert hatte, auch an seinen eigenen, altersschwach gewordenen Haushunden, denn obwohl Vivisektionist war er ein großer Tierfreund und hätte nie dem Wasenmeister so etwas anvertraut...«

Das Neue Wiener Tageblatt meldete, er habe sich erschossen; der Polizeibericht sprach davon, daß er sich im Bad die Pulsadern geöffnet habe. Auch über das Motiv schwanken die Angaben. Ralphs einstiger Spielgefährte hörte in Wien die Version, Beer habe »wegen des an der Front gesehenen Elendes Selbstmord verübt«.

Wie dem auch sei – er hatte vorgesorgt. Vera Behalovas Recherchen bei der Gemeinde Montreux ergaben, daß Beers Sohn die Villa Karma erbte (Januar 1920), um sie ein halbes Jahr später doch endgültig verkaufen zu müssen. Dagmar Beer behielt die Villa Sangata, »das alte Landhaus«, in dem sich Berthas Geschichte abgespielt hatte, bis sie es 1929 ebenfalls verkaufte. Zwei Jahre später starb sie in St. Tropez. Ihr Sohn Ralph wanderte um 1938 aus, danach verliert sich jede Spur. So endete das Kapitel Karma, dessen Folgen für Bertha »besonders Tiefgreifende und Dauerhafte« gewesen waren. Hat sie sich je von Beer lösen können? Da sie ihn hartnäckig niemals so akzeptierte, wie er war, konnte sie ihn möglicherweise innerlich nie richtig loswerden. Der Roman half ihr zweifellos, die Ereignisse zu verarbeiten. Aber noch in ihrem letzten Brief an Roger verglich sie den »Complex Karma« und Theodor Beer mittendrin mit dem Pik-König-Symbol beim Kartenschlagen, insofern »nämlich dieser, wenn das ›ganze Spiel‹ aufgedeckt wird sich als *Herr des Spiels* und dessen Leitfigur erweist« – fast vierzig Jahre nach dem Geschehen. Welche peinigenden Schuldkomplexe sie mit sich herumschleppte, nachdem sie ihren zweiten Sohn weggegeben hatte, schrieb sie selten offen. Einmal doch, nämlich an den Sohn selbst, nachdem sie ihn Ende 1938 in Berlin gesehen hatte. »Zum ersten mal, seit bald dreißig Jahren durfte ich... wieder einfach und echt froh sein. Jener Bleihimmel, der mir auf der Stirn lastete, ist weg. Das verdanke ich Dir.« In einem der nächsten Briefe fällt, sorgfältig gewählt, das Wort »unsere Wiederbegegnung«. Sie hatte also das Bild des Kindes, so wie sie es zuletzt gesehen hatte, die ganze Zeit vor Augen gehabt.

Anfang

Herausgeschleudert aus ihrem Traum begann sie 1913 die ›Kegelschnitte‹. Zwei kleinere Arbeiten waren schon fertiggeworden und erschienen in diesem Jahr: das zweite Bändchen der Mulford-Essays, und – wichtiger – das erste »eigene Buch«, das ihren Namen als Schriftstellerin festigte, der ›Palast des Minos‹, ein kulturgeschichtlicher Spaziergang durch die Ausgrabungen des Sir Arthur Evans in Kreta. Geschrieben in einem gemäßigt-verdichteten Telegrammstil und immerhin 120 Seiten stark, beginnt es mit dem bestrickenden Satz: »Auf Knossos gräbt Sir Arthur Evans Märchen aus.«
Die Reise in die Vergangenheit, heißt es darin, sei das letzte große Abenteuer. Aller Scharfsinn muß aufgeboten werden, um die vorgefundenen Überreste richtig zu interpretieren. Die antiken Menschen waren keine rätselhaften Halbgötter oder Barbaren, sie waren wie wir. Nur schöner, geschmackvoller, sportlicher, luxuriöser, raffinierter, vornehmer und weiser. – Bei der Beschäftigung mit der minoischen

Kultur beginnt Sir Galahads Vorliebe für die noch nicht zu Tode kommentierten Kulturen. Später interessierten sie Byzanz, die (vor)geschichtlichen Mutterreiche, die Etrusker. Kurz vor ihrem Tod dachte sie noch an einen ›Maecenas‹-Roman, den sie nicht mehr ausführen konnte.

Mit ihrer Methode, die Vergangenheit praktisch zu nehmen, gelingen ihr einige verblüffende Deutungen. Der minoische Stierkampf beispielsweise war *kein* Menschenopfer-Ritual. Dies aufgrund einiger Wandfresken zu behaupten, wäre genauso widersinnig, wie wenn spätere Archäologen mit dem zufällig erhalten gebliebenen Foto von einem Polospiel – darauf ein vom Pferd Gestürzter – den Schluß ziehen würden, wir heute hätten einem »Pferdekult mit Menschenopfer« gehuldigt. – Oder die Kleider. Warum werden denn immer die nahtlosen Gewänder als primitiv angesehen?

> »Nur männliche Archäologen, die nie ein Peplon drapiert, ein Hymation gefaltet, einen Chiton geordnet haben, sprechen leichthin vom ›schlichten‹, weil ›nahtlosen‹ griechischen Gewand. So ein Gewand mußte jeden Tag neu kreiert werden... gleichsam aus dem Nichts... bedurfte einer Arbeit von mehreren Stunden, die nur teuren Spezialisten aus der Sklavenbranche anvertraut werden konnte. Am Abend fiel dann alles wieder in einen rechteckigen Fleck auseinander, und der Dame ward Angst bei dem Gedanken an die morgigen Mucken der formlosen Materie...«

Bertha hatte sich in ihren »Wanderjahren« nicht nur sehr intensiv mit Naturwissenschaften befaßt, sondern auch mit Mode, Architektur, Kunstgeschichte – und Rasse. Unverkennbar stehen diese Themen in einem gewissen Zusammenhang mit Theodor Beer. Für einen bestimmten Lebensstil waren sie einfach ein *must*. Hohe Mode, hochentwickelte Architektur und »Hochrassigkeit« stellten für Bertha Werte dar, die sie mit nahezu pseudoreligiöser Inbrunst aufsuchte – und schließlich in der Vergangenheit reiner ausgeprägt fand als in der Gegenwart. So wurden Archäologie, Geschichtsforschung, Kulturwissenschaften zu ihren neuen Lieblingsgebieten. Noch immer traumatisiert von den Zinkblech-Verzierungen der väterlichen Fabrik nahm sie die frühen Kulturen – hier die minoische – zum Ausgangspunkt für ihre Reflexionen über Ornament und Material. Sie befand sich bei ihren Überlegungen ganz auf der Linie von Adolf Loos.

Zeitaktuell mischt sie sich auch in »die Rassenfrage«, widmet ihr im ›Palast des Minos‹ einen ganzen Abschnitt (»Krethi-Plethi. Das Rasseproblem«) und verdankt dieser Schwerpunktsetzung einen Teil ihrer damaligen Bekanntheit (und heutigen Inaktualität). Von Houston Stewart Chamberlain inspiriert (›Die Grundlagen des 20. Jahrhunderts‹) versuchte sie folgende Überzeugung zu verkaufen: In jeder Rasse (außer in den ganz minderen, die gibt es natürlich auch) hat sich die »Elite« zur »Hochrassigkeit hinaufgezüchtet«, während das Fußvolk dumpfer »Pöbel« bleibt, ja sogar »entraßter Pöbel«. Somit ist »Rasse« eigentlich »Kaste«, und die »Hochrassigen« aller Länder ähneln sich untereinander, bilden einen vollendeten »Spitzentypus«, eine zusammengehörige Weltkaste. Sie haben keine spezifischen Rassenmerkmale mehr – extreme Krummnase, slawische Plattnase sind Zeichen von »Minderrassigkeit« –, sondern sind ganz einfach edelgebildet, proportioniert, von »Kühnheit und Eleganz der Konstruktion« wie gute Architektur, von »geisterhaft feinem Bau«, haben moderat geschwungene Nasen und – natürlich – schlankeste Taillen. Da war es wieder, das alte Vollkommenheitsideal. Immer noch begriff Bertha Vollkommenheit als ästhetisches Problem, war imstand, eine Körperform an sich als hohen Wert zu betrachten. Ethik als Ästhetik – auch diesem Schwerpunkt verdankt sie einen Teil ihrer damaligen Aktualität.

B Ahasvera

Texte

Eheirrung bei Amsels

Im Stadtpark:
Ölbraune Erdschollen zwischen Perlenschnüren betauter Gewebe, lilahaarigen Anemonen und anderen Märzgeborenen!
Die Vögel haben ein Leben!
Frische Regenwürmer – junge Schnecken, lauter Primeurs.
Der Bürger ehrt den Lenz, indem er die Morgenwurst hier im Freien verzehrt.
Plötzlich unerhörtes Vogelgezeter – Flügel-, Krallen-, Schnabelschlagen – ein flatternder Ball – zwei Amselmännchen vollführen den Lärm.
Was ist geschehen?
Der legitime Amserich, von einer Schneckenrevue heimkehrend, fand Madame in tiefem Flirt mit einem fremden Amselmännchen, daher der Spektakel!
Madame sieht ruhig zu – sie kennt wohl die sportliche Überlegenheit des Flirt, sein besseres Training, – der Gatte wird verhauen, sie ist ganz beruhigt.
Leute strömen herbei, bilden einen Kreis. Da, mit einer *double finte* (Schule Barbasetti) hat der Amselflirt dem Legitimen einen solchen Schnabelhieb versetzt, daß der kreischend zum höchsten Ast flieht.
Der Sieger nähert sich Madame, und beide eilen eifrig und stumm ins nächste Gebüsch. Sie reden kein Wort mehr – wie meist die Hauptbeteiligten in solchen Fällen.
Aber die menschliche Korona ereifert sich, schreit durcheinander, nimmt Partei je nach den eigenen häuslichen Verhältnissen.
Ganz vorn steht ein Mann und sondert sichtlich Galle ab. Stimmen ertönen: »a so a Mistviech, do hert si do alls auf.« Dazwischen mildere Urteile: »Na, is ja nit so g'fährli! A fesch's Weiberl halt!«
Der Amserich auf seinem Zweige sitzt und schimpft. – Er lästert Gott und die Welt.
Ganz unqualifizierbare Ausdrücke gebraucht er, man sieht's, denn sogar die pöbelhaften Spatzen ziehen sich zurück.

Ein alter Herr aus dem menschlichen Zuschauerkreise wird weich gestimmt.
Er hat zu den drei Morgenwürsten die drei zuständigen Wecken gegessen – sonst geht's immer so gut aus – aber diesmal – hat er nicht acht gegeben – oder wie – kurz, ein Weckenende ist ohne korrespondierende Wurst übriggeblieben!
Zu trocken!
Und er kann überhaupt wirklich nicht mehr!
Da das Weckenende zum Aufbau des Körpers nicht mehr dienen kann, so wird es zu Herzensgüte verwendet!
Er lockt damit den geknickten Amserich:
»Komm, mei Vogerl, no so komm her da.«
Wirft ihm ein Stück hin.
»Da host – na so geh« – wirft noch ein Stück.
Der Amserich legt den Kopf auf die Seite, schaut mit dem einen Glasperlenaug ganz schräg und teilnahmslos auf den Wecken hinab.
Amseln fressen nämlich in gar keiner Lebenslage Wecken. Die Zuschauer lachen. – Der alte Herr wird wild – mit der Linken streut er die letzten Brocken seiner Milde, mit der Rechten droht er dem Vogel hinauf – – schreit:
»Wirst hergehen und fressen, Luader, du ganz verdächtigs!«
So, wer nicht als lebender Sammelkasten für Abfälle dienen will, wer nicht jeden Gnadenquark dankbar schluckt, ist also ein »Luader, ein ganz verdächtigs«!

Sir Galahad
(Aus: ›März‹, 2. Dezemberheft 1907)

Ägypten

Homâr, der Esel

Die Akme aller Vornehmheit ist natürlich *Gemel*, das Kamel. An Rhythmus der Silhouette, an Größe der Gebärde – und eine Ehrfurchtpause im Lebendigen ist nach ihm – dann kommt Homâr der Esel – wieder Ehrfurchtpause – endlich die Plebs der übrigen Tiere, Weiber und Fremde.
Überhaupt der Fremde …… aber Allah wollte nicht, daß irgend ein Geschöpf ganz wertlos und verachtet sei auf Erden, und so verlieh er

Wien-Aufenthalten eher im Hotel. Dort war sie ungebunden, niemandem Rechenschaft schuldig, fiel niemandem zur Last. Möglicherweise empfand sie Hotels auch als *gemütlicher* – schließlich war sie daran gewöhnt. Wollte man ihre Aufenthalte nach 1910 systematisieren, so käme man auf drei Hauptwohnsitze: Im ersten Jahrzehnt – bis 1920 etwa – lebte sie vorwiegend in München, das zweite Jahrzehnt in Les Avants sur Montreux, und die letzten zwanzig Jahre verbrachte sie hauptsächlich in Genf, der Stadt Calvins, Rousseaus und des »toten Völkerbundes«.

»Emigration«

Die Tatsache, daß sie während des Dritten Reiches in der Schweiz lebte, veranlaßte manche Verfasser von Lexikonartikeln oder Nachrufen, sie kurzerhand zur politischen Emigrantin zu erklären. Das war sie entschieden nicht. Sie hatte Österreich um 1910 und Deutschland schon um 1920 verlassen. Zu Beginn des Dritten Reiches hatte sie sich längst in der Schweiz wohnlich eingerichtet. Sie fühlte sich weder politisch noch rassisch verfolgt – und war es auch nicht –, sodaß sie die ersten Jahre noch in aller Harmlosigkeit mit dem neuen Gebilde Nazideutschland umgehen konnte und sogar davon profitierte, obwohl ihr die Form des militärischen Bürokratismus (so sah sie das Dritte Reich) durchaus unsympathisch war. Im Schlußkapitel der 1932 erschienenen ›Mütter und Amazonen‹ findet sich dieser wunderschöne Satz:
»Als Effekt weithin sichtbar bei männlicher Revolution oder männlicher Gegenrevolution, männlichem Kommunismus wie männlichem Faschismus ist, daß dann jedesmal noch mehr Männer in Büros auf Sesseln sitzen und die restlichen Leute nach immer anderem Heilrezept am Leben hindern. Kein Symptom ist bedenklicher als dieser allverkalkende Hang zum Bürokratismus...«
Diese Analyse, die – verallgemeinernd – nur einen Teilaspekt totalitärer Regime trifft und speziell die Gefährlichkeit und Dynamik des nationalsozialistischen Unrechtsregimes völlig unterschätzt, erlaubte es ihr, bei Bedarf, wenn auch angewidert, nach Deutschland auszureisen, solange die Schweiz dies gestattete – so zum Beispiel im Winter 1934/35 nach München wegen Recherchen zu ihrem Buch ›Byzanz‹. Im Herbst 1938 besuchte sie ihren Sohn in Berlin und schloß einen Studienaufenthalt in Frankfurt am Main an, wo sie für ihre ›Kulturgeschichte der

Seide‹ recherchierte. Für dieses Buch bekam sie ein Stipendium der NS-Reichsschrifttumskammer. Eine erste Rate wurde Ende 1938 angewiesen, von einer zweiten ist noch im August 1939 die Rede. Bertha nahm dieses Geld an, weil sie es brauchte. Ihre finanzielle Lage war in all den Jahren nach dem Zusammenbruch ihres Vermögens in der österreichischen Inflation von 1919 immer wieder verzweifelt. Nur: Wäre sie wirklich überzeugte Antifaschistin gewesen, hätte sie nicht auf diese Weise mit dem System paktieren können. Sie gehörte zu den Vielen, die als politisch unverdächtige »Arier« nicht direkt verfolgt und angegriffen wurden und deren Erfahrungen und Maßstäbe nicht ausreichten, das Phänomen des Nationalsozialismus frühzeitig angemessen zu bewerten. Vielleicht wäre sie, wenn sie in Deutschland gelebt hätte, bald eines Besseren belehrt worden. Vielleicht hätten die dortigen Ereignisse eine Politisierung bewirkt. So aber – aus der filternden Entfernung der Schweiz – konnte sie versuchen, Nischen und Hintertüren zu finden, dem Teufel den kleinen Finger zu geben in der Hoffnung, sich ihren Publikationsradius, ihr Leserpublikum, ihr Einkommen zu erhalten. Unter diesem Gesichtspunkt ist auch ihre Mitgliedschaft in der NS-Reichsschrifttumskammer zu sehen – sie trat nach dem Anschluß Österreichs bei, um nicht »verboten« zu werden und um die im »Reich« festliegenden Autorenhonorare zur Überweisung in die Schweiz freizubekommen.

Bertha war – dies soll hier noch einmal betont werden – weder Nationalsozialistin noch Antifaschistin. Sie war kein in erster Linie politischer Mensch. Ihr Individualismus, ihr Unabhängigkeitsbedürfnis rebellierten angesichts behördlicher Schikane und Briefzensur. So vorsichtig wie möglich, um die Empfänger nicht zu kompromittieren, formulierte sie ihre Abneigung gegen den »zeitgemäßen« staatlich verordneten Antisemitismus (1935), gegen »fascistisches Staatsrecht« (1940). Sie empfahl ihrem Sohn im Jahr 1941 die Lektüre von Ernst Jüngers ›Auf den Marmorklippen‹, das damals als verschlüsselte Opposition in Parabelform aufgefaßt wurde, und Ende 1944 die Lektüre von Aldous Huxleys ›Point Counter Point‹, ein Roman, in dem immerhin der Führer der Britischen Nationalsozialisten ermordet wird. Nach dem Krieg sagte sie es deutlich: »Nazischweinerei«. Jetzt freilich fiel das Entwirren der Fäden leichter als vorher, die Korrektur von kompromittierten Ansichten auch.

Wie sorglos aber *vor* dieser Erfahrung ihr Umgang mit verhängnisvollen Ideen und Begriffen gewesen war, zeigt Berthas Bewertung des Rassefanatikers Lanz von Liebenfels. Sie habe hier in der Schweiz einen »zahmen Chthoniker« getroffen, schrieb sie Ende 1932 an Herzma-

novsky-Orlando, noch in Unkenntnis darüber, daß Herzmanovsky und Lanz alte Bekannte waren (Herzmanovsky war sogar »Bruder« des von Lanz gegründeten obskuren »Orden des Neuen Tempels« gewesen) – einen »zahmen Chthoniker« also, »der die Symbolschau noch so lebendig besitzt, daß er magische Urzeichen findet (*erfindet* wäre zuviel gesagt!) von solcher Kraft, daß ich diese gemalten Urbilder manchmal als Talismane trage...«
Launig fügte sie noch hinzu, ein »echter Chthoniker ist heutzutage ja etwas so seltenes wie ein Brontosaurus an der Sirk-Ecke...« Sie wurde dann offenbar über Lanz aufgeklärt und lernte ihn näher kennen. Anfang 1935 schrieb sie an Herzmanovsky:
»Unser gemeinsamer Freund Lanz beglückt mich mit ariosophischen Traktaten voll Zahnstochermystik (Runen), für die ich, *jetzt ganz orientiert*, noch weniger Herz habe als sonst. Aber doch ein lieber Mensch der gute L, den ich um keinen Preis kränken möchte...«
Daß der »liebe Mensch« seit dreißig Jahren die blutrünstigsten Parolen zur Vernichtung angeblicher Untermenschen ausgestoßen hatte und in seinen ›Ostara‹-Heftchen wahrhaft verbrecherischen Unsinn über Rassereinheit propagierte, störte sie, aber nicht sehr. Sie nahm es einfach nicht ernst. Nachdem die Nürnberger Rassegesetze Ende 1935 erlassen worden waren, schrieb sie:
»Vor ein paar Tagen war der ›Großvater des dritten Reiches‹ Lanz-Liebenfels aus Nord Germanien kommend, einen Nachmittag bei mir; über den Wechselbalg seines Geistes recht niedergeschlagen...«
Erst jetzt schien es Bertha zu dämmern, daß zwischen Theorie und Praxis, zwischen Wort und Tat eventuell auch ein Zusammenhang bestehen könne: In Deutschland setzten die Nazis Lanz' Forderungen gerade in die Wirklichkeit um, allerdings ohne seine Mithilfe. Er war sehr schnell kaltgestellt worden, erhielt 1938 sogar Schreibverbot und war dementsprechend verbittert.
Mit diesen Geistern, die sie mitgerufen hatte – auch sie hatte in den ›Kegelschnitten‹ und im ›Idiotenführer‹ antisemitische Affekte formuliert –, wollte sie nichts mehr zu tun haben. Sie war froh, aus dem Reich wieder in die Schweiz fahren zu können. Von einer offenen Distanzierung, einer deutlichen Absage an das Naziregime, was ihre Position klargemacht und die echten Emigranten moralisch gestärkt hätte, ist allerdings nichts bekannt. Diese mutigen Solidarisierungen blieben einer Ricarda Huch, einem Oskar Maria Graf, einem Armin T. Wegener vorbehalten. Sir Galahad ging es in erster Linie um ihr Werk. Sie *lebte* von ihren Büchern und war zu irgendwelchen Risiken nicht bereit.

Uns heute, die wir den Verlauf der Geschichte kennen, nötigt die damalige Verwirrung und Orientierungslosigkeit selbst Ratlosigkeit ab. Aber die Fahrt ging ins Ungewisse. Bertha versuchte, dem Stand ihrer Informationen entsprechend, so klug wie möglich, so vorteilhaft wie möglich zu taktieren. Offensichtlich hatte ›Byzanz‹ – schon als Plan oder als Manuskript – das Interesse des Fischer-Verlages gefunden, zu dem sie überwechseln wollte. *Vor* 1933 war es der bedeutendste deutsche Verlag gewesen. In dem Maß, wie sich die Repressalien gegen ihn verschärften, bedauerte sie diese Entscheidung. »Leider«, schrieb sie Ende 1935 an Fritz Herzmanovsky-Orlando, »muss ich das Buch S. Fischer wieder *wegnehmen*; als jüdischer Verlag wird er von den N.S. Buchhändlern boykottiert u. ich kann doch den Vorteil, den mir die Phalanx meiner Großmütter bietet, nicht wegwerfen; außerdem ist es ja fast *unmöglich* geworden, sein Honorar aus einem deutschen Verlag ins Ausland zu bekommen, so werde ich das Buch entweder in Österreich oder in der Schweiz beim Vita Nova Verlag erscheinen lassen, wozu mir alle ›Wissenden‹ raten.«
Was sie suchte, war ein Verlag, der in Deutschland keine Absatzschwierigkeiten hatte und ihr problemlos Honorar und Tantiemen anweisen konnte. (Die Möglichkeit, bei einem Exilverlag zu publizieren, erwog sie gar nicht. Sie hatte es ja nicht nötig – dank der »Phalanx« ihrer arischen Großmütter.) Der Luzerner Vita-Nova-Verlag wäre sicher die richtige Adresse gewesen. Aber ›Byzanz‹ erschien 1936 nicht dort, sondern im Wiener E. P. Tal-Verlag – irgend etwas war schiefgegangen. Denn der 1919 von Ernst Rosenthal (später E. P. Tal) und Carl Seelig in Wien und Zürich gegründete Verlag war Mitte der dreißiger Jahre zu einer Zuflucht für im Reich verfemte jüdische Autoren geworden. Gerade das hatte Bertha vermeiden wollen. Tal übernahm in den Jahren zwischen 1933 und 1938 Autoren wie Max Brod, Gina Kaus, Raoul Auernheimer, Ferdinand Bruckner, Adrienne Thomas – alle im Reich verboten und verfolgt. Dementsprechend brutal war die Arisierung im März 1938 beim »Anschluß«. Murray G. Hall hat sie in seiner ›Österreichischen Verlagsgeschichte‹ detailliert dargestellt. Der Verlag wurde sofort besetzt, die Produktion abgewürgt. Von dem blühenden literarischen Programm blieben ganze zwei Titel übrig, die beim Reichspropagandaministerium keinen Anstoß erregten: eine Biographie Heinrichs IV. von E. A. Rheinhardt und – ›Byzanz‹ von Sir Galahad. Emil Alphons Rheinhardt übrigens, ein österreichischer Schriftsteller konservativer, ja »legitimistischer« Denkart, »reihte sich als ein Mann im reiferen Alter in die europäische Untergrundbewegung gegen die Nazibedrücker ein. Er endete in Dachau«. (Kantorowicz)

Hermann Graf Keyserling. – »Zum ersten mal traf ich, als ganz jung verheiratete Frau, mit ihm in Rodaun bei Hugo Hofmannsthal zusammen. Er war mein Tischnachbar und alle Anwesenden (Hermann Bahr etc.) fanden, dass wir einander wie Geschwister glichen: dieselbe schlaksige Länge, Blondheit, die ›Nordlichtaugen‹ und – die gleiche unerträgliche Arroganz! Um letzteres laut zu sagen, waren die Leute um Hugo H. zu höflich; aber es hing sozusagen stumm über unsrer beider Köpfe in der Luft. Später hörte er mehrere Semester bei meinem Bruder Karl Paläonthologie in Wien... Seine Bücher haben mir auch viel Spass gemacht... Was die ›geschwisterliche Ähnlichkeit‹ angeht, so hätte ich, im Laufe der Jahre, die mir doch ernstlich, als Befund, verbitten müssen, denn der gute Rattentypus ist immer mehr ins Dickhäuterhafte bei ihm abgerutscht: ausser einem Schlotterbauch sind ihm ein paar goldene Stoßzähne gewachsen, auch trägt er dauernd ungebügelt graue Hosen wie ein Elephant. Vor zwei Jahren hat er plötzlich ›Mütter und Amazonen‹ entdeckt, liess mir durch Vermittlung des Langenverlages eine Lobeshymne zugehen, abgedruckt in seinem Weisheitsblättli. Die Übersendung von ›Byzanz‹ quittierte er mit einem vorwurfsvollen Brief: die Verherrlichung solch eines totalitären christlichen Gottesgnadenschwindels sei meiner ›unwürdig‹«. (Brief an Roger vom 22.11.44)

Da unter diesen Umständen der Tal-Verlag aufgab (selbst der Ariseur resignierte), mußte sich Bertha wieder einen anderen Verlag suchen. Mit ›Bohemund‹ tauchte sie allen Geldtransfer-Schwierigkeiten zum Trotz, die sie hatte umgehen wollen, wieder in Reichsdeutschland auf, und zwar beim neugegründeten Goten-Verlag, der kulturhistorische Schriften publizierte und dessen jungen Leiter Herbert Eisentraut sie wahrscheinlich durch persönliche Vermittlung kennengelernt hatte. Auch ihre ›Kulturgeschichte der Seide‹ erschien hier. Erst für ihr letztes Buch, den Richard-Wagner-Roman, konnte sie einen angesehenen Schweizer Verlag interessieren, den Zürcher Atlantis-Verlag (bei dem übrigens auch Ricarda Huch, die mit dem Dritten Reich nichts zu tun haben wollte, ihre späten Werke erscheinen ließ).

Was wäre passiert, wenn sie »ihr Buch S. Fischer *nicht* wieder weggenommen hätte«? Darüber zu spekulieren ist eigentlich müßig. (Vielleicht hätte sie nach ›Byzanz‹ ganz andere Bücher geschrieben…) Da sie aber selber klagte: »Durch den ersten Weltkrieg verlor ich mein gesamtes Vermögen, durch den zweiten Weltkrieg verliere ich mein gesamtes œuvre, was viel härter ist…«, könnte man auf den Gedanken kommen, daß sie langfristig besser beraten gewesen wäre, bei S. Fischer zu bleiben. Als nicht verfemte Autorin wäre sie zweifellos im Berliner Verlagsteil geblieben, der bis in die vierziger Jahre arbeiten konnte. Die tiefe Vergessenheit, die sich nach dem Krieg über sie senkte, wäre weniger tief gewesen. Der Tal-Verlag zerschlagen, der Goten-Verlag eine quantité négligeable – sie hatte nicht eigentlich kein »œuvre«, sondern keinen Verleger mehr. Um so eindrucksvoller ist es, zu sehen, wie die Zweiundsiebzigjährige alles auf eine letzte Karte setzte: die ›Auserwählte Insel‹, eine Kulturgeschichte Englands, für die sie unmittelbar nach dem Krieg im Auftrag des Atlantis-Verlags zu recherchieren begann. »Ich werde neue und hoffentlich bessere Sachen schreiben, aber man muss mir Zeit geben, das einkünftelose Interregnum durchzuhalten. Dazu helfen mir jetzt anerkannte Comités zur Rettung notleidender Intellektueller aus ganz Europa in der Schweiz… ein ›Bestseller‹ soll, ja *muss* dieses Buch werden, wenn ich aus der deutschen Bücherkatastrophe herauswill…« (April 1946).

Ein Jahr später klammerte sie sich an die »Möglichkeit, mein Œuvre… in *Argentinien* für den *Weltconsum* an deutschsprachiger Literatur *neu zu verkaufen*… Meine Agentin für Nord- wie Südamerika ist die erste Frau von Stefan Zweig… mir persönlich tief ergeben (ich löse manchmal solche Devotionen aus) und hat sich erbötig gemacht nicht nur in Argentinien meine vergriffenen Bücher neu zu verkaufen, sondern für jene, noch nicht Übersetzte, die amerikanischen Rechte anzubringen.

Natürlich wird das, um in Gang zu kommen, noch etwa ein halbes Jahr dauern, aber ich sehe jetzt doch einen Weg aus der Misère heraus...« (April 1947). Mit diesem Hoffnungsschimmer starb sie. Bis zum Schluß arbeitete sie unentwegt an der Kulturgeschichte Englands, an Übersetzungen und Artikeln.

München – Freundeskreis

Vor 1910 hatte sie Gelegenheit gehabt, verschiedene Städte auszuprobieren. Mit Berlin hatte sie sich offenbar nicht anfreunden können, sie blieb dort »fremde Dame« – und van't Hoff starb 1911. München fand sie bier-dumm, kunstgewerblich, furchtbar unelegant, gastronomisch gesehen eine Katastrophe – aber sie hielt es aus. Sie lebte dort in der Pension Romana, der legendären Künstlerpension.
Elisabeth Castonier, die während des Ersten Weltkriegs auch dort wohnte:
»In der ›Romana‹ wurde mehr oder weniger lärmend geliebt und gestritten... Als ich einmal nachts aus dem Theater kam, rannte ein nackter Mann gerade aus der Haustür, und aus dem obersten Stock flogen seine Kleider in den Schnee, die der erboste Ehemann ihm nachwarf, der seine Frau in flagranti erwischt hatte.«
Nicht überall wurde so menschlich gehandelt. »Allabendlich«, erinnert sich Elisabeth Castonier weiter, versammelte sich ein »lärmender Kreis« um Bertha Eckstein und den Schwabinger Maler Albert Henselmann. Über Mangel an Anregung konnte sich Bertha nicht beklagen. München steckte voller interessanter Menschen; Schwabing mit seinen Käuzen, Bohemiens und Genies hatte noch immer Hochkonjunktur. Bertha frequentierte den Wolfskehl-Kreis, wo Bachofen als Geheimtip diskutiert und das Mutterrecht zu bizarrer Spätblüte erhoben wurde. Möglicherweise ist sie hier dieser Materie zum ersten Mal begegnet. Karl Wolfskehl äußerte sich später sehr anerkennend über die ›Mütter und Amazonen‹. – »Wie gut kenn ich das Buch, wie ausgezeichnet find ichs, wie wissend, wie weise, und wie österreichisch!« – und rühmte Sir Galahads »metaphysische Mondänität«:
»Wie nah verwandt ist diese galahadische zeitlose Amazone Euch allen. Eine tertia im Bunde Herzmanovsky – Kubin... Ich kenne sie übrigens seit langen Jahren, seh sie gelegentlich immer neu, und über das Buch schreib ich noch einmal. Verblüffende Blicke finden sich drin...«

Oscar A. H. Schmitz   *Georg Lanz von Liebenfels*

Er schrieb es im August 1932 an Herzmanovsky-Orlando, der einen Monat zuvor endlich mit Bertha in Briefkontakt getreten war, was er – von gemeinsamen Bekannten ermutigt – schon seit Jahren hatte tun wollen: 1910 hatte ihn Alfred Kubin mit Ratschlägen versorgt, wie er an Bertha Eckstein, »die dir ja zu gefallen scheint, herankommen« könne. Gustav Meyrink hatte ihm 1927 einen förmlichen Empfehlungsbrief geschrieben, der sich später unbenutzt in Herzmanovskys Nachlaß fand. Mit der »nahen Verwandtschaft« sollte Wolfskehl recht behalten. Zwischen Bertha und Herzmanovsky entwickelte sich rasch ein freundschaftlicher Kontakt. Beide arbeiteten zur selben Zeit über Byzanz und hochmittelalterliche Kultur; beide liebten Südtirol, besonders Meran, und voller Verblüffung stellte Bertha gleich im zweiten Brief fest: »Sie scheinen ja alle meine Bekannten auch zu kennen!«
Dieser Briefwechsel, der im Brenner-Archiv der Universität Innsbruck aufbewahrt wird, erhellt Berthas Münchner Zeit gewissermaßen aus dem Rückblick. Da spricht Bertha von »unserem gemeinsamen Freund Gustav Meyrink«, von »meinem Freund Korfiz Holm« – dem Lektor des Albert-Langen-Verlags –, von Karl Wolfskehl natürlich und von Oscar A. H. Schmitz. »O. H. Schmitz kennen Sie also auch...«
Schmitz, ein heute vergessener Schriftsteller, lebte von Anfang an in

Alfred Kubin   *Fritz von Herzmanovsky-Orlando*

Schwabing gemächlich von den Zinsen eines väterlichen Vermögens, ein amüsanter Außenseiter, der die glanzvolle Wahnmochinger Zeit der Jahrhundertwende mit Franziska zu Reventlow noch mitgemacht hatte. Er hatte Pech mit zwei Ehen und Glück mit seinen Büchern, die heute fast durchweg obsolet wirken. Von ihm stammt der Ausspruch, jeder anständige moderne Mensch sei notgedrungen neurotisch. Er hatte sich schon vor dem Ersten Weltkrieg vom Freud-Schüler Karl Abraham analysieren lassen und wurde später Jung-Bewunderer. Er schrieb Stücke, Erzählungen, Romane (unter anderem einen Schlüsselroman über die Schwabinger Bohème mit dem Titel ›Wenn wir Frauen erwachen‹, den die Gräfin »unter aller Kanone« fand), Reisebücher und politische Betrachtungen. Karl Kraus sagte von ihm, er sei jener Schriftsteller, der in einem schlechten Feuilleton seine guten Manieren nie vergäße. Lediglich seine dreibändige Autobiographie (›Die Geister des Hauses‹, ›Dämon Welt‹, ›Ergo sum‹, 1924–27) ist heute noch von zeitgeschichtlichem Interesse. Schmitz war es, der kurz nach der Jahrhundertwende Gustav Meyrink zum Schreiben anregte, er kümmerte sich um Alfred Kubins Manuskript ›Die andere Seite‹ (Kubin war mit Schmitz' Schwester Helene verheiratet) und machte sich so wenigstens indirekt um gute Literatur verdient. Ständig auf der Suche nach neuer

Lebenshilfe fischte er im Frühjahr 1909 zwei Bände Mulford aus der Kiste eines Londoner Antiquariats mit dem Titel ›Your forces and how to use them‹. »Auf der Heimreise ließen sie mich nicht los, und als ich im Hochsommer nach Zwickledt kam, fand ich Alfred (Kubin) mit einem deutschen Auszug aus demselben Buch beschäftigt« – es war dies schon Sir Galahads Ausgabe vom ›Unfug des Sterbens‹, die Kubin besaß. Ganz kann Schmitz seine Enttäuschung nicht verbergen, daß ihm die Kollegin zuvorgekommen war, und so urteilt er in seiner Autobiographie streng:

> »Der Name des Verfassers (Mulford) hat heute in Deutschland einen unernsten Klang, aber nicht durch seine Schuld, sondern *durch den Überlegenheit vortäuschenden witzelnden Unfug*, dem derartige Dinge bei uns preisgegeben zu werden pflegen...«

Später ergab er sich der Astrologie (wie Bertha übrigens auch), schrieb ein Buch darüber und landete schließlich in Hermann Keyserlings ›Schule der Weisheit‹ (wie Bertha nicht). Zwischen den beiden gab es einige Affinitäten. Beide reisten leidenschaftlich gern, hatten negative Scheidungserfahrungen gemacht (und plädierten in ihren Büchern für die Reform des Eherechts), beide verehrten C. G. Jung und glaubten an den Einfluß der Gestirne, deren Konstellationen sie unentwegt berechnen ließen, beide waren höchst diffizile Menschen, ähnlich konservativ, ähnlich elitär. Berthas Kontakt zu Schmitz war freundschaftlich-vertraulich. Die beiden schickten sich ihre jeweils neuesten Bücher zu. Als Bertha ihm endlich ein Exemplar der ›Mütter und Amazonen‹ übersandte, das Schmitz eingedenk alter Wolfskehl-Zeiten und Mutterrechts-Spaziergänge mit Alfred Schuler sicher sehr interessiert hätte, bekam sie »statt aller Antwort nur seine ›Parte‹«, wie sie bedauernd an Herzmanovsky schrieb.

Und Meyrink? »Meyrink war ein wunderbarer Badegefährte«, erinnert sich Elisabeth Castonier.

> »Von ihm hörte ich den Anfang einer seltsamen Geschichte, die so gut zu seinen geheimnisvollen Hexereigeräten, der Kristallkugel, einem Hexenbesenstiel und anderen Dingen gehörte. Er erzählte mir, daß er Bertha Eckstein, ›Sir Galahad‹, versprochen hatte, ihr nach seinem Tod zu erscheinen. Als ich darüber lachte, sagte er ernst: ›Ich weiß nur noch nicht, in welcher Gestalt...‹«

Meyrink war 1907 nach München gezogen, hatte sich 1911 ein Haus in Starnberg gekauft (»Das Haus zur letzten Latern'«) und schwamm im Undosa-Bad. Zu beiden Ecksteins hatte er ein gutes Verhältnis. Als er sich 1908 hemmungslos in den vielzuvielen Personen seines Golem-Romans verheddert hatte, folgte er den Vorschlägen seines alten Spiritistenfreundes Friedrich Eckstein, der gerade zu Besuch war und der mit den wichtigsten »Figuren« auf einem skizzierten Schachbrett so lange hin und her zog, bis die Konstruktion des Romans wieder stimmte. Bertha wußte von dieser durch Meyrinks Frau Mena überlieferten Geschichte – vielleicht war sie sogar dabei gewesen. Jedenfalls schrieb sie später an ihren Sohn Roger:

»Der Golem Meyrinks hat großartige Stellen, so das Duell mit dem Pagat im Mondlicht; die wichtigsten Sachen in dem Roman stammen allerdings von Percys Vater, der auch teilweise das Modell des Helden ist... Die Entstehungsgeschichte des Buches ist höchst interessant, vielleicht erzähle ich sie Ihnen einmal, zum Schreiben zu persönlich...«

Meyrink widmete Eckstein sein zweites Lustspiel (›Die Sklavin aus Rhodos‹), das er 1912 mit Roda Roda zusammen verfaßt hatte. Die Arbeiten seiner Kollegin Sir Galahad schätzte er so sehr, daß er sie 1913 als Mitarbeiterin für seine Zeitschrift ›Gent‹ gewinnen wollte, die ein ganz erlesenes »rein bibliophiles Blatt« hätte werden sollen. Bedauerlicherweise kam ›Gent‹ niemals zustande und konnte also auch »dem in München herrschenden Kunstgeschmack« nicht »mit der Faust ins Gesicht schlagen«, was offenbar die Absicht gewesen war. Ebensowenig realisierte sich Meyrinks anderes Projekt, das »künstlerische Marionettentheater«. Er hatte damit auf Wanderschaft gehen und sehr viel Geld verdienen wollen. Die Liste der Stücke stand schon fest: eine »Theosophische Komödie« – als »Verulkung« – und eine »Ballettpantomime Im Palast des Minos«. Hierzu hätte ihm wohl Sir Galahad die Choreographie machen sollen.

Der Erste Weltkrieg zerstörte all diese Pläne. Was Meyrinks Beziehung zu Bertha betrifft, so wissen wir immerhin, daß ihm rechtzeitig vor seinem Tod noch eingefallen sein muß, in welcher Gestalt er ihr erscheinen sollte.

»Von Bertha Eckstein hörte ich das Ende dieser Geschichte«, schrieb Elisabeth Castonier. »Sie saß in ihrem Garten, als die Büsche mit einem Mal rauschten und ein weißer Hund erschien, der Meyrinks Züge trug. Sie schrie auf, rannte ins Haus, rief Starnberg an und erfuhr, daß Meyrink in dieser Stunde gestorben war.«

Diese Geschichte ist sicher wahr. Abgesehen davon, daß Bertha nicht in »ihrem« Garten saß, sondern in der Pension Romana, und daß die Büsche nicht sommerlich rauschten, denn Meyrink starb an einem Wintertag, dem 4. Dezember. Genaugenommen sprechen gerade diese Ungereimtheiten *für* die Geschichte. Tatsache ist jedenfalls, daß Bertha zur Zeit von Meyrinks Tod Ende 1932 seit längerer Zeit wieder einmal in München war. Dies zeigen ihre Briefe an Herzmanovsky-Orlando aus der Pension Romana.

Von ihrer Münchner Zeit gibt es keine zusammenhängenden Aufzeichnungen, keine laufende Korrespondenz, nur einzelne Schlaglichter. Es muß eine berauschende Zeit gewesen sein.

»2 Winter lief ich den ganzen Tag im Wald herum, Holz zu stehlen, weil mit der Torfheizung keine ›schreibfähigen‹ Temperaturen zu erreichen waren. Mit einem riesigen Chinchillamuff bewaffnet ging ich in Feldafing ›so für mich hin‹ und füllte ihn heimlich mit Scheiten, dürren Zweigen etc., um Abends ein paar Stunden die Gedanken beim warmen Ofen auftauen zu können (unter 16° sind sie nämlich bei mir eingefroren)…«,

schrieb sie in einem Brief an ihre Leserin Hulda Hofmiller aus dem Rückblick (1926). Der Weltkrieg, das Chaos und die Frauen: Auch Elisabeth Castonier empfand diese Zeit, die Jahre 1917/18, als absoluten Höhepunkt ihrer jungen Laufbahn, obwohl sie den ganzen Tag auf einem Stahlspiralenfahrrad unterwegs war (Gummi gab es keines mehr), um Lebensmittel bei den Bauern zu hamstern. Vielleicht könnte man so sagen: In der allgemeinen Auflösung wagte es niemand mehr, den Frauen irgendwelche Vorschriften zu machen über ihre Lebensweise. Sie waren zum ersten Mal völlig frei, wenn auch die Sorge um das tägliche Brot und das tägliche Holz ihre Zeiteinteilung stark belastete. Aber auch dies: Holzklauen und Lebensmittel-Hamstern war ein interessantes Abenteuer. Ein neuer Reiz für die von bürgerlicher Ordnung schrecklich angeödeten Frauen. Wie sich der Weltkrieg langsam der Pension Romana bemächtigte – in Form von immer schlechterem Essen, »Müllers Familiensuppe« rotgefärbt, grauer »Kaninchenwurst« und »mysteriösen Haschees« –, das beschreibt Elisabeth Castonier minuziös. Bertha saß in dieser Zeit, sofern sie schreibfähige Temperaturen hergestellt hatte, an den ›Kegelschnitten‹. Sechs Jahre lang schrieb sie daran. Sie mußte sie unmittelbar nach Abschluß des ›Palast des Minos‹ begonnen haben, im Jahr 1913.

»Dieses Hinausziehen der Arbeit über 6 Jahre und die dadurch bedingte organische Stilveränderung war allerdings nicht meine, sondern Schuld des Krieges und der Revolutionszeit. Der II-te Fehler ist, dass ich zu lange daran arbeiten musste, was die *Einheitlichkeit* des Stils stört. Der erste Teil ist noch schwerfällig, der letzte viel flüssiger u. klarer geschrieben, alle Wirkungen mit viel *einfacheren* Mitteln erreicht als anfänglich.« (Brief von 1926)

Der Erste Weltkrieg, die Frauen und die sich allmählich verfertigende Ökonomie – ein Kapitel, das noch geschrieben werden müßte. Interessant ist in diesem Zusammenhang, daß Sir Galahad nachträglich den radikalen, persönlichen Teil der ›Kegelschnitte‹ (Teil vier) offenbar höher bewertete als den eher utopisch eskapistischen ersten Teil (Südindisches Reich). Es ist bedauerlich, daß sie keinen weiteren »Gegenwartsroman« veröffentlichte. Obwohl die ›Kegelschnitte‹ eigentlich als »Trilogie« angelegt waren, nahm ihre schriftstellerische Entwicklung in den 20er Jahren eine andere Richtung. Warum? Bestand die Notwendigkeit einer Rechtfertigung nicht mehr fort, nachdem Theodor Beer 1919 gestorben war? Ging es ihr in der Schweiz zu gut, wohin sie nach dem Ersten Weltkrieg übersiedelt war? Hinderten sie ihre durch und durch bürgerlichen Werturteile an weiteren »Bekenntnissen«? Die Frage ist schwer zu beantworten. Die ›Kegelschnitte‹ – soviel kann man sagen – waren ihr ein persönliches Anliegen. Sie schrieb sie, als noch kein wirtschaftlicher Zwang sie zum Verdienen nötigte. Noch immer funktionierte die väterliche Firma. Später veränderten sich die Verhältnisse drastisch.

»Als ›grande élegante‹ und durch u. durch Luxuswesen liess ich mir auch nichts ›träumen‚ von meiner heutigen Art, mir mein Brot‹ zu verdienen, etwa *Buchverträge* zu halten, wie dies nächsten Monat der Fall sein wird, wo ich sonst gar keine Eingänge habe...«
Ende 1918 verlor München jeden Rest Charme. »München war kein angenehmer Aufenthalt«, schrieb Elisabeth Castonier in ihren Memoiren. Wer konnte, verließ die im politischen Aufruhr steckende »Kunststadt mit Hirschhornknöpfen«, wie Meyrink einmal boshaft formuliert hatte, und ging aufs Land oder ins Ausland. Bertha bezog die Schweiz.

Montreux – ›Der Idiotenführer‹

Für jemanden, der kein Geld hatte, war die Schweiz damals gerade richtig: billig, idyllisch, gutes Essen, gesunde Luft. Bertha zog aber nicht nach Ascona auf den Monte Verità, sondern wieder dorthin, wo sie es schön gefunden hatte, an den Genfer See, nach Montreux. Theodor Beer war tot, 1919 gestorben, die Villa Karma verkauft. Bertha siedelte sich oberhalb an, in Les Avants sur Montreux. »Schöner als irgendein Traum vom Paradies« sei es hier oben, schrieb sie 1926.

»... tief unten sitzen die weissen Segel wie ein Zug schräger Schmetterlinge auf dem Wasser... Savoyen steht als griechische Insel mittendrin, die Luft ist wie Pfirsichflaum und auf jedem Zweig setzt

irgend ein ganz herziger Pips seine Privatangelegenheiten in Musik um. – Hätte ich Geld, baute ich mir hier irgend eine veredelte Hundehütte, irgend ein ›Chalet Elena‹ mitten auf einem Narzissenhügel, sicherte den Besitz ringsum mit solidem Stacheldrahtverhau, Fussangeln, Selbstschüssen, Fuchseisen und an allen 4 Ecken noch mit je einem Pärchen beherzter Jagdleoparden gegen die Horden wilder Sachsen, so das Land unsicher machen – dann könnte man hier noch ganz gut eine Weile auf den Privatplaneten warten...«
Montreux »liegt im Kanton Sachsen, dicht bei Glauchau«, hatte schon Gustav Meyrink festgestellt und zwei Jahrzehnte zuvor darauf verzichtet, sich in Montreux niederzulassen. Aber abgesehen vom Massentourismus: Bertha hatte wirklich die Mittel nicht mehr. Ihr Vermögen war in der österreichischen Inflation von 1919/20 entwertet worden. Die Zink-Ornamenten-Fabrik, die ihr Bruder Hugo von Budapest aus weitergeführt hatte, verschwand 1920 aus dem Register der protokollierten Firmen und hörte auf zu existieren. Bertha war jetzt auf ihre Einnahmen aus journalistischer Arbeit und auf ihre Bücher angewiesen, die – nebenbei bemerkt – für die damalige Zeit hohe Auflagen erlebten. ›Die Kegelschnitte Gottes‹ zum Beispiel hatten 1922, zwei Jahre nach ihrem Erscheinen, bereits die zehnte Auflage, von ›Unfug des Sterbens‹ waren im selben Jahr achtzigtausend, von ›Unfug des Lebens‹ fünfunddreißigtausend und vom ›Ende des Unfugs‹ zwanzigtausend Exemplare verkauft. Die Frage ist allerdings, wie ihre Verträge aussahen; ob sie am Verkauf beteiligt war oder auf alle Rechte gegen eine einmalige Summe – wie seinerzeit unglücklicherweise Meyrink bei seinem Weltbestseller ›Der Golem‹ – verzichtet hatte.
Wovon sie lebte – Vermögensreste, Tantiemen – und woran sie in diesen ersten Jahren nach dem Krieg arbeitet, ist nicht ganz klar. Eine gesteigerte journalistische Aktivität läßt sich nicht nachweisen. Wahrscheinlich arbeitete sie, wenn sie nicht reiste, an der Fortführung der ›Kegelschnitte‹. Unvorsichtigerweise hatte sie aber die Heldin Sibyl sterben lassen, Horus für fünf Jahre ins Gefängnis gesteckt, nachdem er Europa erschöpfend durchlitten hatte – wie hätte die Fortsetzung aussehen sollen? Horus in Amerika? Horus in Rußland? Zurück in Indien? Der Horus-Komplex beschäftigte sie noch lange. 1926 setzte sie einer Leserin brieflich auseinander, die »*gesamten* ›Horusromane‹ ... (seien) jetzt *dreibändig* concipirt«, sie habe aber Material und namentlich »Polemiken« für neun Bände. Demnach hätten Band zwei und drei noch erscheinen müssen, erschienen aber nie.
Statt dessen war in der Zwischenzeit etwas anderes aufgetaucht, ein Pamphlet mit dem Titel ›Idiotenführer durch die russische Literatur‹,

Montreux am Genfer See, Berthas irdisches Paradies

eine giftige Polemik, man könnte sagen: eine Erregung. Durchaus nonfiktional geschrieben, aber wenn man so will, aus dem Blickwinkel des sich betont arisch-aristokratisch gebenden Horus auf die »slawischen Allkretins«. Die Startauflage dieser 160seitigen Abrechnung war hoch, zwanzigtausend Exemplare, aber das Thema war auch höchst aktuell in einer Zeit, da sich die Leute gegenseitig unermüdlich fragten: Wie stehen Sie zu Rußland – und zur Revolution natürlich? Was halten Sie von Dostojewski? Wie stehen Sie zu Graf Tolstoi? Um es vorwegzunehmen: Sir Galahad hielt von Rußland gar nichts, von Bolschewismus überhaupt nichts, von Marxismus genausowenig, Dostojewski war für sie ein epileptischer Krüppel und Tolstoi ein Idiot. Aber dies war gewissermaßen nur die Quintessenz. Mit bitterer Vernichtungslust führt sie weitausholend folgende Argumentation vor: Wertvolle Völker haben den Willen zur Gestalt, sind schöpferisch, bilden Mythen und Religionen, führen Kriege, veredeln sich leidend hinauf und denken in Bildern. So »der Ägypter, Minoer, Chinese, Perser, Dorer, Kelte, Germane, Römer, Inka – – – –«. Nicht so »der Slawe«. Von allem, was die wertvollen Völker so wertvoll macht, hat der Slawe gar nichts – weder Mythen noch Religion, weder Zucht noch Vollendungssehnsucht. Der

Les Avants über Montreux. Aufnahme aus den zwanziger Jahren

Slawe ist dumpf, und seine Romanciers, die er erstaunlicherweise dann doch hervorbringt, können nichts anderes als in perfidester Art und Weise diese Dumpfheit zum Ideal und den Kretin zum Helden erheben. In diesem Vorgehen sieht Sir Galahad eine systematische »Welthetze gegen den vornehmen Menschen und die Vornehmheit als Qualität«. Sofern in Dostojewskis Romanen nicht gewinselt, gedemütigt und gemordet werde, schlügen die Protagonisten ihre Zeit tot mit hohlem Geschwätz und monotonem Gott-Hader. Noch peinlicher allerdings sei der manische Bekenntniszwang, an dem vor allem die Helden Tolstois leiden – und zum Beweis montierte Sir Galahad seitenlang virtuosvernichtend kommentierte Zitate aus den Romanen dieser beiden Autoren und stellte sie den »besseren« Stellen der »abendländischen« Dichtkunst eines Balzac, Dickens und einer Selma Lagerlöf gegenüber, die sie ebenso intensiv bewunderte, wie sie die anderen haßte.

Was war der Grund für diesen Ausbruch, in dem sich formalästhetische Erwägungen mit blankem Rassenhaß, politische Affekte mit Schriftstellerneid zu einem zähen Brei mischen, der heutigen Lesern unverdaulich geworden ist? Nun war Bertha Eckstein-Diener ihrer ganzen Art nach kein Mensch, dem auch nur die Demokratie sympathisch ge-

wesen wäre. Sie huldigte jenem elitären Konservatismus, der unter den damaligen Intellektuellen weitaus verbreiteter war als heute. Unter dem Begriff »Demos« konnte sie sich nur zwei Dinge vorstellen: Am Anfang eines neuen und natürlich *wertvollen* Volkes war »Demos« zahlenmäßig gering und eigentlich »Aristie« (Demokratie daher Aristokratie) – am müden Ende eines Volkes oder bei »entraßten« und sonstwie »unterwertigen« Völkern war Demos schlichtweg »Pöbel, ausgebrannte Schlacken, Zersetzungsprodukte« und »Mischlinge«. Gab man diesen Kreaturen Herrschaft in die Hand, dann erhielt man Pöbelherrschaft. Weimarer Republik, Sozialismus, Bolschewismus – dies alles konnte Bertha nur mit dem ganzen weltverachtenden Affekt des »vornehmen Individuums« sehen, das sich bedroht fühlte; mit der Empörung des »ungemeinen Menschen«, wie sie sich gerne ausdrückte, der Gefahr lief, mit irgend etwas gemein gemacht zu werden gegen seinen Willen.
Ihre Ansicht über Demokratie hat sie übrigens nach dem Zweiten Weltkrieg korrigiert. Schrieb sie noch im ›Idiotenführer‹, »wahre Demokratie steht nicht am Ende, sondern am Anfang des Geschicks...«, so unterstrich sie 1946 in jenem Festvortrag vor dem PEN-Club in Basel, der sich mit dem Beispiel England beschäftigte: »Mit Demokratie als Schlagwort für Unentwickelte ist nämlich gar nichts getan. Eine wünschenswerte Demokratie ist ein *Endprodukt*, kein Anfang...«
Zum tiefsitzenden antirussischen Affekt (schon im Jahr 1919 hatte sie im Vorwort des letzten Mulford-Bandes Rußland die »glücklose slawische Riesenqualle« genannt) war aber auch noch ein aktueller Anlaß gekommen: die prächtig rotgoldene, auf acht Bände ausgewalzte Dostojewski-Nachlaß-Ausgabe, die im Münchner Piper-Verlag herauskam und deren Herausgeber René Fülöp-Miller – und Friedrich Eckstein – hießen.
Fülöp-Miller, den Bertha kannte, der ihr sogar Material aus einem noch ungedruckten eigenen Buch für den ›Idiotenführer‹ überließ, hatte 1924 in seinem Aufsatz »Der Narr im Frack« beschrieben, auf welch abenteuerliche Weise er in Rußland in den Besitz von Dostojewskis Nachlaß geraten war, den er teils legal und teuer bezahlt, teils illegal aus der Sowjetunion ausführte. Friedrich Eckstein oder »MacEck« war dem jungen Fülöp-Miller bei der Finanzierung behilflich gewesen, hatte ihm den Verlag gefunden und sich als Herausgeber betätigt. Pro und contra Dostojewski – eine Fehde unter Literaten also, das cherubinische Hochzeitspaar in ganz getrennten Lagern? Sir Galahad ließ in ihrer Polemik nichts aus. Die Tatsache, daß Fülöp-Miller Abschriften von noch unpublizierten Dostojewski-Manuskripten ganz legal zum

Zwecke der Publizierung außerhalb von Rußland mitnehmen durfte (teuer bezahlt, wie gesagt), legte sie so aus, daß die »jüdisch-bolschewistischen Volkskommissare«, die inzwischen die Geschicke Rußlands lenkten, ein teuflisches Interesse an der Zersetzung des westlichen Auslands hätten und diese Zersetzung mit Hilfe der alten bürgerlichen Schriftsteller oder mindestens doch ihrer Nachlässe sowie ahnungsloser westlicher Literaturagenten ins Werk setzten. »Juda« – leider ließ sie auch dies nicht aus – »Juda« schaue dabei zu, reibe sich die Hände und lache. Zersetzend konnte Dostojewski auf die abendländische Kultur wirken, weil er weder Form noch Haltung, weder Ethik noch Moral besaß. – Dies war ein ganz direkter Angriff auf das Unternehmen der Nachlaß-Ausgabe, der sie somit gewissermaßen »Abendlandschändung« vorwarf, deren Herausgeber sie als »nützliche Idioten« diffamierte. Eckstein reagierte darauf äußerst gelassen. Er erwähnte den ›Idiotenführer‹ überhaupt nicht und begann das Vorwort des nächsten Nachlaßbandes (Material zu ›Schuld und Sühne‹) mit den Worten: »Es wird wohl kaum jemand daran zweifeln, daß das Erscheinen von Dostojewskis ›Raskolnikoff‹ gleichbedeutend gewesen ist mit einer überaus tiefen Ethik, wie sie bis dahin kaum ein Zeitalter und eine Nation geahnt hatte...«

Hatte Sir Galahad im letzten Mulford-Band böse gefragt: »Was hat denn dieses Rußland – am Weltwesen gewertet, *je* hervorgebracht, um als ein Ebenbürtiges auch nur mitreden zu dürfen, geht es um den Geisterbau der Menschheit?« – so antwortete Eckstein treuherzig-übertrieben: die tiefste Ethik aller Zeiten. Ein polemisches Duell oder besser gesagt Duett, das den beiden sicher viel Spaß machte.

Schwer zu verstehen für uns heute und die Konturen Sir Galahads eintrübend: der Stil ihrer Polemik. Verbale Vernichtungsfeldzüge gegen ein ganzes Volk, tiefste Verunglimpfung einzelner Personen mit unfairen Mitteln, Urteile aus körperlichen Gebrechen abgelesen – all dies bildete im polemischen Konzert der damaligen Zeit vielleicht nur einen graduell schrilleren Ton; heute ist dieser Ton außerhalb jedes Rahmens. Der ›Idiotenführer‹ ist heute vergessen, auch in seinen Inhalten von der Zeit überholt und zum reaktionären Abfall geworfen. Würde er wiederaufgelegt, stünde das Publikum verständnislos davor, wie vor einer besonders giftigen Modefarbe einer früheren Saison, die eben deshalb besonderen Widerwillen erregt.

›Mütter und Amazonen‹

Im Januar 1928 starb Berthas Bruder Carl Diener, von der Fachwelt betrauert. Die Zeitungen würdigten seine Verdienste als Geologe und Paläontologe. Hugo von Hofmannsthal schickte ein Beileidstelegramm in die Berggasse 21. Die ›Hamburger Nachrichten‹ wiederum lobten, daß Professor Diener »als überzeugter deutscher Mann« gegen die »Vorherrschaft jüdischer Hochschullehrer und Studenten an der Wiener Universität gekämpft« habe. Bertha erfuhr vom Tod ihres Bruders auf Umwegen. Das nachgeschickte Telegramm verirrte sich, fand sie schließlich im Skiurlaub bei Flurns, worauf sie mit ein paar freundlich anteilnehmenden Zeilen reagierte. Dieselbe Konstellation wiederholte sich ein Jahr später. Diesmal meldete ihr die Schwägerin (und Cousine) den Tod ihrer eigenen Mutter, Berthas Tante Else. Der Brief suchte und fand Sir Galahad in der »Pension Gentner« in Zürich, wo sie »teils in den Bibliotheken zu tun« hatte, »teils eine größere Arbeit bis zu einem gewissen Grad vollenden wollte«, ehe »ich den Februar irgendwo zum Skilaufen gehe«. Berthas Antwort war diesmal entschieden wärmer als beim Kondolenzschreiben zum Tod des Bruders – offenbar hatte sie ein besonders gutes Verhältnis zu ihrer Tante gehabt. »Wie oft habe ich als Kind – als Mädchen, sie mir zur Mutter gewünscht. Warm, energisch, lustig, tactvoll, das war der erste – und der letzte Eindruck von ihr. Welches Talent zum Leben! Doch war sie wohl eine schlechte Sterberin – wie wir Dieners alle...«

Die »größere Arbeit«, von der sie im Januar 1929 sprach, waren bereits die ›Mütter und Amazonen‹. Aus einem Brief an Sohn Roger (11.1.1943) wissen wir, daß sie insgesamt sechs Jahre daran arbeitete und währenddessen Artikel schrieb.

»Vom ›Essay‹Schreiben hab ich übrigens jahrelang finanziell gelebt, während der 6 Jahre, als die M.-A. in Arbeit, aber noch nicht ›ertragfähig‹ waren; ein schweres Brot übrigens, weil ja in Deutschland diese Art Geistesform nur einzeln in Revuen, aber nicht *dann gesammelt* in Buchform gelesen wird.«

Sie schrieb für die Wiener ›Bühne‹, für den 1926 gegründeten ›Querschnitt‹, das ›Magazin der aktuellen Ewigkeitswerte‹, für die ›Dame‹ und für das ›Neue Wiener Tagblatt‹. Ihre Artikel waren dichter als früher, hatten nicht mehr die spielerische Leichtigkeit der ›Reiseglossen‹ von einst. Es haftete ihnen etwas von angestrengter Arbeit an; natürlich erforderten die ›Mütter und Amazonen‹ ein hohes Maß an Recherche, an Sichtung und Auswertung verschiedenster Quellen – wie alle von

Letzte Aufnahme von Carl Diener in seinem paläontologischen Institut, ein Jahr vor seinem Tod 1927

nun an erscheinenden Bücher der Sir Galahad. Immer häufiger war sie jetzt in den Großstädten zu finden, die eine Bibliothek hatten: Genf, Zürich, München – um dort Material zu sammeln; viel Material.

»Die Aufzählung sämtlicher benützten Quellenwerke, Zeitschriften, Artikel, Papyri, Broschüren aus verschiedensten Gebieten, alle nötig, um diese weibliche Kulturgeschichte zu ergeben, hätte das Buch bzw. den Preis ungebührlich aufgeschwellt.«

So schrieb sie lakonisch im Vorwort, in dem sie zugleich ihre Hauptquellen nannte: Bachofen und Robert Briffault.

Längst hatte sich die Bachofensche Betrachtungsweise durchgesetzt, die Mutterrechts-Forschung einen seriösen Platz in Völkerkunde und Geschichtswissenschaft erobert. Man ging allgemein davon aus, daß das Matriarchat weltweit die frühere, die erste Kulturstufe gewesen sei. Man war sich nur nicht darüber einig, wie es hatte entstehen und wieder vergehen können. Auch herrschte Methodenstreit bei der Erforschung – welche Quellen durfte man verwenden? Sir Galahad war mit vielen anderen der Ansicht, jeder Mythos, jede Legende habe einen realen Kern, verwies auf Heinrich Schliemann und Sir Arthur Evans, die »Märchen ausgegraben« hatten; auch der Rückschluß von der Gegenwart auf die Vergangenheit erschien ihr legitim. Auf diese Weise vergrößerte sich das Stoffgebiet laufend, strömten ständig neue Quellen zu. Seit Bachofen für insgesamt vierzehn Länder und Stadtstaaten mutterrechtliche Organisationsformen oder sogar Gynaikokratie nachgewiesen hatte, war die Forschung schier ins Unüberschaubare angewachsen. Der »mutterrechtliche Spaziergang« ließ sich jetzt in der Tat über »den ganzen Globus führen«, wie Sir Galahad im Vorwort schrieb. Das dreibändige Werk ›The Mothers‹, das 1927/28 in London und New York erschienen war, trug das seine dazu bei. Robert Briffault, zwei Jahre jünger als Sir Galahad, war in England geboren, wo er Medizin und Philosophie studiert hatte, ging dann als Arzt in die Kolonien und lebte nach dem Ersten Weltkrieg in Frankreich als freier Schriftsteller. Sir Galahad bezeichnete ihn als »Kopernikus der Exogamie«, weil er den Nachweis dafür brachte, daß die Autorität *der Frauen* bei den meisten frühen Völkern für matrilokale Ehe gesorgt und die Stellung der Frauen auf diese Weise verbessert hatte. Briffaults ›Mütter‹ waren für Bertha ein Glücksfall. Als wissenschaftliches Werk und in der Fremdsprache erschienen stellte es keine direkte Konkurrenz dar und lieferte fast uferlosen Stoff.

In den sechs Jahren Arbeit sichtete Sir Galahad nicht nur das vorhandene Quellenmaterial, sie ließ auch die verschiedenen Wissenschaftstheorien kritisch Revue passieren und gab dem ganzen Komplex ihr eigenes unverwechselbares Gepräge. Es entstand ein riesiges Kompendium, märchenhaft im Ton, hart in der Sache. Natürlich konnte sie die soziokulturellen Organisationsformen einer ganzen Welt nur deshalb so homogen abhandeln, weil sie von vornherein von der These ausging: Die Frau ist das Gegebene, der Mann das Gewordene. Oder: Am Anfang war die Frau, erst später kam der Mann. Es war dies die Tendenz, die dem Buch seine polemische Schlagkraft und Aktualität verlieh. Sir Galahads Sinn für das Ausgefallene, ihre Lust am Pinsel exotischer Szenen, ihre stilistische Eigenart sorgen dafür, daß das Buch heute noch lesbar ist. Wie wenig Sir Galahad mit der zeitgenössischen Frauenbewegung im Sinn hatte, über die sie sich ja schon Herzmanovsky gegenüber ironisch geäußert hatte, zeigt ihre Nachbemerkung: Der

Der Original-Schutzumschlag. Er war leuchtendrot, azurblau und weiß. Die der Frauenbewegung nahestehende Zeitschrift »Die Österreicherin« brachte eine Rezension unmittelbar nach Erscheinen und nannte die »Mütter und Amazonen« ein »mächtiges Buch«. Die »Zeit war reif geworden, daß Sir Galahad voll profundem Wissen diese erste weibliche Kulturgeschichte schrieb...« (April 1932, Nr. 4)
Hermann Keyserling zehn Jahre später, mitten im Krieg: »Ich möchte jedermann empfehlen, Sir Galahads ›Mütter und Amazonen‹ nicht nur zu lesen, sondern zu meditieren...«

Rückseite des Original-Schutzumschlags.
»*Mir war gesagt worden, dieses Buch sei nicht ernst: es ist nur leicht in der Form...
Wesentlich aber ist Sir Galahads Frauenbuch das ernstestzunehmende unter allen mir
bekannten Büchern über das Problem möglicher Vorherrschaft der Frau. Sir Galahad
zeigt... die naturgewollte Überlegenheit der Frau überall, wo sich der Mann nicht
unterfängt, sie unter Nichtachtung ihrer Psychologie durch Gewalt zu beherrschen...*« (Hermann Keyserling in: Das Erbe der Schule der Weisheit, II, S. 952)

Abbau des Patriarchats, so Sir Galahad, käme gewissermaßen von selbst, »ohne daß ein einziges Gesetz geändert werden müßte«, einfach durch die Gunst der Stunde, die »die zeitlose Frau herauf- und an ihren Platz heben« würde; »sie allein« – die zeitlose Frau – werde in künftigen Verwirrungen »das Unbeirrbare der Blut- und Erdenseele bewahrt haben« – Irrationalismus im Stil der Zeit. ›Mütter und Amazonen‹ erhielt bezeichnenderweise Beifall aus verschiedenen Lagern. Die unpolitischen Konservativen fühlten sich ebenso angesprochen wie die Progressiven und die Frauenbewegung. Sir Galahads »größere Arbeit« war reich genug für alle, facettenreich und anregend.

›Byzanz‹ und Wagner

Über die Jahre nach 1932 sind wir erstaunlich gut informiert. Im Sommer 1932 begann der Briefwechsel mit Herzmanovsky-Orlando, und er überschnitt sich fast mit dem Briefwechsel, den sie ab 1936 mit ihrem Sohn Roger bis zu ihrem Tod führte. Kaum hatte sie die ›Mütter und Amazonen‹ beendet, warf sie sich auf den nächsten Stoff: Byzanz. Sie bestürmte Herzmanovsky förmlich mit Fragen:
»Wo findet man das Porphyrogenita Hofceremoniell beschrieben? Gibt es *Spezialwerke* über die Geschichte der griechischen Inseln zur Kreuzfahrerzeit? Wo findet sich etwas über Trapezunt und jene mir so warm empfohlene Dame Stephanie von Armenien? Welche Quellen könnten Sie mir noch über Byzanz nennen? (›Kreuzfahrerbriefe‹, Prokops ›Geheimgeschichte‹, alle Werke von Charles Diehl, die englische Literatur über Anna Comnena kenne ich bereits!) Was hat denn A. J. König über Byzanz geschrieben? Sehr lieb wäre es, wollten Sie mir diese Fragen noch recht bald *hierher* beantworten, da meine Adresse gegen Ende des Monats wieder wechselnd sein dürfte...«
Sir Galahad war jetzt fast sechzig Jahre alt und voller Tatendrang. Sie recherchierte mit beachtlichem geistigen Appetit und reiste zwischendurch. Oder schmiedete Reisepläne.
»Mittelholzer, mit dem ich in der Schweiz einen sehr schönen Alpenflug gemacht habe, will, ich soll ihn durch die Sahara und über den Atlas im Flugzeug begleiten, doch weiss ich noch nicht, ob das nicht die Skisaison allzusehr beschneiden würde. Und dann geht es ja wohl nach – Byzanz, bis Ende December...«
So schrieb sie im Oktober 1932 an Herzmanovsky-Orlando, am An-

fang ihrer Studien. Eine »recht unangenehme Angina nebst Nachwehen« ließen es ihr Mitte November dann ratsam erscheinen, »vor Konstantinopel noch einen Monat Kur und Erholung in Meran einzuschalten«, und sie bat Herzmanovsky um die Adresse einer vegetarischen Pension, am liebsten »nach Bircher-Benner oder Mazdaznan, als Erholung von den endlosen Schweizer Luxusmenus«. Bei dieser Gelegenheit lernte sie das Ehepaar Herzmanovsky-Orlando endlich persönlich kennen. Ob aus dem Byzanz-Besuch, dem Sahara-Flug und der Skisaison noch etwas geworden ist, läßt sich nicht feststellen. Man kann aber getrost davon ausgehen, daß in Sir Galahads bewegtem Leben meist ein Pläne-Überschuß herrschte. Nicht alle Atlas-Überquerungen reiften.

Die Vorarbeiten zur Darstellung des mittelalterlichen Byzanz zogen sich »nur« etwas mehr als zwei Jahre hin – zwei Jahre, die sie nicht einmal ausschließlich dafür verwendete. Sie schrieb weiterhin Artikel, die von Percys Agentur vertrieben wurden; las Herzmanovskys Manuskripte; plante, inspiriert von deren satirischem Temperament, eine »Urtrottelsaga«, die Lanz-Liebenfelssche Elemente ironisieren sollte, meldete Ende 1934, daß der Besuch von Lanz zu Weihnachten und Silvester zwar die »Urtrottelsaga« sehr beflügelt, aber die Arbeit an ›Byzanz‹ behindert habe. Nichtsdestoweniger heißt es dann in einem Brief vom 15. Januar 1935:

»›Byzanz‹ (Engel, Kaiser und Eunuchen) alles schreibt sich bisher wie von selbst, noch nie ist mir ein Buch so leicht gefallen, wenn nicht noch, unvorhergesehen, irgendwo eine teuflische Stockung aufscheint, kann es im April druckreif sein...«

Und schwungvoll hängte sie gleich noch ihre nächsten Projekte daran: einen Kreuzfahrer-Roman (er ergab sich organisch aus demselben Stoffkreis wie ›Byzanz‹, ja mußte aus einem bereits geschriebenen Kapitel nur erweitert werden) – »und eine Biographie der Cleopatra, so neben der ›Urtrottelsaga‹ her«. Nicht im April, aber im Oktober war es soweit: »Hier im Ort«, schrieb sie aus Salzburg, mache sie noch ›Byzanz‹ fertig.

›Byzanz‹ erschien 1936. Der gewaltige Stoff war in siebzehn Kapitel unterteilt. Die französische Übersetzung (sie erschien 1937 in Paris) umreißt im Untertitel die wichtigsten Stationen: »Byzance. Empereurs et impératrices, l'acropole du monde, la grande Babylone, anges et eunuques, les bleus et les verts, les iconoclastes, les hérésies, grandeur et décadence.« Wieder hatte sie einem Kapitel Kulturgeschichte, das von den Historikern schon intensiv bearbeitet worden war, ihr eigenes Gepräge gegeben; es *popularisiert* – das kann man gerade nicht sagen. Mit historischen Fakten gesättigt bis an die Grenze der Aufnahmefähigkeit fließt der Stil schwer dahin, ein kostbarer Stoff, dicht gewirkt, wie mit Goldfäden durchzogen. Fasziniert vom byzantinischen Glanz versuchte Sir Galahad, die Figuren in *ihren* Farben zu malen, besonders den Frauen andere Akzente zu geben. So verdanken wir Sir Galahad nicht die erste, aber eine besonders eindringliche Verteidigung der Kaiserin Theodora gegen ihren Historiographen Prokop. Viel Einfühlung zeigen Porträts der Athenais, der Anna Comnena. Die Kaisertochter Anna war selbst Historikerin und schrieb unter anderem auch die Geschichte des Kreuzritters Bohemund in ihre Annalen. Diese Konstellation gefiel Sir Galahad besonders: Da schrieb eine Byzantinerin über einen kraftstrotzenden schönen Barbaren, den sie im Grunde haßte und doch bewunderte. Was in ›Byzanz‹ ein schwungvolles Kapitel füllte, das sich wie ein komprimierter Abenteuerroman liest, verflacht dann leider in der selbständigen Romanfassung. ›Bohemund. Ein Kreuzfahrer-Roman‹ erschien 1938. Mit historischem Material überfrachtet wirken die einzelnen Abschnitte steif und gekünstelt. Die Figur des Bohemund, allzu ausführlich beschrieben, hat nichts mehr von ihrem genialischen Abenteuerschwung; die byzantinische Welt lebt in allen Einzelheiten noch einmal auf – aber dieses Buch hatte Sir Galahad ja bereits geschrieben, und besser.

Aus ›Cleopatra‹ wurde leider nichts. Hier war ihr der schnellschreibende Kollege Emil Ludwig zuvorgekommen. Seine ›Cleopatra‹ erschien schon 1937 in Amsterdam. Wie sehr Bertha den in Ascona lebenden international ungeheuer erfolgreichen Ludwig als Konkurrenten fürchtete, zeigt eine ironische Anspielung in ihrem ersten Brief an Herzmanovsky. Im Juli 1932 verrät sie ihm, daß sie gerade an einem Buch über Byzanz arbeite, worüber es »noch kein farbig, bildhaft gesehenes Werk gibt«, aber »ssssssht! nicht Emil Ludwig sagen, sonst gibt es das schon im September u. Sir Galahad, der Brodler, braucht mindestens noch ein Jahr...«

Inzwischen war etwas sehr Wichtiges geschehen. Berthas Sohn hatte sich, 26jährig, bei seiner Mutter gemeldet. Zunächst wegen Papieren, dann aber, als er erfuhr, daß seine Mutter die von ihm schon lange verehrte Schriftstellerin Sir Galahad war, aus persönlichem Interesse. Er war ohne Ranküne, ein erwachsener junger Mann. Die beiden schrieben sich Briefe, beratschlagten, wann und wo sie sich treffen könnten. Sir Galahad schickte ihm 1937 das ›Eranos‹-Jahrbuch von 1936, ein Zeichen, daß sie sich für die Vorgänge in Ascona interessierte, die Kongresse wohl auch selbst besuchte. Im Herbst 1938 ergab sich die

Gelegenheit zu einem Besuch Berthas in Berlin. Die Erinnerung daran hat ihr Sohn aufgezeichnet.

Bertha fuhr nach Deutschland bereits mit dem Auftrag für ein nächstes Buch, für eine ›Kulturgeschichte der Seide‹, die sie aber unter Pseudonym schreiben wollte, vielleicht, weil ihr das Thema für ihren Markennamen ›Sir Galahad‹ zu wenig literarisch war, vielleicht auch, weil sie durch das Stipendium der Reichsschrifttumskammer im Zugzwang war (und in das Kapitel »Seidenländer« am Schluß des Buches eine Ergebenheitsadresse Richtung »Reichsfachgruppe Seidenbauer E.V., Berlin« einflocht). Sie entledigte sich ihrer Aufgabe trotzdem mit Bravour und verfaßte in kürzester Zeit eine außerordentlich lesbare, frische, witzige, materialreiche Kulturgeschichte der Seide. Dabei konnte sie auf frühere eigene Arbeiten zurückgreifen – zum Beispiel auf einen Artikel, der 1930 im ›Neuen Wiener Tagblatt‹ erschienen war (»Das Loch im Seidenstrumpf«) und der die Seidenraupenzucht in China behandelt hatte. Material kam ihr von allen Seiten zu. Ihr Sohn machte sie auf ein Standardwerk der Autoren Bock und Pigarini aufmerksam, woraus sie »uferlos hatte abschreiben könnnen – oder – diskreter ausgedrückt: gefestete Materie (hatte) aufnehmen können«. Erwin Rousselle, Sinologe, Eranos-Referent, Keyserling- und O.A.H. Schmitz-Freund, Dozent an der Universität Peking und in den dreißiger Jahren Leiter des Frankfurter China-Instituts, stellte ihr sein Institut zur Verfügung, von wo aus sie ihrem Sohn nach Berlin schrieb:

»Das Seidenbuch spinnt sich hier phantastisch gut an... (ich) lasse alle für mich arbeiten und gehe dann den ganzen Tag spazieren (Frankfurt hat eine sehr hübsche Umgegend!), erscheine vor Torschluss wieder, und dann wimmelt in den ehrwürdigen Hallen mir das Fachvolk, emsig wie Imsen, entgegen und bereitet, mit glitzernden Augen, die Ernte seines Fleisses zu meinen Füssen aus...«

Das Seidenbuch erschien 1940 unter dem Pseudonym ›Helen Diner‹. Über den Stellenwert einer solchen »Kleinen Kulturgeschichte« gab sie sich keinen Illusionen hin. Sie wußte, daß Kulturgeschichten der Seide alle zwanzig Jahre neu geschrieben wurden, im Stil an den aktuellen Lesergeschmack angeglichen, ohne daß neues Material dazukam. »Ein Opus *mehr* in der Versenkung, was macht das schon aus«, schrieb sie gleichmütig an den Sohn. Es hatte ihr Geld bringen sollen – und Geld gebracht. Sie hoffte auf die Übersetzung des Buches und arbeitete einen Winter lang an verschiedenen Fassungen für verschiedene Länder, gründlich und »anständig«, wie es ihre Art war – bis ihr der nächste Coup gelang. Sie hatte dem Atlantis-Verlag zwei Roman-Vorschläge eingereicht, historisch-biographische Sujets, wie sie gerade in diesem

Jahrzehnt zwischen 1930 und 1940 Mode waren – einen über den Etrusker Maecenas, den anderen über Richard Wagner. Insgeheim favorisierte sie selbst ›Maecenas‹. »Immer eine Figur wählen, von der niemand was Gewisses weiss, da wird das Fabulieren zur reinen Lust«, schrieb sie an Roger. »Leider« entschied sich der Verlag für Richard Wagner, »nicht zum geringen Teil, weil *er* erwiesenermassen einen ›Permis de Séjour‹ für die Schweiz besass, während Maecenas der Zürcher Fremdenpolizei völlig unbekannt geblieben ist«, spottete sie. Also war sie gezwungen, das erste Exposé einzulösen und zu Recherchen sogar nach Zürich zu fahren, was ihr gar nicht paßte. (Entschieden lieber wäre sie zu Maecenas-Studien in ihr Lieblingsland Italien gereist.) Aber nun hatte sie die Wahl nicht mehr. Im Exposé hieß es über den Roman:

»Sein Rahmen ist Zürich, sein unmittelbares Geschehen die Episode Wesendonck, sein Problem: der Einbruch des Genies in die bürgerliche Welt, aber einmal von der bürgerlichen Welt aus gesehen und gemeistert von ihren feinsten Repräsentanten. Der stille Held, nämlich, gegenüber dem grossen tönenden ist hier Herr Wesendonck, jener Gatte, der die berauschende und selbst-berauschte Frau ihre Mission am Genie erfüllen lässt, sodass zwar im grossen Haus auf dem Festspielhügel zu Bayreuth der ›Tristan‹ aufklingen kann, doch ohne dass jenes Privathaus am glücklichen Hügel bei Zürich deshalb einzustürzen brauchte.«

Mathilde Wesendonck, Richard Wagner – noch verheiratet mit seiner ersten Frau Minna –, Otto Wesendonck, der großzügige feinsinnige Seiden-Importeur, das waren die Haupthelden des ›Glücklichen Hügel‹. Der Grundgedanke war der, daß Richard Wagner, »Spezialist in Sachen Liebeszerstörung«, um ein Haar die glückliche Ehe der Wesendoncks zerstört hätte, Mathilde Wesendonck seinem künstlerischen Dämon aufgeopfert – aber eben nur beinahe. Ein unbeschreiblich großzügiger, feinfühliger, diplomatischer und sich selbst verleugnender, auch listiger und kluger Gatte wußte dies zu verhindern und die Gunst seiner Frau, die mehr als einmal geneigt war, mit dem dynamischen kleinen Genie auf und davon zu gehen, wiederzugewinnen. Romantische Liebe – enttarnt (als Rausch nämlich), ihr Bann – einmal gebrochen; Liebeswahn geheilt, die ganze Sache an ihren Platz gestellt und gnädig entzaubert. Es fällt nicht schwer zu sehen, warum Bertha von Wagners Wesendonck-Episode immerhin so fasziniert war, daß sie einen Romanvorschlag daraus gemacht hatte: Hinter dieser Konstellation schimmerte ihr Verhältnis zu Theodor Beer. Dämonischer Liebeszerstörer auch er, nur die Umstände für rechtzeitige Entzauberung waren nicht gegeben.

Die Arbeit an diesem neuen Roman machte ihr »viel Freude, doch auch die Plage ist gross...«, schrieb sie dem Sohn Anfang Juni 1940. »So musste ein ganzes ›Dossier‹ über die Wagner'schen *Hunde* angelegt werden und ich korrespondiere mit Guy de Pourtalès, dem berühmten Romantikerbiographen, *darüber*, ob ›Pepi‹ oder ›Fips‹ der hündische Jahresregent 1857, zur ›Tristanzeit‹ war, damit keine Schlamperei entstehe, auf die 17 Musikliteraturhistoriker den Vorwurfsfinger legen könnten...« Sie fühlte sich angesichts der Berühmtheit ihrer Romanfigur unangenehm befangen und zu peinlichster Detailgenauigkeit verpflichtet – Maecenas wäre leichter gewesen.
Tatsächlich spürt man beim Lesen des großartig angelegten Romans so etwas wie einen Hemmschuh – ein Schleppen und Zögern, ein Zuvielschreiben, Zuvielbegründen. Das ist bedauerlich, denn für kaum ein anderes Buch von Sir Galahad gilt so sehr das Keyserlingsche Diktum vom »ironischen und ausgelassenen Temperament dieser nicht un-boshaften Frau«: Herrliche Formulierungen, witzige Schlaglichter, boshafte Charakteristiken machen die Lektüre teilweise zum Genuß. »Klavierlinge und Dabeiseier« für den Troß des musikalischen Genies sind Wortprägungen, die man nicht kampflos aufgeben sollte; »Ich keife, also bin ich« (Minna Wagner), sind willkommene Sätze. Hin- und hergerissen zwischen ihrem satirischen Temperament und dem Respekt vor dem Wagner-Clan spielte Bertha noch 1941 mit dem Gedanken, »im Sommer ›auf einen Sprung‹ nach Bayreuth« zu fahren, »um mir von Frau Winifred in Wahnfried einen ›Koscherzettel‹ für das Buch geben zu lassen, das ja ziemlich unorthodox den Meister darstellt« – zu einem Zeitpunkt, als sie längst schon nicht mehr ausreisen konnte, ohne ihre Wiedereinreiseerlaubnis in die Schweiz zu verlieren, weshalb sie die Reise auch unterließ.
Die Arbeit am Roman, der nicht nur die ›Episode Wesendonck‹ umfaßt, sondern darüber hinaus Wagners weitere Stationen Paris, Wien, München – bis zur Uraufführung des ›Tristan‹ in München –, dauerte viel länger als sie gedacht hatte. Ende 1940 war eine erste Ablieferungsfrist; im Dezember 1941 schrieb sie: »Ich stecke noch immer im *letzten* Viertel des R. Wagner R's, *der mich nicht befriedigt* u immer wieder umgearbeitet werden muss, die Weltlage bringt ihn immer wieder aus dem Gleichgewicht.«
Genau ein Jahr später, im Dezember 1942: »R.W. Roman: Nach Neujahr geht er in Satz und nach den Korrekturen brauch ich *nie mehr* etwas von Herrn R.W. hören oder sehen!« – Schließlich im Januar 1943: »Am 15ten fällt mir ein 3 Kilo schweres Manuskript-Paket vom Herzen, um den Verlag zu ›beglücken‹...«

Krieg in der Schweiz

Die Weltlage, der Krieg: Schon zu Beginn ihrer Recherchen im Mai 1940 hatte sie bemerkt, es sei »nicht ganz leicht, sich auf die Privataffairen des Ehepaares Wesendonck zu concentrieren« in einem »Augenblick, da ein Weltschicksal sich entscheidet...« – nur war sie damals noch der Ansicht gewesen, der Krieg sei in Kürze beendet. Auch Nostradamus hatte dies prophezeit: Der Zweite Weltkrieg dauere insgesamt neun Monate, und Bertha hatte ihrem Sohn in einem Brief seitenlang »Beweise« dafür aufgezählt, daß Nostradamus sich noch nie geirrt habe. Hier irrte er doch. Nicht nur hörte der Krieg nicht auf, er kam sogar in die Westschweiz. Im Juni 1940 erlebte sie auf dem Balkon ihres Hotels stehend, wie das Nachbarhotel »von Fliegerbomben zerfetzt« wurde, deren Abwerfer sich über Genf verirrt hatten, wobei es Tote und Verletzte gab. Sie selbst habe keinen Augenblick Angst gehabt, schrieb sie ihrem Sohn. Um so mehr ängstigte sie sich nach diesem Anschauungsunterricht später um ihn und seine Familie, wenn sie von Bombenangriffen hörte.

Die Kriegsjahre in der Schweiz waren mühselig, wenn auch weiter nicht lebensgefährlich. Immer wieder versuchte sie sich implizit gegen den Vorwurf zu rechtfertigen, sie lebe, während Europa um sie herum in Schutt sank, auf einer Paradiesesinsel; sie füllte daher ihre Briefe mit der Aufzählung aller Widerwärtigkeiten, denen sie ausgesetzt war: Lebensmittelknappheit, Stromrationierung und bitterste Kälte, Meldeauflagen, Arbeitsverbot, das nur mit jeweiliger Sondergenehmigung umgangen werden durfte, Geldtransfer-Probleme und die Unmöglichkeit auszureisen, ohne die Aufenthaltserlaubnis zu verlieren. Zermürbend war der Geldmangel. Am Geld war im August 1939 schon der Eranos-Kongreß gescheitert, zu dem sie unbedingt hatte fahren wollen – denn »alles was gut u teuer ist trifft sich ja dort« – so der von Bertha sehr geschätzte Indologe Heinrich Zimmer, C.G. Jung, die Sinologen Erwin Rousselle und Paul Pelliot.

Geld fehlte auch im Frühjahr 1940 – »alles Versetzbare war längst versetzt, Zimmer u Frühstück gingen noch gnadenhalber auf Kredit, die Lage war so, dass ich das Auslandsporto für einen Privatbrief einfach nicht verantworten konnte, so grotesk dies klingt... Nur gut, dass ich astrologisch darauf, *halbwegs* wenigstens, vorbereitet war, und wusste, es würde *diesmal sehr knapp* – aber schliesslich *doch* gehen...«

Ein Herr Julius Gmachl in Salzburg, den sie den »Pagen und Schleppträger« nannte, berechnete immer wieder ihr Horoskop, sodaß sie die

Montreux

Ereignisse, auf die sie so wenig Einfluß hatte, wenigstens interpretierend in einen Rahmen bringen konnte. Wenn im Januar 1940 »sogar das Honorar für eine kleine Gelegenheitsarbeit ausgeblieben« war, sie aber von der teuersten Genfer Blumenhandlung eine »Ladung weissen Rivieraflieders, Dolden wie die Palmwedel« in ihre Pension gebracht bekam, »telegraphisch als Neujahrsgruß von einer Verehrerin aus Deutschland bestellt«, dann war dies ein typisches Zeichen für einen geschwächten Jupiter, der, von Saturn irritiert, sich nur in wohlmeinenden, aber nutzlosen Hilfsaktionen ergehen konnte, ohne richtig zu helfen. Man mußte aber dankbar sein, daß jener Saturn sich nicht noch »freier betätigte in Form von Leberkrebs, Justizirrtum oder auf den Kopf fallenden Ziegelsteinen«.

Trotzdem, gestand sie dem Sohn, »waren die psychischen Depressionszustände und allgemeiner Lebensüberdruss schwer tragbar…«
Vor allem: sie wiederholten sich, denn auch, wenn Saturn endlich einmal nicht im Quadrat zum Aszendenten stand, waren »die Deutsche Bank und Clearing Zürich« fast immer »verschiedener Meinung«, was Sir Galahads vorsichtige Umschreibung für die schikanöse Blockierung der Auslandsüberweisungen seitens der Nazis war. »Seit 6 Monaten bin

ich quasi mittellos hier und friste ein peinliches Dasein als halber Zechpreller« ... schrieb sie im März 1942. »Nun *kann* ich zwar *fast* von Luft leben, das völlig ungeheizte Zimmer im eiskalten Februar hat aber als ›Frühlingsahnen‹ nicht nur eine Bronchitis, sondern auch eine Frostbeule (die erste im Leben) zur Entfaltung gebracht...«
Längst konnte sie sich das ›Bristol‹ nicht mehr leisten, in dem sie sich gelegentlich den Luxus heißer Bäder und einer gewissen Pflege gegönnt hatte, zum Beispiel noch im Dezember 1940, als sie mit Fieber und Grippe von den Zürcher Richard-Wagner-Studien zurückgekommen war. »Meine neue Adr. hier ist: Genève, rue de Candolles Nr. 16/II bei Madame Montaudon«, schrieb sie lakonisch am 16. Mai 1941. »Die Emigrantenatmosphäre des Hôtel Bristol war nicht mehr auszuhalten...«
Kälte – Arbeitsunfähigkeit – Lebensüberdruß: diese drei Erscheinungen wurden allmählich synonym für Winter. »So wie es kühl wird, pflegt uns Bern die elektrische Heizung abzusperren«, stellte sie fest, und ihre bewegten Klagen steigerten sich verzweifelt mit jedem Winter. »Wie habt Ihr Weihnachten verbracht? Ich pflegte meinen Bronchialkatarrh und meine Melancholie...« (1944). »Eine steifgefrorene Leiche – das war ich zwischen November und März...« (April 1946). »Mit Frieren kann man mir nicht imponieren. Ich verbrachte die 5 Monate dieses *beispiellosen* Winters in einem völlig ungeheizten Haus. Nur ein einziger elektrischer Apparat, Wärmeradius 50 cm, stand mir zur Verfügung, auch dieser meist behördlich abgesperrt, von wegen mangelnden Stromes, Ebbe in den Stauseen! Die Kältequal war derart, dass man nur einen Wunsch hatte: in ein brennheisses Bad hinein, neben sich ein verlässliches Rasiermesser, um sich schliesslich eine Beinarterie aufzuschlitzen und *nie mehr* herauszumüssen in die ›Bise‹ bei –12 und 15°. Wir hatten aber auch kein brennheisses Bad zur Verfügung. So verbrachte ich die letzten Monate meist bettlägerig... Jedenfalls war dies mein letzter Winter in Genf – so oder so.« (März 1947).

Auswege

Seit Kriegsanfang hatte Sir Galahad nach Ausweichmöglichkeiten gesucht. Die Schweiz war ein einigermaßen sicherer Zufluchtsort, aber auch eine enge Mausefalle, in der sie kaum manövrieren konnte. Das wurde ihr schmerzlich klar, als im Frühjahr 1940 geradezu lawinenartig alte Bekannte über sie hereinbrachen und einen frischen Wind mitbrachten...

»... Leute, die mir sehr wohlwollen, Leute in Luxuslimousinen, die mir Gastfreundschaft bieten, der Eine stellt mir seine Villa in Mentone unbegrenzt zur Verfügung, der andere lädt mich für 1 Jahr auf seine Estanzia, so groß wie das Großherzogtum Oldenburg, nach Argentinien ein, er und seine Frau fahren eben hinüber, ich soll doch gleich mitkommen; meine liebste Freundin, eine bezaubernde Dame, öster. Aristokratin, jetzt englische Staatsbürgerin, bietet mir an, in ihrem römischen Palazzo bei ihr zu wohnen. Die ganze große, freie, so vertraute Welt von einst öffnet sich unversehens wieder, aber ich muss – wenigstens vorläufig – nein zu ihr sagen...«

Wer die »liebste Freundin, öster. Aristokratin« war, erfahren wir in einem Brief von Martha Musil an ihre Tochter. »Kürzlich trafen wir die Sir Galahad und die Schwester von Rudolf Olden«, heißt es am 13. März 1940. »Sie ist eine Gräfin Seilern, hat einen gelähmten Mann, drei Stiefsöhne und vier eigene Kinder... Sie sind alle sehr reich, und sind Engländer; der Besitz in ö. ist natürlich beschlagnahmt...« Martha Musil fand dies erwähnenswert, weil ein junger Graf Seilern Mitglied der Robert-Musil-Gesellschaft war und von daher sehr wichtig für die in äußerster Zurückgezogenheit und Geldverlegenheit lebenden Musils. Rudolf Olden, Jurist, Publizist und einer der Verteidiger von Carl von Ossietzky, hatte sich rechtzeitig vor den Nazis nach England in Sicherheit bringen können. Er starb auf der Überfahrt nach Kanada, als das Schiff von einem Torpedo getroffen wurde. Seine Schwester, Berthas Freundin, muß ein ganz ähnlicher Typ wie Sir Galahad gewesen sein, damenhaft, jugendlich. »Sie sieht wie Anfang 30 aus – allerdings bei mattem Licht«, konstatierte Martha Musil verwundert, und dies, obwohl »sie selbst erzählte, daß sie eine 17jährige Enkelin hat, also Mitte 50 sein muß...«

Bertha dachte gründlich über diese verlockenden Angebote nach. Sie waren keine echte Alternative zu ihrem Schweizer Leben. Erstens waren sie mehr oder minder zeitlich befristet, zweitens widerstrebte es ihr, eine »Parasitenexistenz auf Kosten reicher Leute« zu führen. »In die ›Gesellschaft‹ soll man erst wieder eintreten, wenn man dort auf gleichem Fuss aus eigenen Mitteln leben kann«, erläuterte sie dem Sohn, »wozu es, in Italien wenigstens, gar nicht so viel braucht...« Der Rom-Plan entstand. Die letzten acht Jahre ihres Lebens beschäftigte sie sich immer wieder mit diesem Vorhaben, das gar nicht so unrealisierbar erschien: eine Übersiedlung nach Italien. »Percy hat in der ›Urbs‹ jetzt so viel verlegerische Beziehungen angeknüpft, dass ich vielleicht eine andere Arbeit, fix bestellt übernehme...« Nebenher wollte sie in der geeignetsten Umgebung den »Maecenas«-Roman schreiben, der ihr so am Herzen lag. Sie träumte von einem Schloß.

»Vom nächsten Frühsommer ab will ich eine der bezaubernden Villen in der Umgebung Roms mieten, so eine aus bestem 16en Jhdt aber ganz civilisatorisch modern installirt, mit großem, verschwiegenem Park voller Nachtigallen, Obstgärten und gleich dem erprobten alten Gärtnerehepaar mitgeliefert zur Bedienung. Jahresmiete 400 Schw. Frs. Du siehst ich träume sehr praktisch gleich den Zins mit.«

Die Vorstellung, als italienische Schloßherrin mit der großen Welt wieder auf gleichem Fuß zu leben, mochte tröstlich und reizvoll sein. Aber inzwischen war nicht einmal mehr eine kleine Reise möglich. Sie konnte die Schweiz nicht verlassen, ohne vorher die Steuerschulden zu bezahlen, die ihr bisher gestundet worden waren. Aus diesem Grund zerschlug sich ein Familientreffen in Rom im April 1942, und Bertha, die ihre Gefühle sonst immer dicht verschleierte, schrieb einen Brief voll offener Trauer an Roger, den dieser vorfinden sollte, wenn er aus Rom wieder zurückkam. Wie würden sich ihre beiden Söhne beim ersten Zusammentreffen ohne ihre Vermittlung verstehen? Das beschäftigte sie sehr. Außer ihrer Arbeit und ihrer Familie gab es nur noch wenige Dinge, die ihr wichtig waren, und ausgerechnet in Arbeit und Familienbeziehung griff die Schweiz ständig reglementierend ein. Für jeden Artikel, den sie schrieb, brauchte sie eine »Sonderbewilligung aus Bern«. Die Bezahlung der Steuerschulden glich einer Sisyphosarbeit. Auch das Erscheinen des Wagner-Romans half ihr nicht weiter. »Das Buch wird auf viele Monate nichts tragen, da erst der Vorschuss abgedeckt werden muss... um durchhalten zu können, stelle ich jetzt für einen sehr angesehenen Basler Verlag eine ›Sappho‹-Anthologie zusammen...« Optimistisch wie sie trotzdem war, hatte sie sich für den Wagner-Roman die Filmrechte vorbehalten (Frühjahr 1943).

Finanziell gesehen war sie ein Opfer ihrer Gründlichkeit. Jede neue größere Arbeit brachte ihr einen neuen Vorschuß, den sie in intensiver langer Arbeit völlig verbrauchte und der gleichzeitig die Steuerschulden erhöhte. Wie sollte sie aus diesem Kreislauf herauskommen? Sie gab nicht auf. Im Oktober 1946 schrieb sie an Roger: »Daß wir uns im Sommer treffen können, ist durchaus im Bereich des Möglichen, nur dürfte es eher in Rom sein als in der Schweiz, die einen in jeder Hinsicht auffrisst... mit ihren Steuern bei Arbeitsverbot auch für Künstler – und nichts wie rothen Kreuz Protzerei. (So)wie ich mit dem Material für das Englandbuch fertig bin, schau ich, wegzukom-

men...« – Inzwischen hatte sie die Freude erlebt, daß der PEN-Club sie nach Basel eingeladen hatte »in das allervornehmste Hotel...« Sie hielt dort einen Vortrag über »England die auserwählte Insel«, was auch der Titel ihres neuesten Buches war, und wurde im großen Saal des ›Hôtel des Trois Rois‹ mit einem Festdiner geehrt. Gleichzeitig arbeitete sie an einer Übersetzung der Dickens-Biographie von Una Pope-Hennessy.
Im Sommer 1947 schien ihr tatsächlich die Auflösung des Gespinstes geglückt zu sein, eine Abreise in greifbare Nähe gerückt. Ihr Sohn Percy schrieb am 6. September an Roger:
»Von der Mama habe ich, nicht gerade häufig aber regelmässig Nachricht. Zum Unterschied vom vergangenen Winter, habe ich nach Ton, Inhalt und äußerer Form ihrer Briefe einen recht günstigen Eindruck von ihrem gesundheitlichen wie moralischen Befinden. Ich hoffe sehr, daß ihre Reise hierher, nun ›endgültig‹ für den Oktober geplant, diesmal nicht wieder eine Verschiebung erfährt. Vor allem hoffe ich, daß es möglich sein wird, aus dieser Reise gleich eine definitive Übersiedlung nach Rom zu machen. Das aber hängt von der Lösung verschiedener nicht ganz einfacher finanzieller Probleme ab, in denen ich noch nicht ganz klar sehe...«
Es kam nicht mehr zur Abreise. Während Percy diesen Brief schrieb, stürzte Sir Galahad auf der Straße und zog sich eine »sehr schmerzhafte Muskelzerrung« zu. Sie blieb in Genf.
Mitte Dezember setzte sie sich hin und schrieb ihrem Sohn Roger zum erstenmal etwas über seine – und ihre – »Vorgeschichte«: über Theodor Beer, über die Villa Karma, wie sie ihn kennengelernt hatte, wer Theodor Beer war – und sie bemühte sich um Gerechtigkeit. Während des Schreibens stieg sichtbar die alte Erregung wieder auf. Nach fünf Seiten brach der Brief, der sich in ihrem Nachlaß fand, ab: bei der Erwähnung von »Lady Tatjana«, die er ihr als »Kupplerin« ins Haus geschickt hatte und die, als er Bertha zu umwerben begann, gerade selbst ein Kind von ihm bekommen hatte.
Wieder einen Monat später, am 14. Januar 1948, riß sie zwei linierte Blätter aus ihrem Notizbuch, auf die sie hastig gekritzelt hatte:

»Chère Madame,
die Operation kommt überraschend heute Früh.
Anbei die Autorisation an das Versatzamt.
Im Falle meines Todes bitte eine Cassette die sich in Aufbewahrung des Direktors befindet aus dem *Hotel des Familles* abzuholen. Sie enthält private *Dokumente* echte alte Spitzen und *gehört* für *Roger*

Bitte bestehen Sie darauf dass der Lanzettstich ins Herz vom Arzt gemacht wird ehe ich ins Crematorium gebracht werde; ich will nicht im Fourneau aus dem Scheintod aufwachen
Gott lohne Ihnen alles Liebe das Sie mir getan haben

                                                Ihr
                                                Sir Galahad«

Bertha überlebte die Operation nur um ein paar Wochen. »Zum Glück scheint sie gar nicht gelitten zu haben«, schrieb Percy an seinen Bruder Roger.

»Frl. Aulegk... eine Freundin, die sich in rührender Weise der Mama angenommen zu haben scheint, schrieb mir, sie habe keinerlei Schmerzen gehabt und auch bis zuletzt nicht gewußt, wie es um sie stand. Ja, sie sprach noch wenige Tage vor dem Ende davon, ›zur Erholung‹ nach Kanada zu fahren, wohin sie sich von einer befreundeten Dame einladen lassen wollte!«

Sie starb am 20. Februar 1948. »Wir wissen beide nur zu gut, was wir verloren haben«, schrieb Percy trauernd. Und der Nachruf im Berliner Tagesspiegel meldete es so: »Sie war jetzt in der Öffentlichkeit fast ganz vergessen. Doch jene, denen ihre Bücher einmal Erlebnis waren, bekennen sich bis heute zu ihr und hüten ihre Bücher wie ein Stück ihres Selbst.«

B Königliche Frauen

Texte

»Denen man gehorchen muß«

Was würde eine Dame des »alten« oder »mittleren« Reiches zu den rechtlich gewiß bestgestellten Frauen unserer Tage, den Amerikanerinnen, sagen im Frauenparadies Amerika?
»So auf den Hund zu kommen!« wäre wohl der erste, fassungslos empörte Aufschrei der Ägypterin. »Bei uns zu Hause in Memphis vor sechstausend Jahren, das waren andere Zeiten.« Und darin hätte sie recht.
Mühsam muß sich so ein Girl heutzutage erst hinaufscheiden zu artiger Versorgung, weil sie immer nur ein Stück des männlichen Vermögens aus jeder Ehe an sich nehmen darf, während im alten Ägypten bereits der erste Verlobte sein ganzes Hab und Gut auf den Namen der Braut überschreiben ließ. Diese behielt sich dann im Heiratskontrakt fast ausnahmslos das alleinige Recht auf Scheidung vor, konnte somit den Mann, der selbst während der Ehe im Heim nur als »privilegierter Gast« galt, ohne Angabe von Gründen einfach aus Haus und Besitz weisen, die er ihr eben zugebracht. Außerdem enthielt so ein Kontrakt als stehende Klausel *sein* Gelübde, *ihr* »in allem und jedem gehorsam« zu sein. Ja, zum Geier, warum ist denn der Schwachkopf darauf eingegangen? fragt jetzt, wer halbwegs männlich fühlt.
Infolge des Mutterrechtes. Das bestand, wie wir heute wissen, am Aufgang der Menschheit fast bei jedem Volk, bis es durch das spätere Vaterrecht langsam verdrängt wurde; bestand ununterbrochen in Ägypten fünftausend Jahre lang, vom Beginn dieses grandiosen Reiches bis zur Überfremdung und Verfall im Anfang christlicher Zeit. Reines Mutterrecht, auf Naturmagie gegründet, hat Frauenvorherrschaft zur praktischen Folge, denn es ignoriert den männlichen Anteil an der Entstehung des Kindes und zählt nur die Herkunft aus dem Mutterschoß. Her-kunft, im wörtlichen Sinn, wo es zweifellos her, herauskommt, das allein gilt. Der Stammbaum ist somit weiblich, jeder Unterschied zwischen »ehelicher« und »unehelicher« Geburt fällt dahin, alle Kinder

Sir Galahad 1923 in Les Avants bei Montreux

tragen ausschließlich den Familiennamen der Mutter, und auch der Besitz erbt sich in weiblicher Linie fort.
So ein armer Ägypter war also mit seinen Nachkommen rechtlich gar nicht verwandt, konnte ihnen nichts hinterlassen, nur was er bei Lebzeiten der Mutter geschenkt, kam ihnen, falls sie es nicht vorher verjuxt hatte, dereinst zugut, sonst fiel, was er besaß, wieder streng der weiblichen Linie, den Kindern seiner Schwester zu.
Wo der Mann keine Familie gründen kann, dort hat er meist Talent und Zärtlichkeit für sie. Solche Späße erlaubt sich die Natur gerade gern mit ihren bravsten Wesen.
Am gescheitesten für den Ägypter, er heiratete gleich seine Schwester, dann waren deren allein erbberechtigte Kinder wenigstens sei-

ne eigenen. Daher die Sitte der Geschwisterehen in allen Ständen. Etwas monoton? Aber wieso denn, er konnte ja außerdem andere Frauen halten, sie andere Männer, und Scheidung war Privatsache: die reine Bagatelle. Geschwisterehen galten überdies beim ganzen Volk schon deshalb für vorbildlich korrekt und elegant, weil sie im Königshause Vorschrift waren, damit das »Sonnenblut« sich rein erhalte.

Pharaonen und englische Rennpferde sind die am höchsten ingezüchteten Rassegeschöpfe der Welt. Und vielleicht die schönsten. Von üblen Folgen nie die Spur.

Wie stets bei Mutterrecht, erscheint auch in Ägypten die Frau als werbender Teil. In sechzehn unter zwanzig erotischen Gedichten gehen die Avancen von ihr aus. Sie »fensterlt« und meldet den Erfolg: »Ich habe meinen Bruder in seinem Bett gefunden. Mein Herz ist glücklich über die Maßen.« Auch wo weibliche Lyrik Finanzielles besingt, haben die Damen in hohem Grad die Gabe klarer Rede. Die Dichterin eines Werbeliedes aus der Zeit Ramses II. verkündet ihrem Freund: »Oh, mein schöner Liebling! Meine Sehnsucht geht dahin, als deine Gattin zugleich die Herrin all deiner Besitztümer zu werden.«

Max Müller hat schon recht, wenn er die Frau im alten Ägypten moderner und weiter fortgeschritten nennt als die modernste Frau der Gegenwart. An Karriere stand ihr, besonders in der ältesten Zeit, einfach alles offen. Vor wie nach der Heirat konnte sie Priesterin werden, was nicht Nonne bedeutet, sondern nach Rang und Einkommen etwa Erzbischof oder Kardinal. Wir kennen in allen Details die Laufbahn so eines Girls vor viereinhalb Jahrtausenden, das, aus kleinen Verhältnissen stammend, als Bürofräulein im Geschäft ihres Vaters begann, später in den Verwaltungsdienst trat, bald Statthalter des Fajum wurde und, was merkwürdiger, Oberkommandant der westlichen Streitkräfte. Dazu kamen noch Generalgouvernat und Oberbefehl in Kynopolis und an der östlichen Reichsgrenze. Dieses junge Mädchen wurde in relativ kurzer Zeit eine der mächtigsten, angesehensten und reichsten Persönlichkeiten des Landes, ganz aus eigener Kraft.

Mutterrecht ist auch nicht gar so kuhwarm, wie es klingt, Säuglinge wurden sofort zu künstlicher Ernährung und Pflege den Männern übergeben, die sich als »dry nurses« eminent bewährten. »Amme« war ein ausschließlich männliches Ehrenamt bei Hof; eine der höchsten männlichen Würden: das Aufziehen der neugeborenen Prinzen und Prinzessinnen. So hieß der Fürst von El Kab unter Amenhotep I. die »Amme« des Prinzen Uadmes; Senmut, der Gigolo der Königin Chnemtomun, die »Amme« der Prinzessin Ranofre. Die Männer be-

sorgten auch das Waschen der Wäsche, das Bereiten des Bettes zur Liebe und der Pomaden zu Haar- und Körperkult.
Griechenland, in klassischer Zeit schon ganz männerrechtlich orientiert, bestaunte spöttisch dieses Frauenreich. Herodot spricht von »verkehrter Welt«, und Sophokles entrüstet sich: »Ha, wie sie die Sitten des Ägyptervolkes nachahmen in des Sinnes und des Lebens Art! Dort hält das Volk der Männer sich zu Haus und schafft am Webstuhl, und die Weiber fort und fort besorgen draußen für das Leben den Bedarf.« Diodor, ein Späterer, beschränkt sich mehr auf's Konstatieren: »Die Frauen verwalteten alle obrigkeitlichen und öffentlichen Ämter, die Männer besorgten, so wie bei uns die Hausfrauen, das Hauswesen und lebten dem Willen ihrer Gattinnen gemäß.« Auch fügt er bei, daß sie kontraktlich zum Gehorsam gegen diese verpflichtet waren. Die letzte Behauptung wurde in Fachkreisen stets verächtlich abgetan, heute, da 300 bis 400 Ehekontrakte aus verschiedenen Zeiten vorliegen, ist sie nicht nur bestätigt, sondern weitaus überboten.
»Ich beuge mich vor Deinen Rechten als Frau«, heißt es in so einem Dokument. »Vom heutigen Tag an werde ich mich nie mit einem Wort Deinen Ansprüchen widersetzen. Ich erkenne Dich vor allen als meine Gattin an, habe aber selbst nicht das Recht zu sagen: Du hast meine Gattin zu sein. Nur ich bin Dein Mann und Gatte. Du allein hast das Recht zu gehen. Vom heutigen Tage an, da ich Dein Gatte bin, kann ich mich Deinem Wunsch nicht widersetzen, wo immer es Dir hinzugehen belieben mag. Ich gebe Dir... (folgt die Liste der Vermögenswerte). Ich habe keine Gewalt, Dir in irgendeine Transaktion dreinzureden. Meine Rechte an jedem Dokument, das von irgendwelchen Personen zu meinen Gunsten aufgesetzt wurde, habe ich Dir hiermit zediert. Du hältst mich gebunden, jede solche Zession anzuerkennen. Sollte mir also irgendjemand Gelder einhändigen, die jetzt Dir gehören, so habe ich sie an Dich ohne Verzögerung und ohne Widerstand abzuliefern und Dir weitere zwanzig Maß Silber, einhundert Schekel und noch einmal zwanzig Maß Silber zu zahlen.«
In einem kleinen Papyrus aus der Ramessidenzeit beschwört ein thebanischer Witwer schlotternd seine verstorbene Frau, als Gespenst doch gnädigst von ihm abzulassen. Schmeichelnd nennt er sie »erhabener Geist«, erinnert an alle Rücksicht, die er ihr zeitlebens erwiesen, wie er sie gewiß nie vernachlässigt, nachdem er die famose Stellung am Hof des Pharao erhalten, vielmehr jeder ihrer Launen sich gefügt, auch keine Audienz bewilligt habe, der sie nicht vorher zugestimmt. »Was immer sie mir brachten, das übergab ich Dir«, beteuert er. »Nie habe ich etwas heimlich versteckt oder für mich zurückbehalten.«

Mag sich auch ein weibliches Gespenst ab und zu eklig benommen haben, totsein verdirbt eben die Laune, lebende Frauen, deren Abbilder so beispiellos hochbeinig, lieblich und geduldig kultiviert über Kilometer von Reliefs dahinstehen, scheinen ihre Macht nicht überarg mißbraucht zu haben. »Wenn ich Dich als Gatten entlasse«, erklärt eine junge Dame großmütig in ihrem Ehekontrakt, »indem ich Dich hassen oder einen anderen mehr lieben gelernt habe als Dich, so gebe ich Dir die Hälfte Deiner Mitgift zurück, außerdem einen Teil von allem und jedem, was ich mit Dir erwerben werde, solange Du mit mir verheiratet bist.«

Nur in Theben waren sie toll aufs Geld. Nicht nur das ganze Vermögen und alle künftigen Erbschaften des Gatten brachten sie bei der Eheschließung an sich, sondern in Form von jährlichen Apanagen, auch was dieser später sich verdienen mochte, so daß mancher Mann, um nach der Scheidung vor dem Verhungern geschützt zu sein, seinerseits im Kontrakt sich für den äußersten Fall ausbedang, bis zum Tod von der Frau ernährt und dann anständig begraben zu werden. Toilettegelder erhielt er ja überhaupt von ihr. »Die ihren Mann kleidet«, war die früheste Bedeutung des ägyptischen Wortes: Frau.

Warum in Geschichtswerken von alledem recht wenig steht, höchstens ab und zu etwas von »auffallend freier Stellung des Weibes«? Gerade die meistgelesenen stammen noch vom Anfang des Jahrhunderts, als vieles noch nicht entziffert, Entziffertes aber bei damals einseitig männerrechtlicher Betrachtung als »unglaubwürdig« oder »Ausnahme«, am liebsten »Entartung« abgelehnt wurde. So ein Privatdozent in seinem Universitätsnest von Jugend an, also noch vor 1870 gewöhnt, daß

seine Frau ihn jede Woche um das Wirtschaftsgeld ersuche, verschloß den Sinn vor derart fremder Welt. Er nannte das: kritische Sichtung des historischen Materials. Bei ähnlichem Anlaß sagt Shaws Cäsar mild: »Verzeiht ihm, er hält eben die Vorurteile seiner kleinen Inselsippe für die Gesetze der Natur.« Wären die ägyptischen Männer nur eine trübe Brut gewesen, hätte das Vorzüglichere ihrer Position die Frau weder beglückt noch sich für sie gelohnt. Doch diese Eliterasse, groß, schlank, männlich, kultiviert, begehrenswert über die Maßen, nahm es, man wage herzhaft die Vermutung, mit jeder Professorenrasse auf.
Von ihrer Weisheit noch ein letztes Wort. Im vielleicht ältesten Buch der Welt, den Maximen des Ptah-Hotep, eines Philosophen aus dem Jahre 3200 v. Chr., sagt der prächtige Mensch: »Wenn du weise bist, so behalte dein Heim, liebe deine Frau und streite nicht mit ihr. Ernähre sie, schmücke sie, salbe sie. Liebkose sie und erfülle alle ihre Wünsche, solange du lebst, denn sie ist dein Gut, das großen Gewinn bringt. Hab acht auf das, was ihr Begehr ist und das, wonach der Sinn ihr steht. Denn auf solche Weise bringst du sie dahin, es weiter mit dir zu halten. Opponierst du ihr, so wird es dein Ruin sein.«

(Aus: ›Die Dame‹, Mai 1930)

Theodora

Von Architektur, Jus, Strategie, Philosophie, Theologie, Nationalökonomie, Musik hat dieser Illyrier oder römische Kolonist aus dem nördlichen Makedonien wirklich viel verstanden, weil, wer flüchtig ißt und fast nie schläft in achtunddreißig Herrscherjahren, schon einiges vor sich bringt. Selbst Zeit zur Liebe findet. Zu lebenslanger Anbetung sogar. Denn von dem Tag an, da der Vierziger die schicksalhafte Frau in Theodora trifft, bleibt sie für ihn die »verehrungswürdigste, gottgeschenkte Gemahlin«, sein »süßester Schwarm« weit über zwanzig Jahre lang. Nach ihrem Tod an uterinem Krebs geht dieser Weltherr über eine leere Erde.
Viele Liter Zauberbräu natürlich seien schuld daran, die sie ihm eingegeben, meint die Masse. Als ob es nicht genügt, daß die Natur in einer Frau einmal die zauberhaften Ingredienzen sich richtig mischen läßt, um alles zu erklären. Der Rauschtrank ist sie selbst.
Theodoras Vater war ein Bärenwärter, die Mutter etwas wie eine Kupplerin im Hippodrom. Um nicht verjagt zu werden nach des Mannes

Tod, geht seine Witwe mit drei Kindern, Indaro ist sieben, Theodora fünf, das Jüngste erst drei Jahre alt, durch die Arena. Flehend strecken dort die kleinen Mädchen ihre schmutzigen Hände aus. Die »Grünen«: prasinoi, johlen, doch die »Blauen«: venetoi, geben der Familie wieder eine Zirkusstelle. Das hat den »Grünen« Theodora nie verziehen, obwohl sie Monophysiten waren gleich ihr, sondern immer nur den »Blauen«, Orthodoxen, ihre Gunst geschenkt. Justinian, als Cäsaropapist, findet alle beide herzlich überflüssig.

Um die erste Jugend dieser Kaiserin summen Gerüchte wie Schmeißfliegen, den Rüssel naß von jedem Aas. Prokop, in der »Geheimgeschichte«, hat sie alle eingefangen, denn Theodora haßt er fast noch mehr als Justinian. Doch was er sagt, bleibt eigentlich nur Spießerschreck, das Schmutzigste daran ist seine eigene Absicht. Man sieht, wie ein sehr früh mißbrauchtes Zirkuskind, statt Flötenspielerin und Tänzerin zu werden, lieber öffentlich erotisch-mythologische Szenen mit Tieren mimt, im dezentesten Fall mit Tauben. Die Kleine ist entzückend zart gebaut, graziös, mit leuchtend schwarzen Augen im winzigen Gesichtchen und immer bleich vor Temperament. Sie wird zu allen Orgien mitgenommen, was man so eben in Arenakreisen treibt, denn wie vor Jahren in Paris Apachenbälle Mode waren, so damals Hunnenfeste in Byzanz. Horden junger Herren in beschmierten Schaftstiefeln, bedrohlich geschminkt, brechen in befreundete Paläste ein. Dort wird geliebt, gezecht und randaliert. Von Theodora, einer reinen Orientalin, heißt es, daß sie bei solchen Festen ein Dutzend stärkster Jünglinge erschöpfen konnte, um dann dreißig wartenden Dienern draußen sich noch hinzugeben, wobei sie die so geizige Natur beschimpft, weil diese zu den übrigen Wegen der Wollust, nicht noch einen vierten am Busen erschließt. Zwanzigjährig geht sie dann mit Hekebolos, einem Syrer in hoher Staatsstellung, nach Afrika. Aus unbekannten Gründen wirft er sie brutal hinaus, so bleibt sie mittellos. Jetzt kommt das letzte Elend, die Hafenbordelle, die Straße. Eine maßlose Verachtung alles Männlichen steigt auf in ihr, bis sie in der Libyschen Wüste christliche Einsiedler kennenlernt, große Herren, die vom Korbflechten leben, Königskinder, die auf nackter Erde schlafen, besonders viele vertriebene Monophysiten, wie Severus, den exilierten Patriarchen von Antiochia; die haben sie dann aufgenommen, unterrichtet und erhoben.

Unauslöschlich bleibt ihr Dank. Dann kehrt sie, wohl mit priesterlicher Hilfe, nach Byzanz zurück, wohnt in kleinem Haus zurückgezogen, Wolle spinnend, trifft, kein Mensch weiß wie, auf Justinian, Thronerbe damals, wird ihm zur Geliebten, und bald hat der ganz Be-

*Kaiserin Theodora und ihr Hofstaat, Mosaik in San Vitale, Ravenna.
Schutzumschlag des 1936 erschienenen Buches*

rauschte nur noch eine Sehnsucht: aus der früheren Zirkusprostituierten, obwohl sie ein uneheliches Kind besitzt, auch Abtreibungen hinter sich hat, einst seine legitime Kaiserin zu machen. Justin, der gute Onkel-Imperator, mit seiner blinden Bewunderung für den Neffen, sagt zu allem ja, nicht seine Frau, die alte Bäuerin. Doch stirbt die bald, und Theodora, nun bald dreißigjährig, wird gekrönt, noch immer klein, zart, blaß wie ein mißbrauchtes Kind. Im gleichen Hippodrom, wo sie der grüne Mob als bettelnde Range eines Bärenwärters höhnte, empfängt die Herrin eines Weltreichs von der Kathisma aus die öffentliche Huldigung.

Justinians gefundene Fee mit den zusammengewachsenen Augenbrauen, was in Byzanz für Rasse steht, liebt Schönheit, Zeremonien, Luxus, Geld. Besonders Geld. Erst einige Jahre später erwirbt sie sich die Macht im Nikeaufstand 532, denn ihre Haltung rettet damals jene Justinians.

Wie alle Emeuten bricht diese, höchst gefährliche, im Zirkus aus, hatte politische, religiöse, auch dynastische Hintergründe. »Nike«: Sieg, war hier der Schlachtruf. Ein Verwandter des früheren Kaisers Anastasius galt als Drahtzieher. Wie Feuer wächst die Rebellion in Volk und Land, Truppen meutern, die Beamtenschaft fällt ab, der Kaiser wird im heiligen Palast belagert, im Rat der letzten Treuen denkt keiner mehr an Widerstand, man spricht nur von der Flucht. Da wendet sich zum Schluß noch Justinian pro forma an die stumme Kaiserin, damit er ihre Meinung höre.

Theodora sieht ihn mit den wundervollen Augen an und sagt: »Es ist für einen Menschen, der einmal geboren ward, unmöglich, nicht zu sterben. Doch wer einmal geherrscht hat, kann nicht leben im Exil. Wenn du dich retten willst, mein Imperator, nichts hindert dich. Da ist das Meer. Da sind die Schiffe. Auch Geld hast du genug. Doch überlege, ob du, dann gerettet, den Tod der Sicherheit nicht vorzögst. Ich stimme einer alten Ansicht bei: der Purpur ist ein gutes Leichentuch, und bleibe.«

Da bleibt auch Justinian. Belisar versucht begeistert noch ein Äußerstes. Mit treu gebliebenen Truppen gelingt es ihm, die Meuterer in den Hippodrom zu treiben. Dort fallen hingeschlachtet etwa 40.000. Das Ärgste ist vorüber, und der Kaiser knausert nicht. Von jetzt ab teilt er jeden militärischen und diplomatischen Triumph mit Theodora, auf jedem Regierungsakt, auf jedem Denkmal steht ihr Name. Auf sie, wie ihn, wird jedes Ministerium, wird die Armee vereidigt. Sie nützt die Macht. Wem das nicht recht ist, der hat nichts zu lachen. Brutal oder geschmeidig, direkt oder auf dem Umweg von Jahrzehnten, trotzt sie

ihre kluge Überzeugung durch, mit oder ohne Justinian. Dem Purpurnebel seines Cäsaropapismus, seiner manischen Orthodoxie, setzt sie politische Einsicht für das Mögliche entgegen. Er, europäischer Römer, starrt hypnotisiert nach Westen. Sie, Syrerin, kennt die Bedeutung jener starken Ostprovinzen besser, die der Kaiser dauernd vor den Kopf stößt. Die Orientalin duldet dort Verfolgung religiöser Sekten nicht, setzt einen Papst ab, der ihr entgegensteht, bestätigt einen zweiten erst, nachdem er feierlich verspricht, die Monophysiten nicht zu stören. Weisheit war das, nicht nur Dankbarkeit. Einen dritten Papst, den Agapetus, weiß sie so zu überschmeicheln, daß er, erst jahrelang bei ihr zu Gast, in einer wichtigen theologischen Frage nachgibt. Es ist ihr größter diplomatischer Triumph.
So weiß sie Syrien, Nubien und Ägypten lange Jahre religiösen Friedens zu verschaffen, stiftet dort neue Sympathien für Byzanz, statt Wut und Abfall. Der Osten ist das Rückgrat, und dieses rettet sie dem Reich. Als Mittel dünkt ihr alles recht: Bestechung, Drohung, Schmeichelei, Verleumdung, Meuchelmord.
Ihre Beziehung zum volksverhaßten, genialen Johann von Kappadozien und seinem Sturz bleibt reichlich rätselhaft. Sie gibt sich her zur Kupplerin für Antoninas Liebeslaunen, die Gattin Belisars verfällt ihr solcherart. Durch die nun Ausgelieferte hält sie dann Belisar im Zaum, den wieder seiner Gattin Hörigen. Sonst sind der Angelangten Bohêmemanieren jetzt ein Greuel, die Ehe gilt als heilig; trotzdem hält sie den alten Spielgefährtinnen der Zirkuszeit die Treue: Chrysomallo, Indaro, die Tänzerinnen, gehen ein und aus im heiligen Palast. Das macht ja Theodoras Größe: dieses sexuelle Elementarwesen, Erdanima, ist auch der klarsten Freundschaft fähig, bleibt immer guter Kamerad, für den, der Anstand zeigt, tritt mutig ein für ihn, ganz wie ein Held der Männerbünde. Und weil ihr starker Geist niemals vergißt, gilt sie als beste Hasserin in der Geschichte, bevorzugt den gut abgelegenen, eisgekühlten, eingedickten, schwarzen Haß als den ergiebigsten an Wirkung.
Ihre Männchenkenntnis, erworben in ägyptischen Bordellen, ist zum Fürchten. Ihre feministischen Gesetze, als Folge dieser Kenntnis, gehen weit. Auch eine todeswürdiger Verbrechen angeklagte Frau darf nie in Untersuchungshaft geraten; statt männlichen Gewahrsams nimmt sie ein Nonnenkloster bis zur Gerichtsverhandlung auf.
Auf Justinian wirkt ihr Einfluß noch nach dem Tode weiter. Immer unorthodoxer wird er, versponnen in die Erinnerung an sie.
Unheimlicher auch mit jedem Jahr scheint dieser Sonderling dann seinen Untertanen. Er war nie jung, wird niemals alt. Pest befällt ihn, die

vier Jahre lang Byzanz entvölkert, doch ihm ändert sie kein Haar. Grünblaß, mager, ohne Essen, ohne Schlaf, betätigt er nur unersättlichen Geschlechtstrieb. Kein Wunder, daß ein Wispern anhebt, dies sei ein Dämon, mindestens eines Dämons Sohn, wie seine Mutter Vigilantia selbst bekannte. Auch wollen Diener einmal, starr vor Schreck, gesehen haben, wie ihm ein Gasball auf dem Hals gesessen sei bei ihrem Eintritt zwei Minuten lang, statt eines Kopfes. Sie blickten weg, dann wieder hin, da schwand die höllische Erscheinung.
(Aus: ›Byzanz. Von Kaisern, Engeln und Eunuchen‹, 1936)

Konkurrenz der Lieblichkeit

Da war ein Märchenbrauch bei Hof, der galt bis ins elfte Jahrhundert. Wünschte der junge Basileus oder Kronprinz zu heiraten, so wurde eine Gesandtschaft von Fachleuten für Schuhnummer, Taillenenge und andere angenehme Maße im ganzen Reich umhergeschickt, die Kaiserbraut zu suchen. Schönste Mädchen, bei denen alles stimmte, lud man in den heiligen Palast als Gäste der Kaiserinmutter; sie und der Thronfolger trafen dann gemeinsam die endgültige Wahl.
Jede frei geborene Frau im ganzen Reich konnte Basilissa werden, ohne Unterschied des Ranges oder Vermögens; nichts anderes galt, als Schönheit, Haltung, Anmut, Geist, Persönlichkeit und – Stimme. Sprechen können war sehr wichtig, denn Ordnung der Worte steht als Merkmal besserer Menschen entgegen dem Gewölle der Barbaren.
So kam es, daß durch sieben Jahrhunderte Frauen verschiedenster Typen, doch immer höchster Qualität, den byzantinischen Thron besteigen konnten, um als Regentinnen nicht selten selbstherrlich zu walten: Töchter athenischer Professoren, fränkischer Offiziere, paphlagonischer Bürokraten, Töchter von Prinzen und Töchter von Schankwirten. Nur so wird es erklärlich, wie Justinian sich seine Frau, die berühmte Theodora, Kind eines Bestienwärters, fast direkt aus dem Zirkus holen konnte, ohne gar viel Anstoß zu erregen.
Der jungen Kaiserbraut geschieht bald nach der Wahl etwas sehr Feierliches: eine Prinzessin aus dem Herrscherhaus streift ihr die Purpurschühchen über, die campagia. Machtsymbole sind es, wie sie nur der Kaiser tragen darf, wenn er »die Herrschaft *angetreten*«. Götterbotenschuhe auch. Gestickt aus Perlen, breiten sich merkurische Flügel über ihre weichen Russenschäfte; ohne irgendeinen Schwung nach oben

geht es im Gralsreich selbst beim fleischlichsten Symbol nicht ab, denn Fuß und Schuh, wie eins ins andere paßt, gilt allen Völkern für die Kraft der Kräfte: Sexualität, im übertragenen Sinn erst für Herrschaft, Macht und Recht. Dem Aschenbrödel »paßt« der Schuh, so wird es Königin, und wo der Schuh das Evchen drückt, das weiß Hans Sachs genau. Ein Adler wirft die roten Sandalen der schönen Hetäre Rhodopis, von ihr beim Bad im Nil verloren, in den Schoß des Pharao; der ruht nicht, bis er die Besitzerin gefunden, baut ihr dann eine Pyramide für die Ewigkeit, so hat sie ihn beglückt.

Die Fußsohle als erogene Zone hat in Byzanz auch ihre eigene Beamtenschaft: vereidigter »Sohlenkitzler« war eine angesehene Hofcharge und kam von hier ins russische Zarenreich.

Mit diesen roten Schühchen wird der Kaiserbraut erotische Macht gegeben, doch die besitzt auch schließlich jede Favoritin im Harem, ist sogar Merkmal ausgeprägter Männerherrschaft, wo die Frau, abhängig von erregtem Wohlgefallen, nur durch dieses wirken kann, gewertet also nicht nach ihrer eigenen, sondern anderer Satzung. Der Ausdruck »unter dem Pantoffel stehen«, gilt lediglich im Männerstaat.

Zur Stellung einer Basilissa gehören zwar auch die beliebten roten Schühchen, doch kommt die Fülle ihrer Allgewalt von ganz woanders her. Nicht der physische Akt der Eheschließung, der metaphysische Krönungsakt verspannt sie in jene durchaus mystischen Zusammenhänge, die übermenschliche Verantwortung wie Macht verleihen. Darum geht Krönung der Trauung voraus. Nicht weil sie Frau des Kaisers, Abglanz seiner Sonne, wird sie Kaiserin, sondern unabhängig, bereits belehnt mit allen Rechten einer solchen, tritt die Jungfräuliche an den Traualtar. Nicht durch den Herrscher wird die junge Gattin in ihr Reich geführt, sie selber stellt dem Volk sich vor. Als Neugekrönte, nicht als Neuvermählte, schreitet sie durch das Spalier von Würdenträgern zur Terrasse ganz allein, wo sich vor ihr die Reichsstandarten neigen und sie die Huldigung empfängt. Krönung assoziiert die Basilissa allen Reichsveränderungen und den meisten Zeremonien, es kann ein Cäsar nur ernannt werden in ihrer Gegenwart. »Ohne Augusta«, schreibt daher ein byzantinischer Historiker, »ist es unmöglich, die vorgeschriebenen Feiern zu begehen.« So durfte sich die Kaiserinwitwe Euphrosyne erst dem Kloster weihen, nachdem Theophilos für eine neue Kaiserin an ihrer Statt gesorgt.

Schon Rambaud zählt solche Züge zu den auffälligsten in der Geschichte griechischen Mittelalters. Doch erst Charles Diehl, einer der führenden Byzantologen unserer Zeit, hat die rechtliche Stellung der Basilissa systematisch untersucht und aufgeklärt.

*Titelseite der »Dame«, Drittes Maiheft 1930.
Darin Sir Galahads Aufsatz »Denen man gehorchen muß«*

»Wenige Staaten«, heißt es in seiner ›Vie d'une impératrice à Byzance‹, »haben der Frau einen größeren Platz gegeben, eine hervorragendere Rolle eingeräumt, einen mächtigeren Einfluß gesichert in Dingen der Politik, wie am Schicksal der Regierung, als das byzantinische Reich... Bis in das intime Leben der Frauengemächer läßt sich die Allgewalt verfolgen, wie sie eine byzantinische Herrscherin von Rechts wegen ausübte... Im öffentlichen Leben aber, in der politischen Rolle, die ihr von den Männern der Zeit zuerkannt wird, erscheint diese Allmacht noch deutlicher. Die Basilissa ist eben mehr als nur die Genossin und Assoziierte des Basileus. Vom Tag an, an dem sie auf den Thron Konstantins steigt, besitzt sie in ihrer eigenen Person die ganze Fülle souveräner Autorität.«
Darum heißt Irene als Alleinherrscherin: Großkönig und Autokrator der Römer. Mehr noch: ist beim Tod des Basileus kein Thronfolger da, so hat die überlebende Basilissa das Recht, ihn zu ernennen. »Dir, Augusta Ariadne, gehört das kaiserliche Herrscheramt«, ruft im Hippodrom das Volk der Witwe Zenos zu, wo sie nach seinem Tod im Jahre 491, von der Kathisma aus, im vollen Ornat ihre große Rede hält, mit der Absicht, den Geliebten als Zenos Nachfolger gekrönt zu sehen, was ihr auch gelingt.
Viel hing, wie stets, an der Persönlichkeit. »Unter den Augusten«, meint Rambaud, »gab es alle nur erdenklichen Frauentypen: politische Frauen wie Theodora oder die Athenerin Irene; gelehrte Frauen wie Eudokia oder Anna Komnena; galante Frauen wie Zoe, die Porphyrgeborene, und Frauen, verschlossen in Frömmigkeit und Reine, wie ihre Schwester Theodora; wieder andere, nur bedacht, neue Parfümmischungen zu erfinden, Raffinements der Kleider und Frisuren; jene, von denen man gar nicht, und jene, von denen man zu viel sprach, solche, deren Tür sich nur den Märtyrermönchen und verzückten Predigern erschloß, solche, die Schaumschläger und Wahrsager einließen, einige, aus deren Fenster ab und zu eine menschliche Last, in Sackleinwand genäht, herabglitt, um eingeschluckt zu werden von der schweigenden Flut des Bosporus.«
Doch auch lebende Überraschungen kamen aus dem unergründlichweiblichen Bezirk manchmal zu Tag, so der Patriarch Anthimius. Vom Konzil war er vor Zeiten als Häretiker exkommuniziert, von Justinian verbannt worden. Der Kaiserin paßte dieses Urteil nicht, so nahm sie ihn ganz einfach in den heiligen Palast zu sich, behielt ihn, ohne daß der Kaiser etwas ahnte, dort zwölf Jahre lang. Erst nach ihrem Tod entstieg der rätselhaft Verschollene springlebendig seiner, im Gegensatz zu mancher anderen, freundlichen Versenkung.

Dicht gehalten über ein Jahrzehnt hatte die schützende Frauenpyramide. Alle ihre palatinischen Geschöpfe, in Goldkasaken, langen weißen Schleiern, die von dem kronenhaften Kopfschmuck niederfielen auf die weißen Sandaletten, wußten, wie man schweigt. Zwar wird die erste Dame-Oberstofmeisterin vom Kaiser selber mit dem Amt belehnt, kaum aber sind ihr die geweihten Insignien übergeben, schwört sie an den Knien ihrer Kaiserin Treue, die sie klugerweise meistens hält.

Den gralsritterlichen Schleierwesen in Weiß und Gold wurde die Verschwiegenheit erleichtert durch ihre Abstinenz von schwerem Wein; sie tranken ihrem Teint zuliebe nur parfürmiertes Wasser, aßen ihrer Linie wegen nur ganz leichte Speisen, etwa »Junges Reh mit Gemüse«, Kaviar, Fische. Mehrmals untertags kam dann Massage hinzu mit erprobten Essenzen und Schwimmen am Morgen beim unerläßlichen Dampfbad. Außer Dienst gingen sie gekleidet, wie andere Frauen oberer Stände, in ein unseren besten tea-gowns ähnliches Gewand: über den langen, dünnen Seidenchiton ohne Ärmel und einer Tunika fällt ein herrliches Mantelcape, wie es auch die Männer trugen, aus den kaiserlichen Webereien von Theben, stilisiert in Pfauenfarben auf metallischem Grund; goldene Schnüre schließen die Sandalen über bloßem Fuß, Wickelgamaschen aus Gold- und Silberbinden, schützen im Winter die Beine, meist in einem Goldnetz liegt das schöne gewellte Haar. Gewandung selbst, was Schnitt betraf, war also schlicht antik, nur mit dem Gürtel oder einer Spange gehalten; das feierlich Heraldische kommt lediglich vom Mantelmaterial. An der langen und besonderen Capeform aber hält noch heute Abessinien fest, wie es sie von Byzanz, nebst vielem andern, zu Justinianischen Zeiten übernahm.

Genau in gleicher hieratischer Ordnung wie der Hofstaat des Kaisers baut sich jener der Kaiserin auf und durchaus nicht allein aus Frauen. Vor ihr hat das gesamte Ministerium auch seine Fackeltänze aufzuführen, an ihrem Bett in der »Porphyra« defiliert am achten Tag nach einer Niederkunft der ganze Senat, »Blaue« und »Grüne«, Prokonsuln, Patrizier wie Generalität, zur Huldigung vorbei; alle Krieger der Palastgarden aber müssen während eines Wochenbettes ihrer Kaiserin – die Wochensuppe essen, ein typischer Zug bei Mutterrecht, als Rest der »Couvade«, jener weltweiten Sitte magischer Menschheit, die dem Manne, will er Rechte haben am Geborenen, auch die weibliche Gebärde des Gebärens, als die wichtigere, auferlegt.

So blieb die Basilissa durch den Blutinstinkt des primitiver Volkhaften von unten her in Macht verwurzelt mehr als ihr Gemahl, ihm aber gleich als Inkarnation des Göttlichen vom Geist her durch den Akt der

SIR GALAHAD

BOHEMUND

EIN KREUZFAHRER ROMAN

heiligen Krönung. Trotzdem lebten ihrer viele stumm im Dunkel. Treten aber Regentinnen in den Scheinwerferkegel, dann stets begleitet von Eunuchen und Geld. Daß bei Männerrecht die schönen Mädchen, bei Frauenrecht die schönen Jünglinge herrschen, stimmt nicht für Byzanz; hier wählten unabhängige Kaiserinnen meistens »Engelgleiche« zu Ministern und gaben ihrem Einfluß weit eher nach als dem von Liebhabern, wie es dem übermenschlichen Prestige der Sonderwesen »ohne Bart« in diesem Reich entspricht.

Das Verhältnis regierender Byzantinerinnen zum Geld grenzt, je nachdem, fast ans Geniale oder nur ans heiter Skrupellose, da jede ihr Privatvermögen unkontrolliert verwalten kann. So sah Theophilos vom heiligen Palast aus eines Tages eine prachtvolle Chalandie in den Hafen laufen. Er begibt sich nach dem Goldenen Horn, besichtigt das bewundernswerte Fahrzeug und fragt, wem es gehöre. »Der Kaiserin«, wird dem Verblüfften prompt erwidert. Da läßt er die gesamte Ladung, es sind nur mit dem höchsten Zoll belegte Waren, auf dem Kai verbrennen, um seiner Frau, trotz ihrer roten Schühchen, die Lust an so unlauterem Wettbewerb mit protokollierten Handelsfirmen zu vergällen; natürlich hatte sie bei ihrer Ausnahmestellung nie einen einzigen solidus an Zoll bezahlt.

Nach seinem Tod verwaltet aber Theodora fast zwei Jahrzehnte lang nicht nur ihr Eigentum, auch das des Staates, äußerst vorteilhaft, soweit bekannt, mit einwandfreien Mitteln. Weibliche Regierungen schließen in der Regel, trotz gesenkter Steuern, mit einer halben bis einer Milliarde Überschuß an Gold, sind daher populär. Wenn Alexios Komnenos während des Normannenkrieges seiner »heiligen und verehrten Mutter« Anna Dalassena durch feierliche Goldene Bulle die absolute Herrschaft überträgt, auch immer von ihr sagt: »Wir haben nur eine Seele in zwei Körpern. Nie hörte man uns die Worte ›Mein‹ und ›Dein‹ gebrauchen, die trennenden Bezeichnungen«, so war diese Grenzverwischung zwischen ›Mein‹ und ›Dein‹ durchaus zu seinem Vorteil. Viele Byzantinerinnen wirken als finanztechnische Sibyllen, in deren Hut zu stehen lohnt.

Auch Anna Dalassena, nach dem Tod des Gatten Haupt der Familie, hatte nicht nur diplomatisch, auch von der Geldseite her, die Thronbesteigung für Alexios erst ermöglicht. Seine Tochter Anna berichtet, trotz ihrer Vaterbindung, die jede Minderung des Verehrten ressentiert, bewundernd von der Großmutter: »Der Kaiser schien auf die Zügel der Regierung zu verzichten und gewissermaßen immer nur neben dem kaiserlichen Wagen herzulaufen, in dem sie saß, und sich mit dem Titel eines Basileus zu begnügen. Sie befahl, und ihr Sohn gehorchte wie ein Sklave. Er hatte den Schein der Herrschaft, sie aber die Autorität.«

»Fast zwanzig Jahre lang«, sagt Diehl, »blieb sie durch den Willen ihres Sohnes Mitregentin, und man muß gerechterweise anerkennen, daß Anna Dalassena gut regiert hat.« Nur reichten ihre Herrscherenergien reichlich für die ganze Welt; diese erzwungene Bescheidung auf das römisch-byzantinische Imperium ließ ihr überschüssiges Temperament zuweilen etwas schwer auf die Umgebung drücken. Sobald sie bei Alexios den ersten Seufzer mehr spürt als hört, zieht die stolze »madame mère der Komnenen« sich sofort ins Kloster zurück. Man begreift die restlose Ergebenheit auch erwachsener Kinder für die fabelhafte Frau. Da ihr ältester Sohn Manuel, ein jünglinghafter General und Götterliebling, in Bithynien auf den Tod erkrankt, eilt sie zu ihm, mit letzter Kraft hebt der Sterbende sich ihr entgegen und stammelt nur den einen Wunsch: dereinst liegen dürfen mit der Mutter in dem gleichen Grab.

Ein Kaiser, ein Heiliger, ein Skeptiker haben Lobreden auf ihre Mütter gehalten, die uns überliefert sind: Alexios Komnenos, Theodor, Abt des Studitenklosters, und Psellos, der byzantinische Voltaire.

Wenn der Komnene von jener großen Dame Anna, aus dem Haus der Dalassenos, sagt, sie habe seinen Geist gebildet, alles, was er je geworden, danke er nur ihr, so wiegt es leichter als die gleichen Worte bei Psellos über seine Mutter Theodota. Dieses einfache Bürgerkind aus kleinsten Verhältnissen muß sich ein zweites Selbst gebären für den Sohn. Ihre Tage sind mit Arbeit für Erwerb des Lebens überfüllt, nur die Nächte hat sie für Erwerb von Wissen, das nötig ist, um dem Knaben die Lektionen abzuhören. Oft weinend über ihre vernachlässigte Bildung, aber siegreich, macht sie mit dem Schüler ohne Hilfe seiner Professoren das gesamte Universitätsstudium mit, überwacht ihn, tröstet, eifert an, immer nur zwölf Stunden mit dem, was sie die Nacht hindurch bewältigt, seinem Pensum voraus. Gegen den Widerstand der ganzen Familie hatte Theodota, hellsichtig für die Begabung dieses Knaben, sein Recht auf Studium durchgesetzt. So kommt er in den Staatsdienst, wird Ministerpräsident.

Sympathisch hat er seinen Vater in Memoiren dargestellt, die berühmte Ruhm- und Leichenrede aber hält er seiner Mutter, obwohl sie lange vor dem Tod schon lebensfern und Nonne war. Unsentimental, spartanisch fast, wirkt Theodotas Liebe für das Kind. Nur wenn es schläft, gestattet sie sich heimlich diese oder jene Art von Kuß. Einmal erwischt der knospende Voltaire dabei die Mutter, doch statt wache Augen aufzuschlagen, übt er von jetzt ab nächtliche Mimikry, bleibt künstlich munter, atmet aber tief und mit gesenkten Wimpern, freut sich der erschlichenen Zärtlichkeit.

Was bei der sanften Spartanerin Theodota ein entsagungsvoller Zug bleibt, wächst bei Theoktista, Theodor von Studions Mutter, zu fast unbegreiflicher Schroffheit an gegen jede Brutwärme, wo diese mystischer Freiheit entgegensteht. Während die noch jugendliche Frau den Schleier nimmt und damit Abschied von der Welt, klammert sich das jüngste Kind laut schluchzend an die Mutter und läßt nicht ab von ihr; sie aber stößt es unter Drohungen empört zurück und wird deshalb von ganz Byzanz bewundert. Von dieser Zeitgenossin zur großen Irene selber, wenn sie den Sohn vernichtet um der mystischen Freiheit des Bilderkultes wegen, ist nicht mehr gar weit. Der gewaltigen Kaiserin, dann Anna Dalassena und Theodora mit den roten Schühchen, allen dreien gleicht die Bürgersfrau auch an geschäftlicher Tüchtigkeit. Ihre Kinder hat sie samt und sonders dem geistlichen Beruf geweiht, überredet schließlich noch drei Schwäger, mit ihr zugleich ins Kloster einzutreten, endlich selbst den eigenen Mann. Der wirkt als Leuchte im Finanzministerium, trotzdem ist es Theoktista, die persönlich das ganze Familienvermögen liquidiert, den Hausverkauf durchführt, fast unter der Klosterpforte noch die letzten Außenstände eintreibt – um alles den Armen zu schenken. Es war Instinkt bei ihr, Prinzip. Die unten, die Konjunkturhyänen, sollten nichts erschnappen dürfen anläßlich ihrer Himmelfahrt.

Auf dem letzten Grundstück in Bithynien, einem Hügel, umgeben von Wasser und Wald, wird dann das Kloster Sukkudion gestiftet. Kein Luxussanatorium. Dem Mönch Platon, ihrem berühmten Bruder, übergibt sie es zur Führung; die Regeln sind so streng, daß die Stifterin selbst es nicht betreten darf, sie muß woanders hin zu Nonnen ziehen. Wieder, wie bei Anna Dalassena, seufzt schließlich die Umgebung unter so viel Temperament; ihre vita contemplativa zeigt noch bedenkliche Lücken. Da kommt das Schicksal zu Hilfe mit Not, Verfolgung, Gefahr, an denen sie sich erst so recht entfalten kann.

Es ist während Konstantins VI. Bigamie. Nur vertreiben konnte er die erste Frau und legitime Kaiserin, mehr nicht. Ungeschieden vermählt sich Irenens erfahrungsloser Sohn mit ihrer reizenden Hofdame Theodota. Diese bilderstürmenden Kaiser der isaurischen Dynastie sind eben hoffnungslose Antipsychologen. Nicht Mangel an Verstand, nicht Mangel an Mut, Mangel an Phantasie, sich die Wirkung ihres Tuns auf andere vorzustellen, bleibt ihre Erbsünde, eben das, was man Taktlosigkeit nennt. Der Verblendete sieht nicht, wie nur die absolute Bindung nach oben ihm die absolute Macht nach unten sichert und daß ein Priesterkönig, der das Sakrament verletzt, selbst aufhört, sakrosankt zu sein.

Eine Fügung macht gerade diese verhängnisvolle Hofdame Theodota zur nahen Verwandten der Theoktista-Sippe. Hier war wieder der breite bürgerliche Keuschheitsgürtel einmal durchbrochen worden, hier tanzte ein Wesen auf der Woge des Gefühls, mit wie angegossenen roten Schühchen in die Gegenwelt hinüber, um das Zauberspiel des Herrschens, Glitzerns, Irisierens zu beginnen. Doch kennt die unrechtmäßige Kaiserin den Einfluß dieser Menschen im Sukkudion-Kloster und deren kühne Reinheit besser als ihr Gemahl. Sie kommt als Bittende zur einfachen Nonne Theoktista, wird aber mit Verachtung abgewiesen.

Platon, Theodor, die jüngeren Söhne, alle außerordentliche Redner, predigen gegen den Bigamisten auf dem Thron. Der verliert die Haltung, sperrt das Kloster, läßt die Mönche von seiner Soldateska mißhandeln, einkerkern, dann vertreiben. Nun ist Theoktista in ihrem Element. Jetzt für diese, ihre Söhne in Christo, vollbringt sie Wunder an Zärtlichkeit und Mut. Dringt mit Madonnenmilde in jedes Verlies, pflegt mit Kräutersalben die Verwundeten, ermutigt die Verzagten. Auf dem Leidensweg in die Verbannung weiß sie ihnen zu begegnen, immer wieder, bis man sie schließlich selbst in den Kerker wirft. Doch nicht für lange; die öffentliche Meinung gegen Konstantin ist schon zu stark. Dann kommt Irenens Staatsstreich, sie blendet vollends den Verblendeten und entthront ihn.

Die vertriebenen Mönche, soweit sie noch am Leben, kehren heim, als Heilige verehrt. Theodor, Theoktistas Liebling, wird Abt im Studitenkloster. Im Verkehr von ihm zu ihr, während sie sich in die Auflösung hineinkasteit, kommt etwas wie die Kommunion zustande des heiligen Augustinus mit seiner Mutter Monika.

Solch durchbewegtes, abwechslungsreiches, glühendes und hochgewachsenes Leben, gleich echt in vielem, ist das Wesen von Byzanz. Ein Stück Weltgespinst, hier nie durch fremde Barbarei zerrissen, wirkt sich in die allgemeine Ungestalt der Zeit als einzig formvollendete Tapisserie hinein.

Vom elften Jahrhundert an verdrängt dann leider das Prinzip der großen Allianzen zwischen regierenden Feudalgeschlechtern die Märchenform der alten Brautwahl. Rote Schühchen brauchen nicht mehr so genau zu passen, der goldene Apfel bleibt im Tresor, nicht eben zum Besten des Reiches.

(Aus: ›Byzanz. Von Kaisern, Engeln und Eunuchen‹, 1936)

»Seide, Eine kleine Kulturgeschichte«. Wegen »Papiermangel« erschien es erst 1940, in weniger luxuriöser Ausstattung als ursprünglich geplant. »Gelber Seideneinband, Luxuspapier etc. erwiesen sich als unbeschaffbar; natürlich so scheusslich hätte die Umschlagzeichnung nicht ausfallen brauchen; selbst im Krieg kann der ›Künstler‹ aus einem Fachwerk der Zoologie erfahren, dass der Maulbeerspinner nicht wie ein Kohlweissling aussieht und der Maulbeerbaum selbst kein Schilfrohr ist...«
(1. Dez. 40)

Ausklang

Die Firma Löschigh und Wesendonck, Zürich-Neuyork, Seide Ex. und Imp., hatte noch schwierige Jahre zu bestehen gehabt, erst durch die Nachwehen des Sezessionskrieges, dann durch jene der Pebrine. Diese rätselhafte Raupenpest war Ende der 50er Jahre ausgebrochen, wütete erst durch Frankreich, sprang über auf Italien, die Balkanländer, packte Griechenland, Kleinasien, raste nach Indien. Überall verwesten die Zuchten unter bestialischem Gestank. Würde die Welle der Ausrottung auch über Ostasien hingehen? Wenn ja, so stand es gar nicht fest, daß Seide fortbestehen könnte auf der Erde. Ihre Ausläufer schädigten noch China. Vor den japanischen Inseln kam sie zum Stillstand. Umlenkung des gesamten Seidenhandels von einer Welthälfte zur andern wurde dadurch nötig und gelang, wie manchen Weitblickenden, so auch dem Herrn des großen Geschäftshauses.
Da das zu seinem angestammten Wirkungskreis gehörte, hielt er nicht eben viel davon. Schon triumphaler schien der Anlaß, sich schließlich doch mit einem gewissen Aktienpaket beschäftigen zu dürfen in jener Safeecke, wo ein Teil seiner Habe in ausschweifenden Versuchen, zu Ehren des geliebten 19. Jahrhunderts, investiert lag, denn der Suez-Kanal stand knapp vor der Eröffnung, allen Hindernissen zum Trotz. Eine Tat von planetarischem Ausmaß, die er, wenn auch in bescheidenen Grenzen, praktisch-gläubig hatte fördern dürfen.
Der Platz jedoch, wo neben diesem Aktienpaket die beiden ersten Ringpartituren breit zu ruhen pflegten, gähnte leer. Er hatte sie dem jungen Bayernkönig großmütig überlassen nebst allen Rechten. Der Durchbruch ins Geistige, den sie repräsentierten, über diese erste Hälfte war er nicht hinausgediehen, stak nach den vielen Jahren immer noch fest. Auch anderes aus der gleichen unheimlichen Schicksalsschicht, so rätselvoll verhaftet seinem eigenen Leben, wollte nicht zu Ende kommen.
Wohl wurden äußere Erfolge im Beruf auf dem Glücklichen Hügel, als Entsprechung in anderen Seinsgefilden, zu Werten schönerer Art. Kinder blühten wie die Rosenstöcke, edle Rosenstöcke wie gepflegte Kinder. Das Heim: der Wohnleib selber schien somit aufs trefflichste bestellt. Ob die Seele aber drinnen heimlich schwankte, stand nach wie vor zu Frage. Vielleicht hielt sie sich nur eben in der Schwebe hier, würde, altem Zwange hörig, plötzlich in ein übermächtiges Bild zurücksinken, wie die Hamadryade in ihren Baum, mit dem sie lebt und stirbt.

Wo lag nun ihre Wirklichkeit? Durch irgendeine Art von Prüfung mußte das einmal entschieden werden. Die Bewohner des ›Hügels‹ wußten es wohl, doch Ort und Stunde zu bestimmen, »das Wichtigste an jedem irdischen Ding«, war nicht in ihre Macht gegeben; erst das Schicksal richtet die Probe. Diese wurde dann, es geschah im Jahre 1869, gehorsam von dem Prüfling angenommen. Um jedoch, was da bevorstand, nicht als Gottesgericht ausposaunt zu hören, verließ Frau Wesendonck, von ihrem Gatten begleitet, in aller Stille Zürich, auch mit geringem Gepäck, als ob es sich nur für das Ehepaar um einen kleinen Abstecher handle nach Basel oder Bern.
Andern Abends, kurz vor Beginn der Vorstellung, sahen die Besucher des Königlichen Opernhauses zu München eine offenbar vom Ausland eingereiste Dame an die Brüstung ihrer Proszeniumsloge treten. Ob sie allein gekommen, ließ sich schwer entscheiden bei dem stark beschatteten Hintergrund. Der zweite Vordersitz blieb jedenfalls auch später neben der in ihren Eckfauteuil Geschmiegten unbenützt.
Die Fremde war von so unbemüht fließender Anmut bis in feinste Übergänge, daß sie sicher größeres Aufsehen erregt hätte bei dem dumpf brausenden Haus, wären nicht alle Hälse nach anderer Richtung gereckt gewesen, nämlich zur halbkugelförmigen Nische hinauf, deren Purpurvorhänge, von einer Goldkrone gefaßt, der Länge nach zusammenflossen. Daß sie Gucklöcher hatten, konnte feststellen, wer ein Opernglas besaß. Die Königsloge selber lag im Halbdunkel mit ihren überflorten Lampen. Ist er da? Wird er kommen? Geflüstert, getuschelt, einander zugezischt oder bloß gedacht wurde derartiges von allen Anwesenden. Wohl erst im nachhinein erfuhr man Sicheres. Zu sehen bekam das Publikum ihn kaum. So sehr haßte dieser Knabe-Staatenlenker jetzt das Bayernvolk, weil es ihm sein Wunderreich an Kunst und Schönheit als zu kostspielig verboten und seinen Abgott, dem diese Schöpfung anvertraut gewesen, schmachvoll davongejagt hatte. Um nicht selbst entthront zu werden, glaubte er der drohenden Revolution nachgeben zu müssen, bereute aber seither diese Schwäche pausenlos.
Vielleicht verschob sich während des erregten Abends der Vorhang ein wenig und das vollkommen gerundete Ephebengesicht schien aus dem Dunkel: ein kranker Mond. Als Mondkönig in ewiger Trauer sah er sich ja selbst, nur noch Schattenwurf dem Sonnennymbus eines andern gekrönten Ludwig, Vierzehnten des Namens, dem in Frankreich beschieden gewesen, was ihm selber hier verdorben worden war. Sonnen konnte er sich nur mehr oben auf den Alpenmatten als Parsifal von eigenen Gnaden, weil es den noch gar nicht gab in einer Form, um vom

Menschenpack beschmutzt zu werden. Manchmal kam dem Einsamen in seine getrotzte Traumwelt Nachricht durch eine ›Gralstaube‹: Freundin des großen Freundes, dessen Exil sie jetzt teilte. Ihre Berichte speisten dann mit Himmelsbrosamen die darbende Königsliebe. Nur diesen völlig reinen Parsifal durfte er von allen Idealgestalten seines Meisters noch vor sich selber ohne Ekel spielen. ›Tristan‹ blieb bereits entgöttert zurück, weil in der Uraufführung vor vier Jahren abgehorcht durch Pöbel. Seither nie und nirgends war er wiederholt worden, infolge sonderbarer Widerstände. Auch wagte nach dem jähen Tod des Hauptdarstellers: Schnorr von Carolsfeld, niemand sich mehr an die Rolle. Erst heute, hier in München kam wieder eine Vorstellung zustande. Warum eigentlich? Der Meister hatte aus der Verbannung sogar widerraten. Doch fügte es sich eben so.
Die schöne Dame in der Proszeniumsloge ist jetzt tief erblaßt. Eine große, sichere, sehr gepflegte Hand hat ihr aus dem Schatten des Hintergrundes heraus den schweren Notenband, gewichtig wie ein Missale, soeben in den Schoß gelegt. Es ist die Partitur ihres Lebens.
Sie schlägt das erste, das weiße Vorsatzblatt gehorsam auf. Dort steht, wie eine Zauberformel eingeprägt, tiefviolett und mit metallischen Reflexen, die unauslöschliche Glyphe: ›Richard Wagner‹. Sie widerstrebt dem Übel nicht, streift den Handschuh ab, fährt mit dem bloßen Finger, wie so oft schon, den Rhythmus dieses Namenszuges nach. Ihr tiefstes Weibwesen antwortet.
Ein feines Klingelzeichen, und die ausgestreckten Hälse drehen sich zurück, hämische Augen suchen voller Neugier das Orchester ab, doch wird es schwarz vor ihnen. Erst im völlig verfinsterten Haus spürt das Publikum die schmale, straffgeschlossene Gestalt, mehr als sie zu sehen wäre, an den Sitzen der Musiker vorbei ihren Weg nehmen zum Dirigentenpult. Dort sogar fehlt jedes Licht. Hans von Bülow braucht die Partitur nicht aufzuschlagen, er kennt sie nur zu gut samt seiner jetzigen Rolle darin: den König Marke, denn seine Frau hat ihn verlassen. Sie liebt und lebt nun mit dem Komponisten dieses ›Tristan‹, den er getreulich eben vorzuführen im Begriff steht. Wer könnte mit dem Werk vertrauter sein unter der gegebenen Seelenlage?
Dem Begrüßungsapplaus des Hauses kehrt er ostentativ den Rücken. Nur die Fremde kann ihm von ihrem Platz aus ins Gesicht sehen, das gestreift wird von den Streicherlampen. Jetzt besteht der leidenschaftliche junge Totenkopf aus wenig mehr als Augenhöhlen und einem verzweifelten Grinsen, wie wenn ein Abgeschiedener durch die Gewalt eines sinnlich-übersinnlichen Dämons heraufgezwungen würde zu unmenschlicher Fron. Die kleinen, bis in ihre Spitzen hochblau geäderten

Finger erheben sich beschwörerisch. Er gibt den Einsatz zu seinem eigenen Martyrium.

Aus dem weiten Intervall herauf steigt die magische Tonfolge wie ein chromatischer Hauch: das Schicksals-, das Liebes-, das Isoldenmotiv. Es ist jener Hauch aus Sehnsucht, wie er über die leere Klarheit des Nirwana streichen mag, unaufhaltsam die Welt erzeugend. Die sehrende Tonreihe steigert sich zu sibyllinischem Schluchzen, zuweilen umfaßt von vergeblichen Akkorden, windet sie sich wieder los, wächst eigensüchtig, schwillt, verliert sich in taumelnden Folgen unendlichen Begehrens.

An der Grenze aber, wo Begehren aus dem Vorspiel aufbricht ins Geschehen und plastisch dort das Drama zeugt, macht die Dame eine Fluchtbewegung, als wäre diese samtgepolsterte Loge eine Folterkammer. Alle Süchte, alle Erleidnisse haben hier zum erstenmal ihr ganzes Wesen mit den kosmisch gesteigerten Stimmen des vollen Orchesters überspült bis zum Ertrinken. Sie als Einzige ringt ja mitten drinnen. Alle andern hören nur von außen zu.

Die schwere Partitur im Schoß verzögert einen Augenblick lang das Enteilen, zugleich legt sich die starke warme Hand von rückwärts auf ihre bloße Schulter und zwingt die Auffahrende in den Eckfauteuil nieder, hält sie dort fest, bis es zu spät ist. Ihr Schicksal hat bereits begonnen:

Schon bebt sie auf feierlich erhöhter Bühne durch Zorn und Zauberszenen dem Moment entgegen, wo ihr Mund wird sagen dürfen: »Herr Tristan, trete nah.« Der tiefe Taumel dieses ersten Aufzuges, das sich Wehren, dann Versenken »der Hände und der Füße ganz in die blinde Süße des Mannes und der Minne«, unstillbar für die Entrückte wirkt es weiter, nachdem der Vorhang längst gefallen ist, immerfort durch Klatschen, Licht und Unruhe, bis der zweite Akt beginnt, als wäre keine Pause dagewesen. Wie sie es kennt, das, was jetzt kommt, dies Harren und dies Horchen, dies Lauschen und dies Spähen. Klangsymbole ziehen in brennendere Räume der Seele, in tiefere Lebens- und Todesspannung hinein. Urbild und Abbild decken sich bis in die letzten Sinnenspitzen. Sie ist im gleichnishaften Schicksalslauf Isolde. Erst während der magische Zwiegesang aus den Umschlungenen zu strömen anhebt, hebt auch die Horchende sich langsam, kaum bewußt, aus der Umarmung auf der Bühne, die ihr allmählig als erstickende Umklammerung zu drohen scheint, und steht zugleich schon überhoben als sie selber auf der freien Zinne ihres Heimes, in Hut und Reiseschleier, dreht den Kopf, schaut zum Asyl.

Gerufen durch die Strahlung dieser einzigen Gebärde, steigen die unsterblichen Akkorde der großen Liebesnacht zum erstenmal dort auf, und der schwarze Fabelvogel mit dem Elfenbeingebiß trägt sie herüber.
Ihr wird mit einemmal bewußt: dieser Augenblick aus Schöpfertum zugleich und Abschied, in Wirklichkeit gelebt ist der in seiner Ganzheit menschlich höchste gewesen, den ihr die Leidenschaft für diesen Mann beschieden hat. Sinngebung eines Daseins aber kann nur aus dem Wirklichen und Ganzen kommen, nicht aus der Despotie eines Idols.
In dem Maß, als jetzt während der Vorstellung im Theater der Erguß aus allen Klangfarben des Orchesters das Lebensfeuer auflodern läßt, bis es gegen Schluß des Aktes als sanfte Helle der Todesverklärung aus der Glut bricht, wird auch die Horchende in der Proszeniumsloge wunderbar beruhigt. Voll Ergriffenheit, doch abgelöst, fast leidlos, kann sie Tristan und Isolden nachschauen, die in der Weltennacht das letzte Stelldichein sich geben. Ihr selber bleibt der volle Tag. Bleibt der ganze nachgewachsene Schatz an lebendiger Bereitschaft. Das freie Sichverwandelnkönnen in einer wieder schöpferisch gewordenen Zeit, außerhalb des starren Rahmens.
Verdächtig hartnäckiger Applaus sucht nach dem Fall des Vorhangs den enteilenden Dirigenten ins grelle Licht zurückzulocken. Umsonst. Wohl hatte er sich überboten, das Letzte herausgeholt aus Musikern und Sängern in seiner Hingabe an das Werk. Jene Dame, der er so vertraut ist, aber konnte sein zermartertes Profil sehen, während er König Marke den Einsatz gab: »Warum mir diese Hölle?« Der arme Hans, vier Jahre hatte er nach rechts und links geschlagen, zu Duellen gefordert, Verleumdungsprozesse geführt, um seine, Cosimas, des Meisters Ehre zu verteidigen. Jetzt aber, da in allen Zeitungen die Anzeige zu lesen war, daß Frau von Bülow Wagnern einen Sohn geboren hat, will er nichts mehr als verschwinden. Legt alle Stellen ab, scheidet auch als Dirigent vom Hoftheater, heute ist sein letztes Auftreten. Bettelarm wird er von München fortgehen, vielleicht als Klavierlehrer nach Italien, jedenfalls in die Verbogenheit.
Schon wieder einer auf der Strecke!
Unwillkürlich angesteckt vom Publikum, blickt jetzt die Fremde gleichfalls nach der purpurdüsteren Nische. Die Wirbelfäden im Kielwasser des Fliegenden Holländers sind wahrhaft unheimlich gewachsen. Seit er den Grünen Hügel ins Wanken gebracht, hatte sein bloßes Erscheinen beinahe einen der ehrwürdigsten Throne Europas umgerissen: Jetzt beben bereits Reiche, wenn turmgleich die Woge hinter ihm auf die Zurückgebliebenen herabbricht.

SIR GALAHAD

Der glückliche Hügel

Ein Richard-Wagner-Roman

ATLANTIS VERLAG ZÜRICH

»... der Eingang in die verwunschene Wesendonck Villa musste erst durch Suggestion, Protektion und andere ›ionen‹ erlistet werden...« (Brief vom 1. Dez. 1940). Der Richard-Wagner-Roman erschien 1943.

Der ihn so hörig liebt, sein junger Märchenkönig, bleibt verstört, flieht trotzig jede Pflicht. Dann saust in Winternächten, an äugendem Wild vorbei, die mit sechs Schimmeln bespannte Kutsche, von Vorreitern mit Fackeln begleitet, über die verschneiten Hochwaldstraßen. Sieht ihn ein alter Bauer, schlägt der ein Kreuz. Sieht ihn ein Kind, so scheint es dem, als ob das Leidenshaupt des schönen Jünglings eine goldene Krone trüge statt des Schlapphutes, und der Jagdpelz sei aus Hermelin. Im lebendigen Leib verwest ihm die Seele zum Schemen gleich den anderen Verfallenen, ohne Rückweg in das eigene Selbst.
Und wie geschah den hörigen Frauen im Bannkreis schweifender Genialität? Minna hat ihr überquältes Herz erschlagen. Die Schwermutsanfälle Madame d'Agoults, Jahr um Jahr fesseln sie die arme ›Beatrice‹ länger an die Nervenanstalt. In Rom liegt Carolyne Wittgenstein in der Via del Babuino bis zur Unkenntnis gedunsen, umhüllt vom ewigen Rauch ihrer Zigarren bei verhangenen Fenstern, und schreibt an einem 22bändigen Werk zur Reform der Katholischen Kirche, weil sie ihr die Eheschließung mit Franz verweigert hat in letzter Stunde. Zuweilen, sehr selten nur, hält vor dem Haus die Equipage des Kardinals von Hohenlohe aus der Villa d'Este. Ihr entsteigt der Abbé Liszt.
Dann liegt die Fürstin immer noch in Rauch und üble Luft gehüllt im hintersten der Zimmer, doch mannshohe, goldverzierte Wachskerzen, zwölf an der Zahl, Symbole ihrer großen Liebesjahre, flankieren seinen Weg zu ihr und frische rote Rosen liegen auf dem Lauftteppich.
Die Dame in der Loge verfolgt ein lächerliches Bild: wie die schweren flachen Schuhe des Abbé unter der Soutane sich bemühen, durch die Rosen einen Weg zu suchen, ohne daß die eine oder andere unter seiner Sohle fleischig krachen würde.
Jedesmal nach einer verlegen überdehnten Viertelstunde trennen sich für Monate die beiden. Er hilflos gelangweilt, sie verbittert.
Einer freilich ist der Taumelbecher kein Born der Zerstörung geworden, dieser Liszttochter, hoch, hart, hell, unbegreiflich zäh. Die Dame denkt: Cosima von Bülow kam, als alle Rollen schon besetzt waren, darum. Und nicht ohne heimliche Genugtuung ergänzt sie: Aus ihr wurde ja kein Bild geschaffen, so fehlt die Bürde des Bildes – doch auch sein Ruhm.
Ihr eigenes Wesen aber steigert sich den ganzen letzten Akt hindurch im klaren Glück der Auserwählung und dem Bewußtsein erfüllter Mission. Heil hat sie gebracht und ist doch heil geblieben. Frei darf sie jetzt dort oben aus- und einschlüpfen, wo das Paar der Paare schwebt in seiner Wunderkugel aus Klang, die sich immer intensiver spannt in irisierender Chromatik.

Noch einmal sieht sie sich als goldhaarige Königin aus Liebe sterben, winkt dann, hoch aufgerichtet in der Loge, unter strahlenden Tränen dem Idol, während es in die Tiefen des Seins zurückgleitet, geschwisterlich und abschiednehmend zu.
Der eiserne Vorhang ist gefallen.
Die Dame nähert sich dem Mann im Hintergrund, jenem Meister des Gewährenlassens und Behütenkönnens, nimmt lieb-vertraulich seinen Arm.
Auf dem Weg ins Freie sagt sie:
»Es wird Zeit, im gelben Zimmer den schweren Vorhang zu entfernen, daß frische Luft hereinkann.«
Er preßt den Puls in ihrem Handgelenk an seinen Körper. Sie ist die Ernte aller seiner Jahreszeiten.

(Aus: ›Der glückliche Hügel‹, 1943)

Roger Diener

Erinnerungen an meine Mutter
Bertha Helene Eckstein-Diener
(SIR GALAHAD)

Bertha Helene Eckstein-Diener, die als Schriftstellerin unter dem Pseudonym SIR GALAHAD bekannt ist, war meine Mutter. Doch hatte ich mit ihr erst seit meinem 27. Lebensjahr bewußten Kontakt, da ich bei Pflegeeltern aufgewachsen bin. Als ich im Jahr 1936 für meine Eheschließung Familienpapiere zum Nachweis der damals unter dem Nationalsozialismus erforderlichen sogenannten »arischen Abstammung« benötigte, begab ich mich auf die Suche nach meiner Mutter. Nachdem ich mich zunächst vergeblich an Friedrich Eckstein gewandt hatte (vgl. dessen Brief vom 2.11.36), konnte ich die Adresse meiner Mutter in Wien, Berggasse 21 ermitteln. Auf ein Schreiben von mir erhielt ich ziemlich postwendend Anfang Dezember 1936 die erbetenen Familienpapiere und eine eidesstattliche Versicherung, daß mein Vater Arier gewesen sei (vgl. Dokument vom 2.12.1936). Meine Mutter hatte in ihrem Brief mitgeteilt, daß sie Schriftstellerin sei und mir etwas von ihren »Œuvres« übersenden könne, falls ich daran Interesse hätte (dazu die Bemerkung: »Das Gegenteil wäre aus Ihrer Sicht vollkommen verständlich«). Außerdem hatte sie der Sendung ein Familienwappen beigefügt »für den Fall, daß ich es führen wolle«.

In meinem Dank- und Antwortschreiben erklärte ich mein Interesse, ihre Werke kennenzulernen, und erhielt eine Büchersendung, aus der ich zu meinem Erstaunen ersah, daß meine Mutter mit der von mir seit frühester Jugend hochgeschätzten und bewunderten Schriftstellerin SIR GALAHAD identisch war. Es entwickelte sich ein Schriftwechsel mit dem beiderseitigen Wunsch, einander persönlich kennenzulernen. Dies ergab sich im Herbst 1938, als SIR GALAHAD mich in Berlin besuchte, angeblich um behördliche Dinge zu erledigen, in der Hauptsache aber wohl meinetwegen.

SIR GALAHAD war drei Wochen in Berlin und wohnte in einer kleinen Pension am Kurfürstendamm. Sie war eine blendende Erscheinung, ganz Grande Dame, liebenswürdig und für jede Art von Gesprächen aufgeschlossen. Vom ersten Augenblick an bestand zwischen uns eine

natürliche gegenseitige Sympathie ohne jede Befangenheit. Wir verkehrten miteinander per »Sie«, was ich nicht unnatürlich fand.
Als ich SIR GALAHAD in ihrer Pension am Nachmittag zum Kaffee besuchte, erklärte sie mir sogleich, daß sie mit mir nicht über meinen Vater sprechen werde. Dazu brauche sie längere Zeit und eine entsprechende Atmosphäre. Ich habe dies ohne weiteres akzeptiert und mich ohne Rückfragen rein passiv aber aufgeschlossen und interessiert gezeigt, wenn sie dann doch gelegentlich – gewissermaßen wie Streiflichter geäußerte *Bemerkungen über meinen Vater* machte, so:
* ich sähe ihm nicht ähnlich. Nur manchmal sei es »wie ein Hauch«.
* er habe ständig an einem Haus gebaut, für das er kostbaren Marmor kommen ließ. Haus sei hier als Symbol für »Frau« aufzufassen.
* Er habe einmal zu ihr gesagt: »Zur Genialität fehlt Dir nur ein Flügelschlag.« SIR GALAHAD war offenbar der Meinung, daß er selbst dieser »Flügelschlag« gewesen sei.

An *Bemerkungen von* SIR GALAHAD *über sich selbst* ist mir erinnerlich:
* ihr Vater hatte zu ihr in ihrer Jugend gesagt: »Um Geld brauchst Du Dir nie Sorgen zu machen, weil das Vermögen in Staatspapieren angelegt ist, die immer 5 % bringen.« Mit der Inflation nach dem Ersten Weltkrieg war dieses Vermögen verloren.
* Sie war stolz darauf, einmal Weltmeisterin im Kunsteislauf gewesen zu sein, einem Sport, den sie später zu Gunsten des Skisports aufgegeben habe. An Berlin interessierte sie ausschließlich das Olympiastadion, das sie in Begleitung meiner Frau an einem Vormittag besuchte.

Zu Weltanschauung und Religion:
* S. G. bejahte die indische Vorstellung, daß die Welt als ein Spiel der Gottheit in ihrer Selbstentfaltung anzusehen sei, die dann wieder in die Gottheit zurückkehre.
* Ein Jesuit habe ihr einmal gesagt, sie würde den Weg zum Christentum finden, da sie einmal in einer Veröffentlichung die bildhafte Formulierung gebraucht habe: Die Kirchen knien im Land.
* Als ich mich einmal anerkennend über das Buch »Der Tod als Freund« äußerte, meinte sie, darüber könne man nicht nach Äusserungen von ins Leben Zurückgerufenen urteilen, da hier noch kein absolutes Jenseits vorliege.

Zur Politik:
* S. G. zeigte mir einen Zeitungsartikel, den sie aufgrund eines Interviews mit Mussolini geschrieben hatte (? Neue Zürcher Zeitung). Dabei zeigte ein Pressefoto Mussolini auf einem Erntewagen mit der

Unterschrift »Wenn Diktatoren Garben binden« und ein zweites Foto »Mussolini in Rednerpose« mit der Unterschrift »... und wenn sie leeres Stroh dreschen«. In diesem Zusammenhang bemerkte s. G., daß bei Hitler der Mund so besonders abscheulich sei: Der gar kein richtiger Mund sei, sondern ein »bösartiges Loch«.

Über Bücher und Literatur:
* An *Thomas Mann* bewunderte sie, wie dieser stetig »so alle 7 Jahre ein großes Werk herausbringt«. An dem Joseph-Roman fand sie die Schilderung besonders eindrucksvoll, wie Jakob allmählich aus seinem Schmerz um Joseph heraus wieder den Weg zur Lebensbejahung findet.
* Da s. G. mein damaliges Interesse an jüdischer Religion kannte (ich hatte zweimal den jüdischen Metaphysiker Oscar Goldberg in seiner Emigration in San Remo besucht) lieh sie mir den Jeremias-Roman von *Franz Werfel* »Höret die Stimme«. Hier fand sie die Schilderung des »Allerheiligsten« besonders bemerkenswert.
* Wir sprachen eingehend über das Buch »Der Golem« von *Meyrink*. s. G. erzählte, sie habe Meyrink gut gekannt und ihn einmal gefragt, warum in dessen Büchern am Anfang immer ein alter Jude auftaucht. Meyrink habe geantwortet: »Das mache nicht ich so, sondern das ist im Leben so. Wenn aus einem Arier etwas werden soll, muß ihm erst einmal ein alter Jude begegnen«.

s. G. und ich haben nicht einzelne Fragen diskutiert. Es war bei unseren Gesprächen vielmehr alles darauf angelegt, Kontakt zu gewinnen. Am letzten Abend hatte s. G. mich zum Essen in ein chinesisches Restaurant eingeladen. Wir schieden in ausgesprochen harmonischer Verbundenheit. Darauf ereignete sich brieflich eine Panne: Mit dem Schreiben vom 10.10.1938 erfolgte ein Gefühlsausbruch mit DU-Anrede, daß sie mir »danke, daß ich lebe«. Ich verstand nicht, darauf entsprechend einzugehen und antwortete, daß ich mich freue, daß sie ihren Berliner Aufenthalt in schöner Erinnerung habe und blieb auch beim »Sie«.

s. G. war daraufhin, wie die Briefe vom 6.10.38* und vom 12.11.38 zeigen, gekränkt. Erst aus dieser Reaktion von s. G. wurde mir klar, daß unserer Beziehung eine tiefere persönliche Bedeutung zukommen mußte. Auch habe ich erst seitdem die Briefe von s. G. gesammelt und durch alle Wirrnisse der Kriegs- und Nachkriegszeit einigermaßen vollständig bewahrt. Mit diesem Briefwechsel und dem Wissen um ein-

---

* das ist, von S. G. irrtümlich falsch datiert, der 6.11.38 (Anm. d. Verfasserin)

ander entstand eine wachsende Zuneigung. Wenn ich im Sommer 1943 die Korrespondenz vorübergehend abgebrochen habe, so wohl weil mir die Bindung anfing, überstark zu werden. s. G. hat diesen Abbruch nicht angenommen (vgl. Brief vom 14.7.43). Mein Brief dann zu ihrem 70. Geburtstag, mit dem ich die mir offen gehaltene »Kontaktbrücke« betrat, dürfte ein ausgesprochener Liebesbrief gewesen sein; darauf der Schreibmaschinenbrief von s. G. vom 24.3.44, der mit den Worten beginnt: »Das hast Du sehr gut gemacht.«

s. G. war der Ansicht, meine Einstellung zu ihr wäre »ambivalent«. Ich halte dies nicht für richtig. Starke Stimmungsschwankungen manisch-depressiver Art, unter denen ich zumal in jüngeren Jahren gelitten habe, waren vermutlich auch in meinen Briefen spürbar und dürften von s. G. unzutreffend persönlich genommen worden sein. Jedenfalls habe ich wegen meiner wenig glücklichen Kindheit niemals einen Groll gegen meine Mutter gehabt. Ich habe dies als das für mich vorgegebene, mir nun einmal bestimmte Schicksal angenommen. So kann ich die späte Verbundenheit zwischen Sir Galahad und mir als ein Stück sinnvoll gelebten Lebens betrachten, in dem eine wohl teilweise verworrene Geschichte schließlich doch einen menschlich-versöhnlichen Ausklang gefunden hat.

Da in der unmittelbaren Nachkriegszeit nicht abzusehen war, ob, wann und wie eine persönliche Zusammenkunft einmal möglich sein würde, schrieb ich s. G. im Dezember 1947, es sei nun doch wohl an der Zeit, mir etwas über meine »Vorgeschichte« mitzuteilen. Ein am 15.12.47 angefangener Brief machte dazu einen Anlauf, wurde aber nie vollendet; ich erhielt ihn erst nach dem Tode von s. G.

s. G. hatte stets auf eine Briefkassette verwiesen, die mir alle wesentlichen Aufschlüsse über meine Herkunft und meinen Vater, den Wiener Universitätsprofessor Theodor Beer, geben würde. Noch auf dem Totenbett hat sie der Gedanke daran beschäftigt (vgl. Brief vom 14.1.48, auf Seite 227 dieses Buches). Als ich mich nach dem Tode von s. G. wegen der bewußten Kassette an meinen Bruder wandte, erhielt ich die Auskunft, es habe sich nichts dergleichen gefunden.

In der Berliner Zeitung »Der Tagesspiegel« habe ich April 48 eine Todesnachricht veröffentlicht, die am 10. April einen Nachruf zur Folge hatte. Ferner habe ich ein Vortragsmanuskript, das mir s. G. noch kurz vor ihrem Tode geschickt hatte (Brief vom 16.6.46), in der Zeitschrift »Die Weltkugel« Heft IX, 1948 zur Veröffentlichung gebracht, sowie veranlaßt, daß »Mütter und Amazonen«, das Hauptwerk meiner Mutter, neu aufgelegt wurde.

Bad Harzburg, den 12. September 1985 Roger Diener

Briefe

Friedrich Eckstein,   2. Nov. 36
                                                      Wien, IV. Schlüsselgasse 5

Herrn Dr. jur. Roger Diener,
<u>Berlin-Charlottenburg</u>
Kaiser Friedrichstr. 53. II. r.

Sehr geehrter Herr Doktor!
Ihr sehr gesch. Schreiben v. 30. Octob. d.J. habe ich bestens dankend erhalten. Leider bin ich nicht in der Lage, Ihre Anfrage dezidiert zu beantworten, da ich begreiflicherweise seit meiner Ehetrennung nur sehr wenige Nachrichten über Ihre Frau Mutter erhalten habe. Dies hängt wohl auch damit zusammen, daß Ihre Frau Mutter seit vielen Jahren keinen festen Wohnsitz hat und sich fast unausgesetzt auf Reisen befindet. Ein Anfechtungsverfahren von meiner Seite hat aus den angegebenen Gründen niemals stattgefunden; schon darum auch, weil zwischen Ihrer Geburt und der gesetzlichen Ehetrennung ein so erheblicher Zeitraum verstrichen war, daß für mich keinerlei Veranlassung mehr zu irgendeinem Einschreiten bestanden hat. Damit hängt auch zusammen, daß mir über die Persönlichkeit Ihres Vaters nichts bekannt geworden ist.

                                 Mit vorzüglicher Hochachtung
                                 verbleibe ich ergebenst

                                               Friedrich Eckstein

                                           Wien, den 2. Dezember 1936

Hiermit erkläre ich, Bertha Helene Eckstein-Diener, dass ich zwar über die Personalien des Mannes, welcher der Erzeuger meines am 20. 12. 1910 geborenen Sohnes Roger ist, keine näheren Angaben zu machen gewillt bin, jedoch an Eides statt versichere, dass derselbe Arier gewesen ist.

                (Unterschrift: Bertha Helene Eckstein-Diener)

10/ X 38 Frankfurt Hôtel Schmitz
Wiesenhütten Platz.

Mein lieber Roger:
Zum ersten mal, seit bald dreißig Jahren, durfte ich in diesen Berliner Wochen wieder einfach und echt froh sein. Jener Bleihimmel, der mir auf der Stirn lastete, ist weg.
Das verdanke ich Dir.
Das Seidenbuch spinnt sich hier phantastisch gut an; am Ende wird der Termin sogar eingehalten.
Ich habe meinen, momentan günstigen Jupiter zum Becircen oder = *»kirken«* des gesamten China Institutes bemüht, lasse alle für mich arbeiten und gehe dann den ganzen Tag spazieren (Frankfurt hat eine sehr hübsche Umgegend!), erscheine vor Torschluss wieder, und dann wimmelt in den ehrwürdigen Hallen mir das Fachvolk, emsig wie Imsen, entgegen und bereitet, mit glitzernden Augen, die Ernte seines Fleisses zu meinen Füssen aus. Rousselle selber ist glücklicherweise soeben in China, sonst ginge es wohl nicht an, mindestens nicht so *leicht* an, den Bibliothekar, die chinesischen Assistenten, den deutschen Docenten und schliesslich seine Privatsekretärin für das Seidenbuch einzuspannen.
Sonntag lud mich Frau Prof. Rousselle zu einem »chinesischen Eintopf« und lehrte mich das mit »Stäbchen« essen. Es geht ganz leicht, sobald einem der Trick gezeigt wird.
Vielleicht muss ich Rom im Spätherbst lassen und dafür in *Genf* arbeiten, wo sich das materialreichste weil internationale Sinainstitut befinden soll, von dem die Kenner hier Wundermähren berichten.
Alles Liebe

von Sir Galahad

Vorübergehend Wien Bergg. 21
6/X 38

Sehr geehrter Herr Dr:
Für die angegebenen Bücher sage ich Ihnen und Ihrem Freunde besten Dank.
Mit dem Ausdruck vorzüglicher Hochachtung

Sir Galahad

Wien 12/XI 38

Lieber Dr. Roger:
Ich bin eben nicht christlich genug um – *postwendend* – die andre Wange hinzuhalten.
Wer es für angemessen hält mir für unbefugte emotionelle Zudringlichkeit eine Zurechtweisung zu erteilen, wird nicht mehr in die Lage kommen, sie ein zweites mal anwenden zu müssen. Diese *Beruhigung* sollten Ihnen Anrede wie Unterschrift meines letzten Briefes gewähren, sonst nichts.
Von »Launen«, »Überempfindlichkeit« und »Mangel an Verständnis« kann also die Rede nicht sein.
Schade, dass ich jetzt nicht *gleich* zu anderem in gewohnter Weise übergehen kann, *mündlich* würde ich es, denn Sie sind ein überaus *fein* reagierender, daher angenehmer Gesprächspartner, dem ein Nuancenwechsel in der Stimme zum Verständnis genügt.
Leider sind wir wieder weit getrennt; ich muss somit »schwarz auf weiss«, nuancenlos deutlich etwas »Vorgeschichte« ergänzend beifügen:
In den paar Wochen Berlin habe ich um Sie geworben, wie ich noch nie um einen Menschen geworben habe; wer mich sonst kennt würde darüber bass erstaunt gewesen sein. Sie liessen es sich ganz gern gefallen, you were gracious enough to unbend (Lexikon nachschlagen!) Wer aber somit aktiv mitgespielt, der hat dann kein Recht dem »Epilog« zu diesem »Stück« gelebten Lebens, die kalte Schulter zu zeigen, ja mehr: ihm ostentativ den Rücken zu kehren. Dieser natürliche und begreifliche herzliche »Epilog« aber war mein erster Brief, nach dieser ersten langen Wiederbegegnung. Vielleicht war er zu einfach froh und natürlich. Aber man kann eben schwer jemandem bei *geschlossenem* Visier zulächeln. ----- Ein Taktfehler vielleicht im Grad der Demaskierung. Zugegeben.
Keinesfalls aber darf man dem freiwillig Entwaffneten, bei *offenem Visier* einen Schlag geben. Es verletzt das Gesetz des *fair play*. *Darum* geht es; ich als Persönlichkeit bin nichtverletzlich, aber es gibt *Formen*, die einhalten muss, wer Wert auf meine Gesellschaft legt.
Mein lieber Roger: nichts liegt mir ferner als die »Gouvernante« bei Ihnen spielen zu wollen. Sie sind mir ganz recht so, wie Sie sind und wie gesagt: vor »Grenzübertritten« ohne weithin sichtbar gestempelten *Erlaubnisschein* ihrerseits, sind Sie von mir aus künftig völlig sicher.
Wenn's beliebt können wir also diese Episode begraben.

Die Bücher, von Ihrem Freund genannt, habe ich schon bestellen lassen, heute hat auch Hürlimann den Atlantis Artikel aus dem »Seidenbuch« zum Vorabdruck theoretisch angenommen, nur dass noch keine Zeile davon *geschrieben* ist, denn immer noch hat das Material Lücken und wehe wenn man später in diese »Löcher« hineinfällt. Alles hängt davon ab, wie rasch die R. S. K. die Devisenstelle zur Bewilligung der Studiensumme in Schw. Frs. für Genf überreden kann. Von dort aus könnten wir uns zum Skilauf im Februar sehr leicht und gut in Südtirol treffen; es würde nur sehr hoch oben sein; die Sonne scheint in den Dolomiten schon desaströs heiß herab, was Ihren werten Hautnerven ja wohl behagen dürfte, nicht aber den Schneefeldern.

Was die hoffnungsvolle Entwicklung der Tochter betrifft, kann man ja gratulieren; nur die Kommandostimme sollte rechtzeitig etwas gedämpft werden.

Sehr neugierig bin ich auf Ihr Bohemund Referat.

Beste Grüße an Ihre Frau und Sie selbst

von Ihrem

Sir Galahad

City Hotel 14/VII
43
Zürich
Hotel Seidenhof

Lieber Roger:

Hast Du wirklich geglaubt ich würde den »Laufpass« so ohne weiteres einstecken? Ein Dokument, ausgestellt im 4ten Weltkriegsjahr, unter wer weiss welchen seelischen Belastungen, Verkrampfungen, Gereiztheiten. Nein mein Kind, um das zu tun, hab ich Dich viel zu gern.

Auch stammt ja Deine Passion zum »Schiffe verbrennen« aus meiner eigenen Erbmasse. Ganze Armaden liess ich pyromanisch, unter bittrer Wollust hinter mir auffliegen bei der geringsten Provokazion. Allerdings nur während der *ersten* Lebenshälfte. Die *zweite* lehrt, sofern man überhaupt belehrbar ist, lieber wertvollen Menschen goldene Brücken der Wiederkehr, hoch über die Conflagration weg, zu bauen. Klingt das unausstehlich conziliant? Keinesfalls darf es zudringlich klingen. Dein Wunsch, den Verkehr zu unterbrechen, soll respektiert werden.

Lassen wir alles in der Schwebe so lange es eben derart unbefriedigend abstrakt bleiben muss oder – – – – umgekehrt – – – Dir Übles anzuhexen scheint. Deine Beziehung zu mir wird wohl immer stark ambivalent bleiben, was ja keine Herabsetzung bedeutet. Im Gegenteil! Nur soll man drauf gefasst sein. Als das Pendel beim Winterslichte so sehr ins Positive schwang (»über«schwang), erfüllte mich das zwar mit Glück und Stolz, zugleich aber mit *leiser Angst*, es würde bald hinübersausen in die Gegenphase u so geschieht es jetzt bei der *Sommer*sonnenwende.

Wenn mein letztes Schreiben Dich »peinlich berührt« hat, vielleicht war die »Pein« schon vorher in Dir. Lies den Brief gelegentlich noch einmal durch, falls es ihn noch gibt. Für *mein* Gefühl ist alles incl. »Laufpass« wie nie geschehen.

Pontifex maximus.

Hôtel des Familles   Genève, le 24/3. 1944
Christliches Hospiz
14, Rue de Lausanne, 14
Genève

—

E. Lauber, directeur
Téléphone 2 60 29
Adr. Tél.: Hotel Familles Genève

Lieber Roger:
Das hast Du sehr gut gemacht.
Jetzt aber heisst es auch erzaehlen, was während der langen Pause alles passiert ist, was die seltsame neue Anschrift bedeutet, ob Berufswechsel oder nur Standortwechsel des Institutes und wie reimt sich Deutsch-Gabel auf Habilitation? Lauter Räthsel.
Anbei Geburtstagsbriefe: Als ich noch klein war, stand jener an »Mama« unter meinen Albdrücken an erster Stelle. Auf Elfenbeinpapier mit spitzenhaft durchbrochenem Goldrand, musste er ohne helfende Linierung und ohne Klecks geschrieben sein – – und wozu? Die Mama war doch leibhaftig da, man hätte ihr soviel einfacher mündlich gratulieren können. Amüsanterweise bekam ich nun heuer selber so einen Brief mit (allerdings glattem) Goldrand, von jenem rührend ergebenen Wesen »Eckerfrau« (in Angleichung an Eckermann genannt) das, solange es noch ein internes Blumenclearing gab, immer Garben weissen Rivieralieders zu Weihnachten hierhertelegraphierte. Voriges Jahr hat-

te sie, wer weiss durch welche Schliche und Umwege das Datum 18/3 herausbekommen und liess nun einen endlosen Glück und Segensschmus auf mich los. Worauf sie angefahren wurde, »so menschlich-allzumenschlich« dass Du gejauchzt hättest. Sie bekam zu hören, bessere Leute hielten es wie die freien Araberstämme der Wüste, Pubertätseintritt sei das Letzte datierte Ereigniss von dem diese Aufhebens machen im persönlichen Leben; von da an galoppiert jeder bis zum Tod durch eine ungeteilte Zeit, wie durch den grenzenlosen Raum, ohne Ahnung von seinem Alter. Diese Sitte ist sauber und hat viel für sich. Alter ist ja grossenteils eine schlechte Angewohnheit und wer nicht einfach biologisch zu empfinden vermag, vielmehr mechanistischer Zeitzählung sich unterwirft, dessen Tage sind wirklich »bald gezählt«.
Heuer hat die Angerüffelte natürlich auf ein Festschreiben verzichtet, dafür kam um die Iden des März eines der üblichen Devotions- und Liebesbriefchen doch – – – wenigstens symbolisch erhöht auf festlichem Elfenbeinpapier mit Goldrand.
Weit ärger als ungebeten fremde Datenjäger aber sind »Kindheitsgespielen« die einen im Jugendstadium fixiert haben wollen. So jemand, der jetzt im Tessin lebt, hat vor ein paar Jahren von meinem hiesigen Aufenthalt gehört und sich seither zum Erinnerungsgespenst entwickelt, begönnert mich wie eben ein vierzehnjähriges ein zehnjähriges Wesen begönnert. Die alte Dame besteht darauf mich ausschliesslich in einem grossen Garten zu sehen, als Mädchenkind, das sein zahmes Reh betreut, dann seine Flut goldener Haare bürstet, ehe es sich in das blütenweisse Bettchen legt. Schicke ich ihr ein Buch sagt sie: Gescheites Mäderl. Da man vereinsamt Betagte nicht enttäuschen darf, weil das einfach eine Gemeinheit wäre, so lasse ich mich in diesen Prokrustesrahmen zwängen; nicht unmöglich aber scheint dass, als unbewusste Gegenreaktion hierauf, mein Verkehr mit Dir in den letzten Jahren immer zeitlos abgeklärter wurde, was Dir allmählich auf die Nerven fiel. Gut, dass Du es endlich gesagt hast.
Hauptsächlich zur »Türmerrolle« treibt allerdings immer wieder die Unnatur der Zeit. Launen, Stimmungen, Scherze, Ausrufe sind Durchgangsstadien zu rascher Ablösung bestimmt: das Spontane eben.
Wie lähmend aber muss es gerade auf einen Sensiblen wie mich wirken, wenn er weiss dass sein »Menschliches-Allzumenschliches« erst einmal vierzehn Tage lang irgendwo hängen bleibt, wie Luftgeselchtes, dann in ein Zensurbüro kommt, von Fremden begutachtet wird und jedenfalls, wenn überhaupt, als längst nicht mehr Wahres zu jenem einzigen Menschen kommt, dem es bestimmt war. Nach dem Krieg müssen wir, um

»*Sir Galahad beim Kopfsprung in den Riffelsee Sommer–Herbst 1932*« – *so nannte sie selbst diese an Fidus erinnernde Aufnahme, die sie Freunden schickte. Ein Exemplar fand sich auch in der Berggasse und trägt den Zusatz:* »*Beste Grüße aus München zwischen Schweiz und Meran.*«

intim zu werden, gleich längere Zeit *ununterbrochen* zusammen sein, womöglich in gutem Klima unter menschenwürdigen Zuständen, mit Percy als Dritten im Bunde falls er aus der jetzigen Hölle lebend herauskommt. Seit einem halben Jahr bin ich ohne jede Nachricht. Auf alle Fälle sollst Du jetzt schon wissen, dass in der Schweiz eine Kassette mit intimen Briefen und Bildern, die einzig Dich angehen für Dich deponiert sind.
Dies zum Kapitel Menschliches-Allzumenschliches!

Hast Du die schöne Hölderlinausgabe gerettet? Erinnerst Du Dich an jenes Gedicht, das ich Dir und Deiner Frau in Berlin zeigte?
Zur Gründung einer neuen Bibliothek möchte ich mit einem Exemplar des »glücklichen Hügels« beisteuern. Vielleicht gelingt dem hiesigen Verlag die Sendung. Dann überwinde bitte Deine amusischen »Koketterien«, denn abgesehen vom Musikalischen, durchleuchtet das Buch doch eine sehr interessante Zeit in ganz Europa. Die fascinierendsten Leute der Spätromantik sind mir da von selber ins Manuskript gelaufen und wollten mit dabei sein.

In Liebe
Mama

ps. Der Beschluss der Katze, von nun an das Mausen zu lassen, habe ich gebührend zur Kenntniss genommen.

Anhang

Zeittafel

3. Okt. 1833	Carl Diener in Stuttgart geboren.
2. Sept. 1843	Marie Wechtl in Wien geboren.
1861	Erste Erwähnung der Diener'schen Zink-Ornamenten-Fabrik in der Marxergasse.
11. Dez. 1862	Berthas Bruder Carl geboren.
25. Juni 1863	Heirat der Eltern.
1865	Berthas Bruder Paul Hugo geboren.
1872	Carl Diener kauft das Diery-Schlössl in der Marxergasse.
18. März 1874	Bertha Helene Diener geboren.
1875	Bau eines Wohnhauses neben dem Schlössl.
Um 1892	Umzug in die Jacquingasse 29. Verkauf des Diery-Schlössls.
3. April 1898	Bertha heiratet Friedrich Eckstein und zieht nach Baden, Helenenstraße 17, in das St. Genois-Schlössl.
21. Mai 1899	Geburt von Sohn Percy.
Frühjahr 1900	Sie lernt Theodor Beer kennen.
25. Juli 1903	Beer heiratet Laura Eißler.
1904	Berthas Reiseexistenz beginnt: Ägypten, Griechenland, Kreta, England, München.
Okt. 1905	Beer-Prozeß in Wien.
März 1906	Selbstmord der Laura Beer am Genfer See.
28. Feb. 1909	Tod von Carl Diener.
24. Mai 1909	Tod von Marie Diener.
Juli/Okt. 1909	Scheidung von Friedrich Eckstein.
20. Dez. 1910	Berthas zweiter Sohn Roger in Berlin geboren.
nach 1911	Bertha läßt sich in München nieder. Roger wächst in Berlin bei Pflegeeltern auf.
1913	›Im Palast des Minos‹ erscheint.
1914–1919	Arbeit an den ›Kegelschnitten Gottes‹, die 1920 erscheinen.
Sept. 1919	Selbstmord Theodor Beers in Luzern.
um 1920	Bertha übersiedelt in die Westschweiz. Verlust ihres Vermögens.
1925	Der ›Idiotenführer durch die russische Literatur‹ erscheint.

6. Jan. 1928	Tod des Bruders Carl.
1925–1931	Arbeit an den ›Müttern und Amazonen‹. Bertha lebt vom ›Essayschreiben‹.
1932	›Mütter und Amazonen‹ erscheinen. Im Juli Beginn des Briefwechsels mit Fritz von Herzmanovsky-Orlando. München-Aufenthalt. Arbeit an ›Byzanz‹.
Winter 1934/35	In München.
1936	›Byzanz‹ erscheint. Bertha wohnt die meiste Zeit des Jahres in Genf.
Dez. 1936	Berthas Sohn Roger nimmt von Berlin aus Kontakt mit seiner Mutter auf. Beginn des Briefwechsels.
1938	›Bohemund. Ein Kreuzfahrer-Roman‹ erscheint.
Sept./Okt. 1938	Besuch bei Roger in Berlin, anschließend Studienaufenthalt in Frankfurt am Main. Recherchen für die ›Kleine Kulturgeschichte der Seide‹.
1939	Percy emigriert über die Schweiz nach Rom. Am 10. Nov. Tod Friedrich Ecksteins.
1940	›Seide. Eine kleine Kulturgeschichte‹ erscheint unter dem Pseudonym ›Helen Diner‹. Beginn der Arbeit am Richard-Wagner-Roman. Längerer Aufenthalt in Zürich.
1943	›Der glückliche Hügel. Ein Richard-Wagner-Roman‹ erscheint. Plan der Übersiedelung nach Rom, der nie ausgeführt wird.
Mai 1946	Vortrag vor dem PEN-Club in Basel über ›England, die auserwählte Insel‹. Arbeit an einer Kulturgeschichte Englands.
14. Jan. 1948	Bertha wird in Genf operiert.
20. Feb. 1948	Tod.

Bibliographie

1. Selbständige Publikationen

Sir Galahad, Im Palast des Minos, München, Albert Langen 1913
Sir Galahad, Die Kegelschnitte Gottes, München, Albert Langen 1920
Sir Galahad, Idiotenführer durch die Russische Literatur, München, Albert Langen 1925
Sir Galahad, Mütter und Amazonen. Ein Umriß weiblicher Reiche, München, Langen-Müller-Verlag 1932
Sir Galahad, Byzanz. Von Kaisern, Engeln und Eunuchen, Wien-Leipzig, E. P. Tal Verlag 1936 (ab 1938 »Alfred-Ibach-Verlag«)
Sir Galahad, Bohemund. Ein Kreuzfahrer-Roman, Leipzig, Goten-Verlag 1938
Helen Diner, Seide. Eine kleine Kulturgeschichte, Leipzig, Goten-Verlag 1940
Sir Galahad, Der glückliche Hügel. Ein Richard-Wagner-Roman, Zürich, Atlantis-Verlag 1943

2. Übersetzungen und Bearbeitungen

Ethan Allen Hitchcock, Das rote Buch von Appin. Übertragen von Sir Galahad, Leipzig, Insel-Verlag 1910
Prentice Mulford, Der Unfug des Sterbens. Ausgewählte Essays. Bearbeitet und aus dem Englischen übertragen von Sir Galahad, München, Albert Langen 1909
Prentice Mulford, Der Unfug des Lebens. Unfug des Sterbens II. Teil. Ausgewählte Essays. Bearbeitet und aus dem Englischen übertragen von Sir Galahad, München, Albert Langen 1913.
Prentice Mulford, Das Ende des Unfugs. Ausgewählte Essays. Sehr frei bearbeitet und aus dem Englischen übertragen von Sir Galahad, München, Albert Langen 1919

3. Aufsätze in Zeitungen und Zeitschriften

»Ein Wegweiser für Heikle« von Sir Galahad. In: März, 1. Juniheft 1907
»Zur Dämonologie des Haushalts« von Sir Galahad. In: März, 1. Dezemberheft 1907
»Eheirrung bei Amsels« von Sir Galahad. In: März, 2. Dezemberheft 1907
»Dramatische Modesalons« von Sir Galahad. In: März, 1. Februarheft 1908
»Ganz kleine Reiseglossen. Ägypten. Zirkus Kairo« von Sir Galahad. In: März, 2. Oktoberheft 1908. Nachgedruckt in: Neues Wiener Tagblatt vom 5.2.1930 und in Die Bühne.
»Die ganz Weißen« von Sir Galahad. In: März, 1. Novemberheft 1908
»Die Einzige und ihr Eigenkleid« von Sir Galahad. In: März, 1. Dezemberheft 1908

»Griechische Miniaturen« von Sir Galahad. In: März, 2. Dezemberheft 1908
»Der Unfug des Sterbens« von Sir Galahad. In: März, 1. Januarheft 1909
»Das Phänomen Rachilde« von Sir Galahad. In: Der Querschnitt, Mai 1927
»Echter Schmuck – ›falscher Schmuck‹« von Sir Galahad. In: Neues Wiener Tagblatt (NWT) vom 19.1.1930
»Denen man gehorchen muß« von Sir Galahad. In: Die Dame, 2. Maiheft 1930 (nachgedruckt in: NWT vom 26.10.1930)
»Haben Sie nichts zu verzollen?« von Sir Galahad. In: Die Dame, 1. Augustheft 1930
»Das Loch im Seidenstrumpf« von Sir Galahad. In: NWT vom 2.8.1930
»Eton« von Sir Galahad. In: NWT vom 10.12.1930
»›Ich liebe, also bin ich‹« von Sir Galahad (Über Sibilla Aleramo). In: NWT vom 27.8.1934
»Europas auserwählte Insel. Substanz und politische Kultur von England.« Von Sir Galahad †. In: Die Weltkugel, Heft IX 1948

Im Besitz des Brenner-Archivs Innsbruck:
Sir Galahad, Allerlei über den Handschuh
Sir Galahad, Warum dem Apoll kein Flirt gelingt (Abschriften. Beilage zum Briefwechsel mit Fritz von Herzmanovsky-Orlando)

Im Besitz von Herrn Werner Eichinger, Wien:
S. G., Der ›sehr ehrenwerte‹ Tee. Ausschnitt aus einer deutschschweizerischen Tageszeitung 1942

Quellen- und Literaturverzeichnis

Die Briefe an Roger Diener werden in der Handschriftensammlung der Österreichischen Nationalbibliothek aufbewahrt, die Briefe an Fritz von Herzmanovsky-Orlando im Brenner-Archiv der Universität Innsbruck.
Die Zitate aus den ›Kegelschnitten Gottes‹ erfolgten mit freundlicher Genehmigung von Herrn Dr. Roger Diener nach einer Ausgabe von 1920.
Die zitierten Textpassagen aus den ›Kegelschnitten Gottes‹ und ›Byzanz‹ sind mit Überschriften von der Verfasserin versehen worden.
Alle Zitate von Bertha Eckstein-Diener im laufenden Text stammen, sofern dort nicht ausdrücklich anders vermerkt, aus ›Die Kegelschnitte Gottes‹.

I Kindheit und Jugend

Taufschein Bertha Helene Diener, Auszug aus dem Taufbuch der evangelischen Pfarrgemeinde Augsburger Bekenntnisses, Wien, Innere Stadt 1874, Zahl 249
Taufschein Carl Diener, Auszug aus dem Geburts- und Taufregister der evangelischen Kirchengemeinde Stuttgart, Stadtdekanat Stuttgart, Bd. 2, S. 133

Trauschein Carl Diener, Pfarramt Maria Treu in Wien VIII, Tom. 1863, Fol. 169e
Stefan Zweig, Die Welt von Gestern, Erinnerungen eines Europäers, Frankfurt 1985, S. 97 f.
Hermann Keyserling, Das Erbe der Schule der Weisheit, Unveröffentlichte Essays und Buchbesprechungen aus dem Mitteilungsblatt der Schule der Weisheit, hg. von Arnold Keyserling, Bd. II, 1927–1946, Wien 1981, S. 477
Verzeichniß aller in der kaiserlich königlichen Haupt- und Residenzstadt Wien mit ihren Vorstädten befindlichen Häusern, Anton Behsel, Wien 1829, Seite 85: Marxergasse. Conscriptions-Nr. 551/552 (neu)
Grundbuch 27/VIIa. Urbarium über die Vorstadt Landstrasse oder Sanct Nicolai-Grund, Grundbuch der Stadt Wien 302 Nummernindex von 1830: Conscriptions-Nr. 551/552 – neue Conscr.-Nr. 34/35 siehe Folio 67/68
Der Cataster 1875, Handbuch für Ämter, Architekten, Baumeister, Capitalisten, Hausbesitzer etc. etc. über sämmtliche Häuser der k.k. Reichshaupt- und Residenzstadt Wien 1875 Conscriptions-Nr. 34/35 – Ordnungsnummer 24 (1885: 24a, 24). Seit 1915 Ordnungsnummer 30. Siehe auch *Pemmer/Englisch (Hans Pemmer/Franz Englisch*, Landstraßer Häuserchronik, Wien 1958 (masch.) im Wiener Stadt- und Landesarchiv)
Bauakt (Magistrats-Abteilung 236, 1. Reihe, E.Z. 1096/3. Bezirk)
Mitteilungen des Bezirksmuseums Landstraße, 12. Jg., Dez. 1975, Heft 24, S. 13
Verlassenschaftsakt Karl Diener, k.k. Handelsgericht Wien, Aktenzeichen A 43/9
Lehmanns Adreßbuch der Stadt Wien
Ahnenpaß des Hellmuth Diener, Wien IX, Berggasse 21 (im Besitz von Herrn Werner Eichinger)
Registerauszüge folgender Pfarrämter: Pfarramt Maria Treu, Wien VIII, Piaristengasse 43, Evangelisches Pfarramt Augsburger Bekenntnisses, Wien I, Dorotheergasse 18, Evangelische Kirchengemeinde Stuttgart, Stadtdekanat
Carl Diener, Von Bergen, Sonnen- und Nebelländern, Bergverlag Rudolf Rother, München 1929 (in der Reihe: Große Bergsteiger, ausgew. und hg. von Hans Fischer)
Rosa Mayreder, Das Haus in der Landskrongasse, Jugenderinnerungen, hg. von Käthe Braun-Prager, Wien 1948
Gertrude Langer-Ostrawsky, Erziehung und Bildung – eine Untersuchung zum Schulwesen für Mädchen 1848 bis 1920, in: Die Frau im Korsett, Wiener Frauenalltag zwischen Klischee und Wirklichkeit, 1848–1920, Verlag der Museen der Stadt Wien 1985
Briefwechsel Bertha Eckstein-Diener – Fritz von Herzmanovsky-Orlando, Brenner-Archiv der Universität Innsbruck
Technischer Führer durch Wien, hg. vom Österreichischen Ingenieur- und Architekturverein, Wien 1910, S. 22
Jens Malte Fischer, Fin de siècle, Kommentar zu einer Epoche, München 1978, S. 66
Stefan Grossmann, Ich war begeistert, Eine Lebensgeschichte, Königstein 1979 (Nachdruck der Erstausgabe, S. Fischer Verlag 1930), S. 106 f.
Benedetto Gravagnuolo, Adolf Loos, Idea Books/Löcker Verlag Wien 1985

II Ehe

Carl Diener, op. cit. S. 58
Katasterauszug 1916 und *Pemmer/Englisch* Bd. 5
Jakub Forst-Battaglia, Polnisches Wien, Wien 1983, S. 29
»Das 1895 erbaute Palais der Fürstin (Metternich-Sandor) wurde übrigens im Weltkrieg so stark beschädigt, daß es danach abgetragen und durch ein Wohnhaus ersetzt wurde.« (*Frau im Korsett*, op. cit. S. 147)
Verlobungsfoto, Rückseite beschriftet »1893«
Die Hochzeit fand im März 1894 statt, *Carl Diener*, op. cit. S. 41
Rosa Mayreder, op. cit. S. 155 f.
Carl Diener, op. cit. S. 59
Arthur Schnitzler, Jugend in Wien, Eine Autobiographie, Frankfurt 1981, S. 203
Brief an Roger vom 22.11.1944
Stefan Zweig, op. cit. S. 49 ff.
Carl Diener, op. cit., Einleitung S. 13 f. und passim
Arthur Schnitzler, Tagebücher 1896 (unveröff.) 3. März 1896
Carl Diener, op. cit. S. 25
Hermann Bahr, Neunzehnhundertneunzehn, Leipzig 1920, S. 305
Rudolf Steiner, Mein Lebensgang, Frankfurt 1985
Arthur Schnitzler, Tagebücher 1906 (unveröff.) 27. Oktober 1906
Brief an Roger vom 15.12.1947
Gina Kaus, ... und was für ein Leben! Hamburg 1979, S. 48
René Fülöp-Miller, Der Narr im Frack, in: Der Monat, 1952 Heft 46, S. 401
Max Schönherr, Wer war Friedrich Eckstein? Separata-Sammlung SL der Musiksammlung der Wiener Nationalbibliothek, S. 1 (abgedruckt in: Anton-Bruckner-Jahrbuch 1983/84, hg. von Theodor Antonicek, Wien)
Friedrich Eckstein, Alte unnennbare Tage, Erinnerungen aus siebzig Lehr- und Wanderjahren, Wien-Leipzig-Zürich 1936, S. 240 und passim
Zu ›Prestel und Mailänder‹:
Horst E. Miers, Lexikon des Geheimwissens, München 1979
Gustav Meyrink, Die Verwandlung des Blutes, in: ders., Fledermäuse. Erzählungen, Fragmente, Aufsätze, hg. von Eduard Frank, München 1981, S. 228 ff.
Gustav Meyrink, Der Wahrheitstropfen, in: ders., Des deutschen Spießers Wunderhorn, München 1981. © by Albert Langen Georg Müller Verlag GmbH München
Rudolf Steiner, Briefe I, 1881–1891, Im Selbstverlag der Rudolf-Steiner-Nachlass-Verwaltung Dornach/Schweiz, 1955, S. 117. Abdruck der Briefe mit freundlicher Genehmigung der Rudolf-Steiner-Nachlaßverwaltung, Dornach
Bertha hatte sich den Taufschein, den sie später auch als Identitätsnachweis beim Verlassenschaftsgericht verwendete, am 9. März 1898 ausstellen lassen
Heiratsurkunde Friedrich Albert Eckstein und Bertha Helene Eckstein, Evang. Pfarramt A.B. Wien Innere Stadt, Nr. 1898/325. Darin auch Eintragung der Scheidung
Schönherr, op. cit. S. 7
Die Denkmale des politischen Bezirkes Baden, bearbeitet von Dr. Dagobert Frey, Bd. XVIII, Wien 1924, S. 84 ff.
Brief an Roger vom 15.12.1947

Im Karl-Kraus-Archiv der Wiener Stadt- und Landesbibliothek haben sich die Abschriften von fünf Karl-Kraus-Briefen und -Korrespondenzkarten an Friedrich Eckstein erhalten. Inventar-Nr. 174.635
Adolf Loos, »Du silberne Dame Du«, Briefe von und an Lina, hg. von F. Th. Csokor, Wien 1966, S. 21 f.
Rudolf Steiner, Briefe I, op. cit. S. 201 ff.
Schönherr, op. cit. S. 2 f.
Ernst Decsey, Anton Bruckner, Versuch eines Lebens, Stuttgart-Berlin 1922, S. 103, und *Max Auer*, Anton Bruckner. Sein Leben und Werk, Wien 1932, S. 376, 387, 392, 410 und passim
Miers, op. cit., Stichwort »Neugeist«
Prentice Mulford, Der unendliche Geist des Guten, Essays. Freie Übertragung von Max Hayek, Leipzig-Wien 1922, siehe Einleitung (»Mulford«) und: *ders.*, Die Möglichkeit des Unmöglichen, Essays, Leipzig 1919; *ders.*, Die Kraft von oben. Essays, übertragen von Max Hayek, Wien 1924

III Verführung zur Freiheit

Friedrich Eckstein, op. cit. passim
Vera Behalova, Adolf Loos: Villa Karma, Masch. Diss. Wien 1974, mit wertvollem Quellenmaterial zu Theodor Beer, S. 28 ff.
Brief an Roger vom 15.12.1947
Theodor Beer, Aus Natur und Kunst, Gesammelte Feuilletons, Dresden und Leipzig 1900. Darin: Tierschmerzen und Vivisektion, S. 136–183
Friedrich Eckstein, Professor Dr. S. Stricker's Philosophie der Vivisektion und die Kritik der reinen Vernunft, Wien 1887, S. 38
Beer, op. cit. S. 177
Eckstein, op. cit. S. 38
Beer, op. cit. S. 163
Theodor Beer, Die Weltanschauung eines modernen Naturforschers, Ein nicht-kritisches Referat über Mach's Analyse der Empfindungen, Dresden und Leipzig 1903
Beers Briefe an Adolf Loos siehe *Vera Behalova*, op. cit., Anhang
Beim Tod seines Vaters Wilhelm Beer erbte Theodor Beer 1,3 Millionen Kronen, siehe *Verlassenschaftsakte Wilhelm Beer* (= Acten über die Verlassenschaftabhandlung Wilhelm Beer, k.k. Handelsgericht zu Wien VII, A 141/5 V 163, und *Totenschein Wilhelm Beer* vom 18.9.1905)
Genaue Schilderung dieses Lebensstils in den unten angeführten *Wiener Zeitungen*
Brief an Roger vom 15.12.1947
Behalova, op. cit.
Karl Heinig, Biographien bedeutender Chemiker, Berlin 1983, S. 226–233; *T. P. Sevensma*, Nederlandse Helden der Wetenschap, Levensschetsen van negen Nobelprijswinnaars. Amsterdam 1946, S. 11–50 (Jacobus Henricus van 't Hoff)
Friedrich Eckstein, Das Phänomen der Verdichtung, Wien 1885 (Manz'sche k.k. Hof-Verlags- und Universitäts-Buchhandlung). Es handelt sich hierbei um die von Schönherr als »nicht nachweisbar« bezeichnete Studie über die Arbeiten des Neukantianers Hermann Cohen.

Schönherr, op. cit. S. 7f.
Brief an die Schwägerin Mieze Diener vom 19.1.1929, im Besitz von Herrn Werner Eichinger
Todesanzeige Carl Diener, 28.2.1909, *Todesanzeige Marie Diener,* 24.5.1909, im Besitz von Herrn Werner Eichinger
Verlassenschaftsakt Karl Diener, k.k. Handelsgericht Wien, Aktenzeichen A 43/9
Zu Theodor Beers Prozeß:
Karl Kraus, Die Fackel, Aufsätze in diversen Nummern (siehe Personenregister), später zusammengefaßt in: *Sittlichkeit und Kriminalität,* Ausgewählte Schriften Bd. 1, Wien 1908
Zeitungen, eine Auswahl (jeweils vom 24. März 1904, 25. Oktober 1905 und 28. März 1906)
Wiener Allgemeine Zeitung
Neues Wiener Journal
Neues Wiener Tagblatt
Die Zeit
Neue Freie Presse
Österreichische Kronenzeitung (Illustrierte Kronenzeitung)
Deutsches Volksblatt
Peter Altenberg in: Neues Wiener Journal vom 28.3.1906, *Karl Kraus* in: Die Fackel, Nr. 200 vom 3. April 1906, S. 1ff., Nr. 201 vom 19. April 1906, S. 18ff.
Arthur Schnitzler, Tagebuch 1917–1919, herausgegeben von der Österreichischen Akademie der Wissenschaften, Wien 1985, 16.11.1919
Eine grotesk falsche Darstellung der »Affäre Beer« findet sich in: *Elsie Altmann-Loos,* Mein Leben mit Adolf Loos, Wien 1984, Abschnitt »Karma«, S. 46ff.
Scheidungsprotokoll Helmburg gegen Helmburg, Registerband 1905 Abt. Cg VII Nr. 34, Landesgericht für Zivilrechtssachen Wien
Scheidungsprotokoll Eckstein gegen Eckstein, Registerband 1909, Abt. Cg VIII Nr. 481, Landesgericht für Zivilrechtssachen Wien
Zur »Villa Karma« siehe *Brief an Roger* vom 17.12.1947; *Vera Behalova* und *Benedetto Gravagnuolo,* op. cit.; dort weitere Literaturhinweise
Zu Ralph Beer und Villa Sangata: *Behalova,* op. cit., und *Dr. Walter Dollfuß,* Brief an Oskar Kokoschka vom 10. September 1972, im Besitz von Vera Behalova.
Oskar Kokoschka, Mein Leben, München 1971, S. 98ff.
Fritz von Herzmanovsky-Orlando, Der Briefwechsel mit Alfred Kubin 1903 bis 1952, Herausgegeben und kommentiert von Michael Klein, Salzburg-Wien 1983, S. 49
Hugo Ehrlich zitiert nach *Vera Behalova,* op. cit. S. 48 und Anhang
Dr. Friedrich Kolischer, Brief an RA Brüll in Görlitz vom 1. März 1913
Arthur Schnitzler, Tagebuch 1913–1916, herausgegeben von der Österreichischen Akademie der Wissenschaften, Wien 1983. 18.4., 14.10., 28.10.1916
Briefe an Roger vom 15.12.1947 und vom 10.10.1938
Über Maecenas: *Brief an Roger* vom 1.6.1940, 21.5.1941, 3.6.1941
›Im Palast des Minos‹, S. 45
Houston Stewart Chamberlaine, Die Grundlagen des Neunzehnten Jahrhunderts, München 1899[1], 1912[10]. Zwei Bände

IV Die Schriftstellerin

Brief an Roger vom 20.10.1939
Brief an Roger vom 3.11.1939
Brief Friedrich Ecksteins an Dr. Roger Diener vom 2.11.1939
Arthur Schnitzler, Tagebücher (unveröff.) vom 19.8.1908
Registerband 1909 Abt. Cg VIII Nr. 481, Landesgericht für Zivilrechtssachen Wien
Brief an die Schwägerin Mieze Diener vom 19.1.1929

Zu Percy Eckstein:
Hermann Broch – Daniel Brody, Briefwechsel 1930–1951, hg. von Bertold Hack und Marietta Kleiß, Frankfurt/Main 1971, Sp. 278–80
Nachruf in: Die Presse, 28. März 1962, von F.Th. Csokor
Lexikalische Angaben in: *Österreicher der Gegenwart,* außerdem: *Briefe Percys an Roger Diener* vom 6.9.1947 und 23.2.1948
München 1934/35: Briefe an Fritz von Herzmanovsky-Orlando aus der Pension Romana vom 28.12.1934 und 14.1.1935
Stipendium der Reichsschrifttumskammer: Briefe an Roger vom 12.11. 1938, 25.7.1939 und 4.8.1939
Beitritt zur RSK: Brief an Roger vom 21.5.1941

Zu Lanz von Liebenfels:
Wilfried Daim, Der Mann, der Hitler die Ideen gab, Wien 1985²
Fritz von Herzmanovsky-Orlando, Der Briefwechsel mit Alfred Kubin, op. cit. S. 350f. und passim

Verlage:
Brief an FHO vom 6.10.(1935)
Murray G. Hall, Österreichische Verlagsgeschichte, Wien 1985, Bd. I und II
Reiner Stach, 100 Jahre S. Fischer Verlag 1886–1986, Kleine Verlagsgeschichte, Frankfurt 1986
Alfred Kantorowicz, Politik und Literatur im Exil, Deutschsprachige Schriftsteller im Kampf gegen den Nationalsozialismus, Hamburger Beiträge zur Sozial- und Zeitgeschichte XIV, Hamburg 1978
ders., Die Geächteten der Republik, Verlag europäische ideen, Berlin 1977
Walter A. Berendsohn, Die humanistische Front, Einführung in die deutsche Emigranten-Literatur, Teil I u. II, Europa Verlag Zürich, Reprint 1976/78

München:
Elisabeth Castonier, Stürmisch bis heiter, Memoiren einer Außenseiterin, München 1964, S. 115, 119, 137
Karl Wolfskehl, Briefe und Aufsätze 1925–1933, München/Hamburg 1966, S. 158f.
Fritz von Herzmanovsky-Orlando, Der Briefwechsel mit Alfred Kubin, op. cit. S. 351

Zu Oscar A. H. Schmitz:
siehe dessen Autobiographie, besonders *Dämon Welt*, Jahre der Entwicklung, München 1926, und *Ergo sum*, Jahre des Reifens, München 1927. Sowie: *Oscar A. H. Schmitz zum fünfzigsten Geburtstage*, Mit einer Selbstbiographie des Dichters und seinem Horoskop sowie Beiträgen von Hugo von Hofmannsthal/Hermann Bahr/Thomas Mann/Stefan Zweig/Hermann Hesse/Graf Keyserling, München 1923, *Karl Kraus*, Die Fackel Nr. 321/322, S. 61, April 1911, *Franziska zu Reventlow*, Tagebücher, hg. von Else Reventlow, Frankfurt 1976, *Franziska zu Reventlow*, Briefe, hg. von Else Reventlow, Frankfurt 1977

Zu Gustav Meyrink:
Manfred Lube, Gustav Meyrink. Beiträge zur Biographie und Studien zu seiner Kunsttheorie, Diss. der Univ. Graz Nr. 51, Graz 1980
Mohammad Qasim, Gustav Meyrink. Eine monographische Untersuchung, Stuttgarter Arbeiten zur Germanistik Nr. 95, Stuttgart 1981
Leider wurde die Entstehungsgeschichte des »Golem« von Bertha weder aufgeschrieben noch erzählt, da sie ihren Sohn nicht mehr traf. Es wäre für die Meyrink-Forschung interessant gewesen, eine Darstellung aus dieser Sicht zu bekommen.
Brief an Roger vom 7. 5. 1939
Briefe an FHO vom 14. 10. 1932 und 13. 11. 1932
Brief an Hulda Hofmiller vom Juni 1926
Brief an Roger vom 20. 10. 1946

Zu Les Avants:
Bild mit Sonnenschirm, rückseitig beschriftet »Sir Galahad in Les Avants 1923«; Brief an Frau Hulda Hofmiller, datiert »Les Avants sur Montreux, VI 26 und 22 VI 1926«. Undatierte Postkarte an Frau Hulda Hofmiller, wahrscheinlich Frühsommer 1926 »Von der Fahrt Paris–Les Avants«. Brief an die Schwägerin Mieze Diener vom 29. 1. 1929; Amtliches Dokument vom 2. 12. 1936, darin: »Die Echtheit der Unterschrift der Frau Bertha Helene Eckstein-Diener, Schriftstellerin in Les Avants, Schweiz, derzeit vorübergehend in Wien 9., Berggasse 21, wird bestätigt.«
Festvortrag s. Lit.-Verz. »Europas auserwählte Insel«
Dostojewski am Roulette, hg. von René Fülöp-Miller und Friedrich Eckstein, München 1925
Raskolnikoffs Tagebuch. Mit unbekannten Entwürfen, Fragmenten und Briefen zu »Raskolnikoff« und »Idiot«, hg. von René Fülöp-Miller und Friedrich Eckstein, München 1928
Hofmannsthals Telegramm lautete: Mit innigem Mitgefühl gedenken wir Ihrer in alter Freundschaft – Gerty und Hugo Hofmannsthal. (Im Besitz von Herrn Werner Eichinger)
Hamburger Nachrichten vom 8. 1. 1928
Briefe an die Schwägerin Mieze Diener vom 19. 1. 1928 und 19. 1. 1929 (Im Besitz von Herrn Werner Eichinger, Wien)
Briefe an FHO vom 14. 10. 1932 und 13. 11. 1932
Briefe an FHO vom 28. 12. 1934 und 15. 1. 1935
Eranos: Postkarte vom 16. 6. 1937

Helen Diner, Seide. Eine kleine Kulturgeschichte, Leipzig 1940, S. 215
Brief an Roger vom 1.4.1939
Brief an Roger vom 10.10.1938
Brief an Roger vom 1.12.1940
Exposé beigelegt im *Brief an Roger* vom 28.3.1940: Der Glückliche Hügel (Ein Richard Wagner Roman)
Brief an Roger vom 1.7.1940
Hermann Keyserling, Das Erbe etc., op. cit. S. 952f.
Robert Musil, Briefe 1901–1942. Hg. von Adolf Frisé unter Mithilfe von Murray G. Hall, Reinbek bei Hamburg 1981, Bd. 1, S. 1164f.
Briefe an Roger vom 6.3.1940, 3.4.1941, 29.4.1942, 18.8.1942
Una Pope-Hennessy: Freundlicher Hinweis von Heribert Illig.
Percy an Roger: Brief vom 23.2.1948
Tagesspiegel vom 10.4.1948

Abbildungsnachweis

Werner Eichinger: S. 13, 14, 17, 18, 21, 22, 32, 34, 36, 40, 41, 50, 55, 58, 63, 70, 71, 73, 80, 212
Roger Diener: S. 121, 124, 142, 143, 146, 151, 165, 168, 187, 269
Max Schönherr: S. 82, 84, 116, 230
Vera Behalova: S. 48, 147
Österr. Nationalbibliothek Bildarchiv: S. 28, 29, 67, 77, 89, 97, 100, 105, 110, 114, 134, 153, 192, 197, 200 links, 201, 207, 208, 223; Musiksammlung: S. 87
Bezirksmuseum Landstraße: S. 20, 61
Historisches Museum der Stadt Wien: S. 127
Heinrich Kulka, Adolf Loos: S. 47, 162, 174, 175
Adolf Loos, Josephine Baker: S. 182
Wilfried Daim (s. Lit.Verz.): S. 200 rechts
Carl Diener (s. Lit.Verz.): S. 54
Rudolf-Steiner-Archiv Dornach: S. 91
Horst Miers (s. Lit.Verz.): S. 107

Biographien zur Weltliteratur

William Byron
Cervantes
Der Dichter
des Don Quijote
und seine Zeit
Band 5630

Peter Lahnstein
Schillers Leben
Band 5621

Günter Blöcker
Heinrich von Kleist
oder Das absolute Ich
Band 1954

Madame de Staël
Kein Herz, das
mehr geliebt hat
Eine Biographie
in Briefen
Herausgegeben von
Georges Solovieff
Band 5653

Band 5653

Rudolf Kayser
Stendhal oder Das
Leben eines Egotisten
Band 5606

F. W. Hemmings
Emile Zola
Chronist und Ankläger
seiner Zeit
Band 5099

Elias Bredsdorff
Hans Christian Andersen
Des Märchendichters
Leben und Werk
Band 5611

Frederick Brown
Jean Cocteau
Eine Biographie
Band 5640

Fischer Taschenbuch Verlag

Die Frau in der Gesellschaft

Band 3746

Band 3755

Band 3788

Maya Angelou
Ich weiß, daß der
gefangene Vogel
singt
Band 5751

Ippolita Avalli
Warten auf Ketty
*Ein Roman
in Erzählungen
Band 3796*

Mariama Bâ
Der scharlach-
rote Gesang
*Roman
Band 3746*

Dagmar Chidolue
Annas Reise
*Roman
Band 3755*

Ruth hat lange auf
den Herbst gewartet
Erzählung. Band 3736

M. Rosine De Dijn
Die Unfähigkeit
*Bilanz einer
Liebesbeziehung
Band 3797*

Oriana Fallaci
Brief an ein nie
geborenes Kind
Band 3706

Maria Frisé
Montagsmänner und
andere Frauen-
geschichten
Band 3782

Gabriele M. Göbel
Amanda oder
Der Hunger nach
Verwandlung
*Erzählungen
Band 3760*

Franziska Greising
Kammerstille
Erzählung. Band 3765

Helga Häsing
Unsere Kinder,
unsere Träume
Band 3707

Elfi Hartenstein
Wenn auch
meine Paläste
zerfallen sind
*Else Lasker-
Schüler 1909/1910
Erzählung
Band 3788*

Jutta Heinrich
Mit meinem Mörder
Zeit bin ich allein
Band 3789

Eva Heller
Beim nächsten Mann
wird alles anders
*Roman
Band 3787*

Fischer Taschenbuch Verlag

Die Frau in der Gesellschaft

Band 3785

Band 3719

Band 3757

Angelika Kopečný
Abschied
vom Wolken-
kuckucksheim
Eine Liebesgeschichte
Band 3776

Christine Kraft
Schattenkind
Erzählung. Band 3750

Dorothée Letessier
Auf der Suche
nach Loïca
Roman. Band 3785
Eine kurze Reise
Aufzeichnungen
einer Frau. Band 3775

Monika Maron
Flugasche
Roman. Band 3784

Kristel Neidhart
Scherbenlachen
Eine Liebesgeschichte
Band 3791

Tillie Olsen
Yonnondio
Roman. Band 5243

Herrad Schenk
Die Unkündbarkeit
der Verheißung
Roman. Band 3798

Marlene Stenten
Puppe Else
Band 3752

Jutta Strippel
Kreide trocknet
die Haut aus
Roman. Band 3733

Monika
Tantzscher (Hg.)
Die süße Frau
Erzählungen aus
der Sowjetunion
Band 3779

Sybil Wagener
Das kleinere
Unglück
Roman. Band 3748

Charlotte Wolff
Augenblicke
verändern uns mehr
als die Zeit
Eine Autobiographie
Band 3778

Hedi Wyss
Flügel im Kopf
Roman. Band 3719
Keine Hand frei
Roman. Band 3732

Wása Solomú Xantháki
Die Hochzeit
Novelle. Band 3793

Yvette Z'Graggen
Zeit der Liebe,
Zeit des Zorns
Band 3757

Fischer Taschenbuch Verlag

Die Frau in der Gesellschaft
Texte und Lebensgeschichten
Herausgegeben von Gisela Brinker-Gabler

Band 2053

Band 3738

Band 3741

Lebensgeschichten

Ruth Ellen Boetcher Joeres
Die Anfänge der deutschen Frauenbewegung:
Louise Otto-Peters
Band 3729

Eine stumme Generation berichtet
Frauen der 30er und 40er Jahre
Herausgegeben von Gisela Dischner
Band 3727

Germaine Goetzinger
Für die Selbstverwirklichung der Frau:
Louise Aston
Band 3743

Diana Orendi Hinze
Rahel Sanzara
Eine Biographie
Band 2258

Texte

Frauenarbeit und Beruf
Herausgegeben von Gisela Brinker-Gabler
Band 2046

Frauen gegen den Krieg
Herausgegeben von Gisela Brinker-Gabler
Band 2048

Zur Psychologie der Frau
Herausgegeben von Gisela Brinker-Gabler
Band 2045

Frauen und Sexualmoral
Herausgegeben von Marielouise Janssen-Jurreit
Band 3766

Frau und Gewerkschaft
Herausgegeben von Gisela Losseff-Tillmanns
Band 2260

Frau und Musik
Mit vielen Bildern und Faksimiles
Herausgegeben von Eva Rieger
Band 2257

Fischer Taschenbuch Verlag

fi 16/6